Heinrich Böll:
Spuren der Zeitgenossenschaft
Literarische Schriften

Deutscher
Taschenbuch
Verlag

dtv

Oktober 1980
Deutscher Taschenbuch Verlag GmbH & Co. KG,
München

ISBN 3-462-01181-2
Auswahl aus: ›Einmischung erwünscht. Schriften
zur Zeit‹
Umschlaggestaltung: Celestino Piatti
Gesamtherstellung: C. H. Beck'sche Buchdruckerei,
Nördlingen
Printed in Germany · ISBN 3-423-01580-2

Inhalt

Blick zurück mit Bitterkeit
Über Rudolf Augstein, ›Jesus Menschensohn‹

Es müßte einer, um diesem Buch gerecht zu werden, unmögliche Aufräumungsarbeit leisten: den Verfasser Augstein von manchem Ruf, Ruch und Ruhm befreien, der ihm unvermeidlicherweise vorangeht: von *Spiegel*-»Fluch« und *Spiegel*-»Segen«, von der unglückseligen »Papierbombe unterm Weihnachtsbaum«, einem unglückseligen Wahlkampf mit letzten Endes unglückseligem Ausgang. Was man dem Buch unter anderem nachgesagt hat, es sei im »*Spiegel*-Jargon« geschrieben, konnte ich nicht feststellen. Stellt man sich unter dem anonymen *Spiegel*-Jargon eine gewisse, mit Süffigkeit aufbereitete Häme vor, so liest man diesen Jargon – wenn man nicht gerade selbst der Betroffene ist – gelegentlich ganz gern, weil er »flott« ist, ohne den geringsten »Ewigkeitswert« und Anspruch auf denselben. Ich zählte der Stellen in Augsteins Buch, denen man eine gewisse Schnoftigkeit nachsagen könnte, ganze acht, und hätte ich ein paar übersehen oder nicht als solche empfunden, so mögen's auf 430 Seiten ein Dutzend sein.
Die den Theologen am meisten ärgerliche dieser Stellen, »Der Heilige Geist, wenn denn überhaupt eine journalistische Begabung, ist ein schlechter Reporter«, ist ja nicht einmal blasphemisch; wie uns gelehrt worden ist, ist ja die uns überlieferte *Berichterstattung* durch des Heiligen Geistes Kontrolle (oder Zensur) gelaufen. Außerdem hätte man sich über ein solches Bild nicht in frommem Zusammenzucken ärgern, sondern Augsteins Einstieg in die Materie daran aufhängen können. Augstein kann doch wohl nicht ernsthaft glauben, ein Reporter, und wäre er der begabteste, berichte wahrheitsgetreuer als irgendein »Geist«, sei er nun heilig oder nicht, oder irgendeine »poetische Kraft« habe geringeren Mitteilungswert als des Reporters Wort und Wörtlichkeit. Wenn am Anfang das Wort war, ist es, da ja meistens in Worten berichtet wird, keine Schande, ein Reporter genannt zu werden.
An diesem Einstieg fangen nach meiner Meinung Augsteins Irrtümer an, nicht seine Blasphemie, von der in diesem Buch leider wenig zu spüren ist. Immerhin liefert er selbst in seinem Vorwort die Einschränkungen für seine umfangreiche Arbeit mit, immer-

hin bezweifelt er nicht die historische Existenz dieses Jesus, er bezweifelt und bestreitet nur den atemberaubenden Anspruch eines Riesenimperiums, das sich auf die Existenz Jesu gründet; und er bezweifelt den schwindelerregenden Anspruch, alles, was nun auf dieser Erde als »sittlich« zu gelten habe, begründe sich auf die Botschaft. »Wir aber glauben schon, daß es ihn, Jesus, gab, nicht nur als irgendeinen« (Seite 159), »daß er (Jesus) dort (in Jerusalem) war und auf irgendeine gewaltsame Art zu Tode gebracht wurde« (Seite 167). Irreführend an diesen Bekenntnissen ist nur der Plural, von dem ich hoffe, daß er kein Majestatis ist. Und immerhin sind einige Schlußfolgerungen erheblicher Art für Augstein nur »mutmaßlich«, ist vieles nur »unwahrscheinlich« oder »ungereimt«. Die Schwächen des Buches sind nicht seine polemischen Partien, die mir vergleichsweise harmlos, fast brav vorkommen. Eingeweihte wissen doch, daß es gerade innerhalb der wissenschaftlichen Literatur eine ganze Skala boshafter Seitenhiebe unter Wissenschaftlern gibt, auch unter Theologen, man schaue sich doch einmal an, was da alles etwa zwischen Rahner-Höffner-Flatten »gewechselt« wird.

Ich habe den Eindruck – und sollte er täuschen und als Unterstellung empfunden werden, bitte ich um Pardon –, daß Augstein etwas Irrationales, das ihm verlorengegangen ist, in diesem Buch mit nur rationalen Mitteln als objektiv und endgültig verloren erklärt. Ich habe mir nie so recht vorstellen können, daß Glaube lehrbar, vererbbar, tradierbar sei, und gerade die Vernunft der Theologen hat mir immer am wenigsten eingeleuchtet; diese peinlich konstruierten Gottesbeweise, diese auf primitive Weise naturwissenschaftlich erklärten Wunder, diese Versuche, in einer Gleichung zweiten Grades Unglaublickeiten achten Grades erklären zu wollen.

Was ich mir nur schwer vorstellen kann: daß Glaube ohne eine mystische, persönliche Komponente möglich sei, bin ich bereit, anderen zuzubilligen. Ich kann hier weder über Augsteins theologischen Versuch noch über die mehr als achtzig angeführten Standardwerke und die mehr als sechshundert zitierten Werke auch nur andeutungsweise so etwas wie ein »Fachurteil« abgeben, ich befinde mich, was Religion, Kirche etc. betrifft, in einem ausgesprochen vulgären Zustand, und ich frage mich, ob es einen »Gott der Theologen« gibt und einen anderen für den vulgus.

Ich bin nahe daran, Augsteins provozierende These von Seite 103 zu übernehmen: »Definition für Kirche: der Ort, an dem die Irrtümer der jeweils vorangegangenen Theologen-Generation berichtigt werden.« Ich möchte nur gern anstelle von Kirche Theologie setzen: »Definition für Theologie: der Ort . . . usw.« Es erscheint mir als typischer Theologenirrtum (und Augstein ist hier eindeutig unter die Theologen gegangen), Kirche und Theologie gleichzusetzen. Es gehört doch mit zu den erstaunlichsten Wundern, daß sich nicht nur Religion, auch Glaube *trotz* der Theologie erhalten haben und daß sogar noch Ansätze von »Kirche« da sind.

Es ist doch wohl – allerfreundlichst ausgedrückt – schon ziemlich arg gewesen, was uns (ich habe wohl eine vergleichbare Erziehung wie Rudolf Augstein, deshalb »uns«) so alles zugemutet worden ist. Nicht nur der Flammentod des Giordano Bruno, auch die peinlichen und theologisch überflüssigen Gewissenstorturen, denen unsere Eltern, Großeltern und Urgroßeltern und wir selbst ausgeliefert waren.

Man schlage doch einmal einen Katechismus aus dem Jahre 1930 auf, eine Schulbibel aus dem gleichen Jahr, diese idiotischen Steril-Editionen mit entsprechenden Illustrationen, und forsche einmal nach, wieviel etwa von der Theologie eines Erich Przywara darin zu finden wäre oder von den ökumenischen Ansätzen eines Arnold Rademacher.

Immer dann, wenn man die Gottesgelehrtheit dazu bringen möchte, doch endlich Tacheles zu reden, dann wird in einem abfälligen Ton von Vulgarisierung oder Popularisierung gesprochen. Für wen denn ist Religion da, für wen anders wird sie denn in der Theologie aufbereitet als für vulgus oder populus? Mag man jeder anderen Wissenschaft zubilligen, daß sie theoretische und abstrakte Bereiche hat, die nicht mitteilbar sind. Ich erwarte nicht, daß man die Formeln und Erkenntnisse Werner Heisenbergs auf der Straße verkaufen kann; aber zu was anderem, als vulgarisiert zu werden, sind Theologie, Kirche, Religion denn je dagewesen? Für meine Großmutter war noch das Dogma von der Unfehlbarkeit des Papstes zwar Glaubensgegenstand, aber doch auf eine so verfluchte Weise gleichgültig wie der Mann im Mond, weil es sie nicht direkt betraf, und eine »Todsünde« wie Ehebruch lag wahrscheinlich außerhalb ihrer Reich- und Denkweite.

Worunter sie in eingetrichterter Skrupelhaftigkeit gelitten hat, was ihr naheging und ganzen Generationen Gewissenskrämpfe verursacht hat, war etwas theologisch so absolut Banales wie das Gebot der Nüchternheit vor dem Empfang der Kommunion. Man erinnere sich doch einmal bitte gnädigst daran, wieviel Stunden des Religionsunterrichts darauf verwendet wurden, die Möglichkeit, daß beim Zähneputzen ein Tropfen Wasser die Kehle hinunterschlüpfen könnte, zu diskutieren, und welch ein Angstsystem um solche Idiotien herum aufgebaut wurde.
Über diese Vorschrift, die unbegründet und mit einer beispiellosen Schnödigkeit über Nacht aufgehoben wurden, lachen wohl *heute* die Theologen. Ich finde das gar nicht zum Lachen. Der vulgus erfährt Religion eben in vulgarisierter Form. *Damals* fand sich kein Theologe, der den leidenden und stöhnenden katholischen Teil der Menschheit von dieser banalen und magisch wirkungsvollen Disziplinierungsvorschrift befreit und die lächerliche Strafe der Exkommunikation riskiert hätte.
Der vulgus leidet eben immer auf seine vulgäre Weise, und wenn man ihn schon so verachtet, daß »vulgär« zu einem Schimpfwort wird, dann sollte man doch auf ihn verzichten. Dieser verachtete vulgus leidet nie unter den Problemen, die sich aus theologischen Höhenlagediskussionen ergeben: die kommen unten, in jedem Fall vulgarisiert, ohnehin als Disziplinarvorschriften an; da unten, wo sie wirklich Fleisch werden, sind sie unvermeidlicherweise vulgär.
Nur im Blick zurück, mit viel Zorn und noch mehr Bitterkeit, kann man wahrscheinlich ermessen, was an den *heutigen* Vorschriften sich in *Zukunft* als ebenso banal erweisen könnte: Zölibat, Geburtenkontrolle, Unauflöslichkeit der Ehe.
Leider ist auch Augsteins Buch so gar nicht vulgär oder populär, und der Streit wird wieder einmal zu einem Theologenstreit. Geschenkt. Es ist schade, daß Augstein, möglicherweise in einer modischen Furcht vor »Emotionen«, weder ein religiöses noch ein antireligiöses, sondern eben ein theologisches Buch publiziert hat. Es ist nichts Unehrenhaftes daran, auf diese Weise unter die Fachleute zu gehen, es fragt sich nur: Wird das viel mehr bewirken als ein paar aufgescheuchte Theologen, die ihn wieder einmal fachlich widerlegen oder korrigieren möchten? Mehr bliebe da nicht, wenn nicht, ja, wenn nicht die Theologen beider Konfessionen ihren Ärger über einige Seitenhiebe (mein Gott, es

wäre doch gar kein *wissenschaftliches* Buch ohne diese Seitenhiebe!) vergessen und sich selbst nachliefern, was Augstein sich und ihnen versagt hat: daß hier jemand schreibt, der wohl eine klassische katholische Erziehung genossen hat und gewiß nicht mehr Grund hat, »böse« zu sein oder sich »rächen« zu wollen als zig Millionen andere.
Immerhin beschäftigt sich hier noch jemand ernsthaft mit Jesus und der Kirche, bei weitem nicht so unfair, wie man ihm unterstellt hat, und wenn auch das Ergebnis dieser Untersuchung in den niederschmetternden Halbsatz mündet: ». . . die Theologie scheint den bitteren Weg ihrer Selbstaufhebung zu Ende gehen zu müssen« – so sollte man nicht wieder den simplen und leider gewohnten Weg wählen, den Zerschmetterer schlichtweg zu verteufeln und zu denunzieren, sondern sich überlegen, ob in diesem Halbsatz nicht mehr als ein Fünkchen Wahrheit verborgen ist.
Ist die klassische Theologie denn nicht am Ende? Ist sie nicht mehr und mehr ein Spiel unter Eingeweihten, die sich in Windungen und Gewundenheiten ergehen, vernarrt in und festgebissen an einen Fachjargon, eine Gruppe von Illusionären, die es als Sensation empfinden, wenn der Vatikan ihnen gnädigst erlaubt, die Frage zu diskutieren, ob Laien eventuell in der Kirche predigen dürfen. Spürt man nicht, wie absurd das ist, wie lächerlich, relativ banaler noch als die Nüchternheit vor der Kommunion? Immerhin war ja irgendwann am Anfang mal das Wort, und man könnte als Schlußsatz ans Ende der klassischen Theologie vielleicht den Satz setzen: »Und das Wort ist verlorengegangen.«
Augsteins Irrtümer sind fast die gleichen wie die der klassischen Theologie. Wenn er feststellt, daß Jesus Dämonen immer nur mit Worten ausgetrieben habe, so kann ich nur boshaft fragen: Na und? Worte können eben heilen, auch Zärtlichkeiten, Speichel, Handauflegen, Liebe. Es ist ebenfalls ein Irrtum anzunehmen, schriftliche Überlieferungen seien zuverlässiger als mündliche. Auch schriftliche Überlieferungen können redigiert, manipuliert, gefälscht werden, und wenn Augstein, um die historische Zuverlässigkeit eines Textes anzuzweifeln, sagt, es seien eben »Dichter am Werk« gewesen, so ist die unterstellte Voraussetzung Dichtung gleich Unwahrheit oder Ungenauigkeit schlichtweg falsch.
Wenn ich wissen möchte, was sich hinter dem großen Wort

»Spanien« verbergen könnte, und ich lese meinen Cervantes, werde ich da einfach nur »falsch informiert«, oder vermittelt Cervantes nicht doch eine Vorstellung von Spanien, die sich sogar partiell mit der eines ihm so konträren Geistes wie Andersen-Nexö deckt?

Man mag mir getrost unterstellen, daß ich hier pro domo spreche, nicht gegen den Zeitgenossen und Journalisten, sondern gegen den Theologen Augstein. Dichtung ist nicht gleich Unwahrheit. Legende sowenig gleich Lüge wie Mythos. Dichtung ist auch kein Gegensatz zu Geschichtswissenschaft, beide können einander ergänzen, indem sie sich von weit entfernten Standpunkten dem gleichen Gegenstand nähern. Auch die Schriftsteller betreiben etwas, was die Physiker vielleicht »Prüfung des Materials« nennen würden. Im übrigen wählt ja auch ein Reporter aus, komprimiert, komponiert, überarbeitet, und wenn Augstein zweimal (Seiten 299, 314) die »poetische Kraft« in Gegensatz zur Wirklichkeit stellt, so verfällt er einem typischen Theologenirrtum. Ob sich nicht eines Tages herausstellen könnte, daß die einzig ernst zu nehmende theologische und religiöse Literatur von Dichtern geschrieben worden ist?

Wenn Augstein vom Evangelisten Johannes sagt, er habe es genau, genauer als Markus, wissen wollen, so bestätigt er meine Vermutung. Ziemlich viele Schriftsteller (oder meinetwegen! Dichter) wollen es möglichst genau wissen: Er lese einmal Peter Handkes *Wunschloses Unglück* und frage sich, wo hier Dichtung zu Wahrheit und Wahrheit zu Dichtung wird, und auch Theologen sei diese Botschaft als Lektüre empfohlen. Sie könnten erkennen, wie, als wie mieses Kleingeld, Theologie beim vulgus erfahren wird. Dostojewski hat von Psychologie im Sinne der Wissenschaft keine Ahnung gehabt und hat doch *die* psychologischen Romane geschrieben, und ich weiß immer noch keine bessere literarische Jesus-Darstellung als seinen *Idioten.* In Augsteins Buch fallen die paar Rilke-Verse wie Sternschnuppen ein.

Augstein, so scheint mir, hat in diesem Buch viel weniger gegeben, als er könnte. Religion ist kein emotionsneutraler Gegenstand. Deshalb ist es extrem *unsachlich*, sich ohne Emotion damit zu beschäftigen. *Das*, nicht seine »Blasphemie«, nicht seinen unglaublichen Forscherfleiß (daß er sich möglicherweise dabei hat helfen lassen, halte ich nicht für eine Einschränkung) kann man ihm vorwerfen.

Diese Abrechnung eines katholisch erzogenen Zeitgenossen war fällig, auch die Provokation der Theologie, in die das Buch mündet. Bloßer Ärger, Gekränktheit über Augsteins Buch wären eine peinliche Reaktion seiner »Kollegen«.
Dieses Buch, von einem Zeitgenossen geschrieben, der wahrscheinlich ungefähr der gleichen Erziehung wie ich teilhaftig geworden ist, hat mich angeregt, und was man mir wahrscheinlich als unsachlich ankreiden möchte in dieser Rezension, kommt aus einer möglicherweise noch nicht erkannten, ganz anderen Sachlichkeit und Vernunft. Die Geringschätzung des Poetischen, das seine eigene Sachlichkeit und seine eigene Vernunft hat, ist ein grober Irrtum der Theologen. Was sonst könnte sich denn als wahr erweisen und erhalten an den Evangelien und an dem, dem sie zugeschrieben worden sind, als die Poesie an ihnen und an ihm? Kann man Verachtung *und* Höflichkeit besser ausdrücken als durch Schweigen vor Gericht.

Versuch über die Vernunft der Poesie

Nobelvorlesung, gehalten am 2. Mai 1973 in Stockholm

Lieber Herr Gierow, verehrte Mitglieder der Schwedischen Akademie, zunächst meinen herzlichen Dank für Ihre Gastfreundschaft, die ich jetzt zum zweiten Mal in dieser herzlichen Form erlebe.

Meine Damen und Herren,
erlauben Sie mir zunächst zu erklären, daß ich das Thema meines Vortrags gewechselt habe. Ich hatte vor, über die Beziehung der russischen Literatur zur deutschen, über die politischen und geschichtlichen Beziehungen Rußlands und der Sowjetunion zu Deutschland, den beiden Deutschland, zu sprechen, aber als ich anfing, diese Vorlesung vorzubereiten, hatte ich zu tun, was so mancher Autor gelegentlich tut, ich mußte Korrektur lesen, fand darunter einige Aufsätze aus den letzten Jahren von mir und stellte fest, daß ich über alle diese Dinge schon geschrieben hatte.

Ich habe mich zwischen 1966 und 1968 zur Vorbereitung eines Dokumentarfilmes sehr intensiv mit Dostojewski beschäftigt, habe Drehbuch, Text, Kommentar zu einem Film über ihn geschrieben. Später, anläßlich seines 150sten Geburtstags, an einer sehr umfangreichen Rundfunkdebatte teilgenommen, habe dann 1–2 Jahre später im Jahre 1971 einen anderthalbstündigen Vortrag, der dann als Nachwort zu einer Tolstoi-Ausgabe erschien, geschrieben. Er hieß *Annäherungsversuch* und in ihm ist alles schon ausgedrückt, was ich hier dann noch einmal hätte ausdrücken müssen. Um Ihnen und auch mir Langeweile zu ersparen, habe ich deshalb das Thema gewechselt. Ich bitte Sie, das zu verstehen, denn Wiederholung ist mir sehr fremd und langweilig. Und ich bin auf ein Thema gestoßen, das mir sehr aktuell erscheint. Ich habe versucht, mich der Vernunft der Poesie anzunähern, weil ich in Gesprächen, Diskussionen und auch in Publikationen feststellte, daß sich innerhalb einer gewissen Dogmatisierung literarischer und künstlerischer Probleme alles auf die Formel: entweder Information oder Kunst zu reduzieren scheint. Ich habe deshalb diese Vorlesung *Versuch über die Vernunft der Poesie* genannt.

Es wird von denen, die es wissen müßten, gesagt – und von anderen, die es ebenfalls wissen müßten, bestritten –, daß bei etwas anscheinend so Rationalem, Berechenbarem, von Architekten, Zeichnern, Ingenieuren, Arbeitern gemeinsam Erbrachtem wie einer Brücke ein paar Millimeter bis Zentimeter Unberechenbarkeit bleiben. Diese angesichts der behandelten und geformten Masse winzige Unberechenbarkeit mag in der Schwierigkeit begründet sein, eine Masse kompliziert miteinander verbundener chemischer und technischer Einzelheiten und Materialien in all ihren möglichen Reaktionen und dazu noch das Mitwirken der vier klassischen Elemente (Luft, Wasser, Feuer, Erde) genauestens vorauszuberechnen. Es scheint also da nicht allein der Entwurf, die immer wieder neu berechnete, kontrollierte technisch-chemisch-statistische Komposition das Problem zu sein, sondern – ich nenne es so – deren Verkörperung, die man auch Verwirklichung nennen kann. Diesen Rest Unberechenbarkeit, und mag er auch nur aus Bruchteilen von Millimetern bestehen, die unvorhersehbaren, winzigen Dehnungsdifferenzen entsprechen – wie sollen wir ihn nennen? Was verbirgt sich in diesem Zwischenraum? Ist es das, was wir Ironie zu nennen pflegen, ist es Poesie, Gott, Widerstand, oder, modischer ausgedrückt, Fiktion? Jemand, der's wissen mußte, ein Maler, der früher einmal Bäcker gewesen war, erzählte mir einmal, daß auch das Brötchenbacken, das ja in den frühen Morgen-, fast Nachtstunden stattfand, eine äußerst riskante Sache gewesen sei; daß man Nase und Hintern in den grauenden Morgen habe hinaushalten müssen, um die Mischung von Ingredienzen, Temperatur, Backdauer mehr oder weniger instinktiv herauszufinden, denn jeder, jeder einzelne Tag habe seine eigenen Brötchen erfordert, dieses wichtige, sakramentale Element der ersten Morgenmahlzeit für alle jene, die die Mühsal des Tages auf sich nehmen. Sollen wir dies fast unberechenbare Element ebenfalls Ironie, Poesie, Gott, Widerstand oder Fiktion nennen? Wie kommen wir ohne es aus? Schweigen wir von der Liebe. Niemand wird je wissen, wie viele Romane, Gedichte, Analysen, Bekenntnisse, Schmerzen und Freuden auf diesen Kontinent Liebe gehäuft worden sind, ohne daß er sich als total erforscht erwiesen hätte.

Wenn ich gefragt werde, wie oder warum ich dieses oder jenes geschrieben habe, gerate ich immer wieder in erhebliche Verlegenheit. Ich möchte gern nicht nur dem Fragenden, auch mir selbst eine erschöpfende Auskunft geben, kann es aber in keinem Fall. Ich kann den gesamten Zusammenhang nicht wiederherstellen und wünschte doch, ich könnte es, um wenigstens die Literatur, die ich selber mache, zu einem weniger mystischen Vorgang zu machen als das Brückenbauen und Brötchenbacken. Und da die Literatur nachweislich in ihrer Gesamtverkörperung, im Mitgeteilten und Geformten eine befreiende Wirkung haben kann, wäre es doch sehr nützlich, die Entstehung dieser Verkörperung mitzuteilen, auf daß noch mehr daran teilhaben. Was ist das, das ich selber, obwohl ich es nachweislich mache, nicht einmal annähernd erklären kann? Dieses Etwas, das ich von der ersten bis zur letzten Zeile eigenhändig zu Papier bringe, mehrfach variiere, bearbeite, partiell umakzentuiere, und das mir doch mit wachsendem zeitlichem Abstand fremd wird, wie etwas, das vorüber oder vorübergegangen ist und sich immer weiter von mir entfernt, während es für andere als geformte Mitteilung möglicherweise wichtig wird? Theoretisch müßte die totale Rekonstruktion des Vorgangs möglich sein, eine Art Parallelprotokoll, während der Arbeit erstellt, das, wäre es umfassend, wahrscheinlich den vielfachen Umfang der Arbeit selbst annehmen würde. Es müßte ja nicht nur den intellektuellen und spirituellen, auch den sinnlichen und materiellen Dimensionen gerecht werden. Ernährung, Stimmung, Stoffwechsel, Launen erklärt mitliefern, die Funktion der Umwelt nicht nur in deren Verkörperung als solche, auch als Kulisse. Ich schaue mir zum Beispiel manchmal in fast totaler Gedankenlosigkeit Sportreportagen an, um in dieser Gedankenlosigkeit Nachdenken zu üben, eine, wie ich zugebe, ziemlich mystische Übung, und doch müßten alle diese Reportagen mit ins Protokoll eingebracht werden, ungekürzt, denn es könnte ja sein, daß ein Kick oder ein Sprung irgendeinen Ausschlag in meiner gedankenlosen Nachdenklichkeit gibt, eine Handbewegung vielleicht, ein Lächeln, ein Reporterwort, eine Reklame. Es müßte jedes Telefongespräch, das Wetter, die Korrespondenz, jede einzelne Zigarette mit eingebracht werden, ein vorüberfahrendes Auto, ein Preßlufthammer, das Gackern eines Huhns, das einen Zusammenhang stört.

Der Tisch, an dem ich dies schreibe, ist 76,5 cm hoch, seine Platte 69,5 mal 111 cm groß. Er hat gedrechselte Beine, eine Schublade, er mag siebzig bis achtzig Jahre alt sein, er stammt aus dem Besitz einer Großtante meiner Frau, die ihn, nachdem ihr Mann in einem Irrenhaus verstorben war und sie in eine kleinere Wohnung zog, ihrem Bruder, dem Großvater meiner Frau, verkaufte. So kam er, ein verachtetes und ziemlich verächtliches Möbelstück ohne jeden Wert, nachdem der Großvater meiner Frau gestorben war, in unseren Besitz, stand irgendwo, niemand weiß genau wo, herum, bis er anläßlich eines Umzugs auftauchte und sich als bombengeschädigt erwies; irgendwann wurde die Platte während des zweiten Weltkriegs von einem Bombensplitter durchbohrt – es hätte schon nicht nur sentimentalen Wert, wäre ein Einstieg in eine politisch-sozialgeschichtlich mitteilungswerte Dimension, den Tisch als Einstiegs-Vehikel zu benutzen, wobei die tödliche Verachtung der Möbelpacker, die sich beinahe weigerten, ihn noch zu transportieren, wichtiger wäre als seine gegenwärtige Verwendung, die zufälliger ist als die Hartnäckigkeit, mit der wir ihn – und das nicht aus sentimentalen oder Erinnerungsgründen, sondern fast aus Prinzip – vor der Müllkippe bewahrten, und man mag mir, da ich inzwischen einiges an diesem Tisch geschrieben habe, eine vorübergehende Anhänglichkeit gestatten; die Betonung liegt auf vorübergehend. Schweigen wir von den Gegenständen, die auf dem Tisch liegen, sie sind nebensächlich und austauschbar, auch zufällig, ausgenommen vielleicht die Schreibmaschine Marke Remington. Ausführung *Travel Writer de Luxe,* Baujahr 1957, an der ich ebenfalls hänge, an diesem meinem Produktionsmittel, das fürs Finanzamt längst uninteressant geworden ist, obwohl es doch erheblich zu dessen Einnahmen beigetragen hat und immer noch beiträgt. Ich habe auf diesem Instrument, das jeder Fachmann nur mit Verachtung anschauen oder anfassen würde, schätzungsweise vier Romane und einige hundert Items geschrieben, und nicht nur deshalb hänge ich daran, auch wiederum aus Prinzip, denn es tut's noch und beweist, wie gering die Investitionsmöglichkeiten und der Investitionsehrgeiz eines Schriftstellers sind. Ich erwähne Tisch und Schreibmaschine, um mir klar darüber zu werden, daß nicht einmal diese beiden notwendigen Utensilien mir ganz erklärlich sind, und würde ich versuchen, ihrer beider Herkunft mit der erforderlichen exakten Gerechtigkeit zu eruieren, ihren genauen materiellen, industriellen, sozialen Werdegang und ihre Herkunft, es würde ein fast endloses Kompendium britischer und westdeutscher Industrie- und So-

zialgeschichte daraus. Schweigen wir von dem Haus, von dem Raum, in dem dieser Tisch steht, von der Erde, auf der das Haus gebaut ist, schweigen wir erst recht von den Menschen, die es – wahrscheinlich einige Jahrhunderte lang – bewohnt haben, von den Lebenden und Toten, schweigen wir von denen, die die Kohlen bringen, Geschirr spülen, Briefe und Zeitungen austragen – und schweigen wir erst recht von denen, die uns nah, näher, am nächsten sind. Und doch müßte alles, vom Tisch über die Bleistifte, die darauf liegen, in seiner gesamten Geschichte eingebracht werden, einschließlich derer, die uns nah, näher, am nächsten sind. Bleiben da nicht genug Reste, Zwischenräume, Widerstände, Poesie, Gott, Fiktion – mehr noch als beim Brükkenbau und beim Brötchenbacken?
Es trifft zu und ist leicht gesagt, Sprache sei Material, und es materialisiere sich, wenn man schreibt, etwas. Wie aber könnte man erklären, daß da – was gelegentlich festgestellt wird – etwas wie Leben entsteht, Personen, Schicksale, Handlungen – daß da Verkörperung stattfindet auf etwas so Totenblassem wie Papier, wo sich die Vorstellungskraft des Autors mit der des Lesers auf eine bisher unerklärte Weise verbindet, ein Gesamtvorgang, der nicht rekonstruierbar ist, wo selbst die klügste, sensibelste Interpretation immer nur ein mehr oder weniger gelungener Annäherungsversuch bleibt, und wie wäre es erst möglich, jeweils den Übergang vom Bewußten ins Unbewußte – beim Schreibenden und beim Lesenden – mit der notwendigen totalen Exaktheit zu beschreiben, zu registrieren, und das dann auch noch in seiner nationalen, kontinentalen, internationalen, religiösen oder weltanschaulichen Verschiedenheit, und dazu noch das ständig wechselnde Mischungsverhältnis von beiden, bei beiden, dem Schreibenden und dem Lesenden, und die plötzliche Umkehrung, wo das eine zum anderen wird, und in diesem plötzlichen Wechsel das eine vom anderen nicht mehr zu unterscheiden ist?
Es wird immer ein Rest bleiben, mag man ihn Unerklärtheit nennen, Geheimnis meinetwegen, es bleibt und wird bleiben ein wenn auch winziger Bezirk, in den die Vernunft unserer Provenienz nicht eindringt, weil sie auf die bisher nicht geklärte Vernunft der Poesie und der Vorstellungskraft stößt, deren Körperlichkeit so unfaßbar bleibt wie der Körper einer Frau, eines Mannes oder auch eines Tieres. Schreiben ist – für mich jedenfalls – Bewegung nach vorn, Eroberung eines Körpers, den ich

noch gar nicht kenne, von etwas zu etwas hin, das ich noch nicht kenne; ich weiß nie, wie's ausgeht, ausgehen hier nicht als Handlungsausgang im Sinne der klassischen Dramaturgie – ausgehen hier im Sinne eines komplizierten und komplexen Experiments, das mit gegebenem, erfundenem, spirituellem, intellektuellem und sinnlich auf einander gebrachtem Material Körperlichkeit – und das auf Papier! – anstrebt. Insofern kann es gar keine gelungene Musik und Malerei geben, weil keiner den Körper, den er anstrebt, schon gesehen haben kann, und insofern ist alles, was man mit einem oberflächlichen Wort modern, was man besser lebende Kunst nennen sollte, Experiment und Entdeckung – und vorübergehend, nur in seiner historischen Relation schätzbar und meßbar, und es erscheint mir nebensächlich, von Ewigkeitswerten zu sprechen, sie zu suchen. Wo kommen wir ohne diesen Zwischenraum aus, diesen Rest, den wir Ironie, den wir Poesie, den wir Gott, Fiktion oder Widerstand nennen können?

Auch Staaten sind immer nur annähernd das, was sie zu sein vorgeben, und es kann keinen Staat geben, der nicht diesen Zwischenraum läßt zwischen der Verbalität seiner Verfassung und deren Verkörperung, einem Restraum, in dem Poesie und Widerstand wachsen – und hoffentlich gedeihen. Und es gibt keine Form der Literatur, die ohne diese Zwischenräume auskommt. Selbst die präziseste Reportage kommt nicht ohne Stimmung aus, ohne die Vorstellungskraft des Lesers, auch wenn der Schreibende sie sich selbst versagt; und selbst die präziseste Reportage muß auslassen – etwa die exakte und ausführliche Beschreibung von Gegenständen, die zur Verkörperung von Lebensumständen nun einmal gehören . . . sie muß komponieren, Elemente verschieben, und auch ihre Interpretation und ihr Arbeitsprotokoll ist nicht mitlieferbar, schon deshalb nicht, weil das Material Sprache nicht auf einen verbindlichen und allgemein verständlichen Mitteilungswert reduziert werden kann: Jedes Wort ist mit soviel Geschichte und Phantasiegeschichte, National- und Sozialgeschichte und historischer Relativität – die mitgeliefert werden müßte – belastet, wie ich an Hand meines Arbeitstisches anzudeuten versucht habe. Und die Festlegung der Mitteilungswerte ist nicht nur ein Übersetzungsproblem von einer Sprache in die andere, es ist ein viel schwerer wiegendes Problem innerhalb der Sprachen, wo Definitionen Weltanschauun-

gen und Weltanschauungen Kriege bedeuten können – ich erinnere nur an die Kriege nach der Reformation, die, wenn auch macht- und herrschaftspolitisch erklärbar, auch Kriege um religiöse Definitionen waren. Es ist – das nebenbei gesagt – deshalb belanglos festzustellen, man spreche doch die gleiche Sprache, wenn man nicht die Fracht, die jedes Wort regional – manchmal sogar lokalgeschichtlich – haben kann, mit ausbreitet. Mir jedenfalls klingt manches Deutsch, das ich lese und höre, fremder als Schwedisch, von dem ich leider sehr wenig verstehe.
Politiker, Ideologen, Theologen und Philosophen versuchen immer und immer wieder, restlose Lösungen zu bieten, fix und fertig geklärte Probleme. Das ist ihre Pflicht – und es ist unsere, der Schriftsteller – die wir wissen, daß wir nichts rest- und widerstandslos klären können –, in die Zwischenräume einzudringen. Es gibt zu viele unerklärte und unerklärliche Reste, ganze Provinzen des Abfalls. Brückenbauer, Brötchenbäcker und Romanschreiber werden gewöhnlich mit den ihren fertig, und ihre Reste sind nicht die problematischsten. Während wir uns weiterstreiten über littérature pure und littérature engagée – eine der falschen Alternativen, ich werde darauf noch kommen –, machen wir uns immer noch nicht bewußt – oder wir werden unbewußt davon abgelenkt – Gedanken über l'argent pur und l'argent engagé. Wenn man sich erst anschaut und anhört, wie Politiker und Nationalökonomen über etwas angeblich so Rationales wie Geld sprechen, dann wird der mystische oder auch nur mysteriöse Bereich innerhalb der bisher erwähnten drei Berufe immer weniger interessant und verblüffend harmlos. Nehmen wir nur als Beispiel die kürzlich abgelaufene, höchst verwegene Dollarattacke (die man schamhaft eine Dollarkrise genannt hat). Mir tumbem Laien fiel da etwas auf, das niemand beim Namen nannte: daß zwei Staaten am heftigsten betroffen waren und am nachdrücklichsten zu etwas so Merkwürdigem – nimmt man an, daß das Wort Freiheit nicht bloß eine Fiktion ist – wie Stützungskäufen – gezwungen, das heißt doch zur Kasse gebeten wurden, die historisch etwas gemeinsam haben: sie haben den zweiten Weltkrieg verloren, und man sagt ihnen noch etwas als gemeinsam nach: ihre Tüchtigkeit und ihren Fleiß. Kann man da dem, den's angeht, der mit seinem Kleingeld in der Tasche klimpert oder mit seinen Scheinchen wedelt, die mit denkwürdigen Symbolen bedruckt sind, nicht klarmachen, warum, obwohl er keineswegs

weniger dafür arbeitet, diese ihm weniger Brot, Milch, Kaffee, Taxikilometer einbringen? Wieviel Zwischenräume bieten sich der Mystik des Geldes, und in welchen Tresoren wird deren Poesie versteckt? Idealistische Eltern und Erzieher haben uns immer einreden wollen, Geld sei schmutzig. Ich habe das nie eingesehen, weil ich immer nur Geld bekam, wenn ich gearbeitet hatte – nehme ich den großen Preis aus, den ich von der schwedischen Akademie verliehen bekam –, und selbst die schmutzigste Arbeit wird für den, der keine andere Wahl hat, als zu arbeiten, rein. Sie bedeutet Lebensunterhalt für die, die ihm nahe sind, und für ihn selbst. Geld ist die Verkörperung seiner Arbeit, und die ist rein. Zwischen Arbeit und dem, was sie einbringt, bleibt freilich immer ein ungeklärter Rest, der mit vagen Formulierungen wie gut oder schlecht verdienen weit weniger annähernd gefüllt ist als der Zwischenraum, den die Interpretation in einem Roman oder Gedicht läßt.

Die ungeklärten Reste der Literatur sind verglichen mit den unerklärten Zwischenräumen der Geldmystik von verblüffender Harmlosigkeit, und da gibt es dann immer noch Leute, die in sträflichem Leichtsinn das Wort Freiheit im Munde führen, wo eindeutig Unterwerfung unter einen Mythos und seinen Herrschaftsanspruch gefordert und geleistet wird. Da appelliert man dann an politische Einsicht, wo doch gerade Einsicht und Einblick in die Probleme verhindert wird.

Auf dem unteren Rand meiner Schecks sehe ich vier verschiedene Ziffergruppen mit insgesamt 32 Zeichen, von denen zwei Hieroglyphen gleichen. Fünf dieser 32 Zeichen sind mir einsichtig: drei für meine Kontonummer, zwei für die Zweigstelle der Bank – was ist mit den übrigen 27, unter denen etliche Nullen sind? Ich bin sicher, es gibt für alle diese Zeichen eine vernünftige, sinnvolle – wie man so hübsch sagt: einleuchtende Erklärung. Nur habe ich in meinem Gehirn und meinem Bewußtsein keinen Platz für die einleuchtende Erklärung, und was bleibt, ist die Ziffernmystik einer Geheimwissenschaft, die ich weniger durchschauen kann, deren Poesie und Symbolik mir fremder bleiben wird als Marcel Prousts *Suche nach der verlorenen Zeit* oder das »Wessobrunner Gebet«. Was diese 32 Ziffern von mir verlangen, ist vertrauensvoller Glaube an die Tatsache, daß alles schon seine Richtigkeit habe, daß alles restlos klar und, wenn ich mir nur ein wenig Mühe gäbe, für mich einsichtig sei, und doch wird für

mich der Rest Mystik bleiben – oder auch Angst, viel mehr Angst, als jede Erscheinungsform von Poesie mir einflößen könnte. Fast kein währungspolitischer Vorgang ist für die, um deren Geld es geht, einsichtig.
Dreizehn Ziffern auch auf meiner Telefonrechnung, einige auf jeder meiner soundsovielen Policen, dazu noch meine Steuer-, meine Auto- und Telefonnummer – ich nehme mir gar nicht die Mühe, alle diese Ziffern zu zählen, die ich im Kopf oder wenigstens notiert haben müßte, um meinen Platz in der Gesellschaft jederzeit exakt nachweisen zu können. Multiplizieren wir die 32 Ziffern und die Chiffren auf meinem Scheck getrost mit sechs, oder geben wir Rabatt und multiplizieren wir mit vier, fügen wir noch die Geburtsdaten hinzu, ein paar Abkürzungen für Konfession, Familienstand – haben wir dann endlich das Abendland in der Addition und Integration seiner Vernunft? Ist diese Vernunft, wie wir sie verstehen und hinnehmen – und es wird uns nicht nur einleuchtend gemacht, sondern leuchtet uns sogar ein –, nicht vielleicht nur eine abendländische Arroganz, die wir dann noch via Kolonialismus oder Mission, oder in einer Mischung von beidem als Unterwerfungsinstrument in die ganze Welt exportiert haben, und werden oder würden für die Betroffenen die Unterschiede zwischen christlich, sozialistisch, kommunistisch, kapitalistisch nicht gering, mag ihnen auch die Poesie dieser Vernunft stellenweise einleuchten, bleibt nicht doch die Vernunft ihrer Poesie siegreich? Worin bestand das größte Verbrechen der Indianer, als sie mit der nach Amerika exportierten europäischen Vernunft konfrontiert wurden? Sie kannten den Wert des Goldes, des Geldes nicht! Und sie kämpften gegen etwas, gegen das wir heute als das allerletzte Produkt unserer Vernunft kämpfen, gegen die Zerstörung ihrer Welt und Umwelt, gegen die totale Unterwerfung ihrer Erde unter den Profit, der ihnen fremder war als uns ihre Götter und Geister. Und was hätte ihnen daran wohl als christlich, als die neue, die frohe Botschaft einleuchten sollen, an dieser wahnwitzigen heuchlerischen Selbstgefälligkeit, mit der man sonntags Gott diente und ihn als Erlöser pries und am Montag pünktlich die Banken wieder öffnete, wo die für einzig wahr gehaltene Vorstellung von Geld, Besitz undProfit verwaltet wurde? Für die Poesie des Wassers und des Windes, des Büffels und des Grases, in der sich ihr Leben verkörperte, gab es nur Hohn – und nun beginnen wir

westlich Zivilisierten in unseren Städten, den Endprodukten unserer totalen Vernunft – denn gerechterweise muß man sagen: wir haben uns nicht geschont –, wir beginnen etwas davon zu spüren, wie wirklich die Poesie des Wassers und des Windes ist und was sich in ihr verkörpert. Bestand oder besteht die Tragödie der Kirchen vielleicht gar nicht in dem, was man im Sinne der Aufklärung als unvernünftig an ihnen bezeichnen konnte, sondern in dem verzweifelten und auf verzweifelte Weise gescheiterten Versuch, einer Vernunft hinterherzurennen oder sie zu übernehmen, die niemals mit etwas so unvernünftigem wie dem verkörperten Gott zu vereinbaren gewesen war und wäre? Vorschriften, Paragraphen, Einverständnis der Fachleute, ein Ziffernwald von numerierten Vorschriften und die Produktion von Vorurteilen, die man uns eingehämmert und auf die Laufbänder der Geschichtsunterweisung gesetzt hat, um die Menschen einander immer fremder zu machen. Schon im extremen Westen Europas steht unsere Vernunft einer ganz anderen gegenüber, die wir einfach Unvernunft nennen. Die entsetzliche Problematik Nordirlands besteht doch darin, daß hier zwei Arten Vernunft seit Jahrhunderten aufeinander und hoffnungslos aneinander geraten sind.
Wieviel Provinzen der Abfälligkeit und der Verächtlichkeit hat uns die Geschichte hinterlassen. Kontinente werden versteckt unter dem Siegeszeichen unserer Vernunft. Bevölkerungsgruppen blieben einander fremd, angeblich sprachen sie die gleiche Sprache. Wo man die Ehe abendländischer Provenienz als ordnendes Element verschrieb, unterschlug man die Tatsache, daß sie ein Privileg war: unerreichbar, unerschwinglich für die Landarbeiter etwa, die man Knechte und Mägde nannte, die einfach das Geld nicht hatten, sich auch nur ein paar Bettlaken zu kaufen, und, hätten sie das Geld dazu gespart oder geklaut, kein Bett gehabt hätten, die Laken darüber zu breiten. So ließ man sie ungerührt in ihrer Illegitimität, Kinder erbrachten sie ja! Nach oben und nach außen schien immer alles restlos geklärt. Klare Antworten, klare Fragen, klare Vorschriften. Katechismustäuschung. Nur keine Wunder, und Poesie immer nur als Zeichen des Überirdischen, nie des Irdischen. Und dann wundert man sich, sehnt sich gar zurück nach alten Ordnungen, wenn die verachteten und versteckten Provinzen Zeichen von Aufruhr zeigen, und natürlich muß dann die eine Partei oder deren Gegen-

partei aus diesem Aufruhr materiellen und politischen Profit ziehen. Den noch unerforschten Kontinent, den man geschlechtliche Liebe nennt, hat man mit Vorschriften zu ordnen versucht, die denen gleichen, wie man sie Anfängern in Philatelie beim Anlegen ihres ersten Albums anbietet. Bis ins peinlichste Detail wurden erlaubte und unerlaubte Zärtlichkeiten definiert, und plötzlich stellen Theo- und Ideologen in gemeinsamem Entsetzen fest, daß auf diesem Kontinent, den man für ausgemessen, erkaltet und geordnet hielt, noch ein paar Vulkane nicht erloschen sind – und Vulkane kann man mit der erprobten Feuerwehr nun einmal nicht löschen. Und was hat man alles auf Gott, diese mißbrauchte und bemitleidenswerte Instanz, abgeladen, auf sie abgeschoben: alles, alles, was da an Problemen blieb: alle Wegweiser für auswegloses Elend sozialer, ökonomischer, sexueller Art wiesen auf ihn, alles Abfällige, Verächtliche wurde auf Gott geschoben, alle unerledigten »Reste« und doch hat man ihn gleichzeitig als den Verkörperten gepredigt, ohne zu bedenken, daß man den Menschen nicht Gott und Gott nicht dem Menschen aufbürden kann, wenn er als verkörpert zu gelten hat. Und wer mag sich da wundern, wenn er da überlebt hat, wo man Gottlosigkeit verordnete und das Elend der Welt und der eigenen Gesellschaft auf einen unerfüllten Katechismus ebenso dogmatischer Art und auf eine immer weiter und immer wieder verschobene Zukunft schob, die sich als triste Gegenwart erwies? Und wiederum können wir auch darauf nur mit unerträglicher Arroganz reagieren, indem wir von hier aus uns anmaßen, diesen Vorgang als reaktionär zu denunzieren; und es ist Arroganz gleicher Sorte, wenn ebenfalls von hier aus die amtlichen Verwalter Gottes diesen Gott, der in der Sowjetunion überlebt zu haben scheint, als ihren reklamieren, ohne die Müllhalden, unter denen er hier versteckt ist, wegzuräumen, und das Erscheinen Gottes dort für die Rechtfertigung eines Gesellschaftssystems hier reklamierten. Immer wieder wollen wir, ob wir uns nun als Christen oder Atheisten unserer Überzeugung brüsten, profitieren für das eine oder andere rechthaberisch vertretene Gedankensystem. Dieser unser Wahnwitz, dieser Hochmut *an sich,* verschüttet immer wieder beides: den verkörperten Gott, den man den Menschgewordenen nennt, und die an seine Stelle gesetzte Zukunftsvision totaler Menschlichkeit. Uns, die wir so leicht demütigen, fehlt etwas: Demut, die nicht zu verwechseln

ist mit Unterordnung, Gehorsam oder gar Unterwerfung. Das haben wir mit den kolonisierten Völkern gemacht: ihre Demut, die Poesie dieser Demut in Demütigung für sie verwandelt. Wir wollen immer unterwerfen und erobern, kein Wunder in einer Zivilisation, deren erste fremdsprachige Lektüre lange Zeit der *Bellum Gallicum* des Julius Caesar und deren erste Einübung in Selbstgefälligkeit, in klipp und klare Antworten und Fragen der Katechismus war, irgendein Katechismus, eine Fibel der Unfehlbarkeit und der restlos, fix und fertig geklärten Probleme.
Ich habe mich ein wenig vom Brückenbauen, Brötchenbacken und Romaneschreiben entfernt, die Zwischenräume, Ironien, fiktiven Bezirke, Reste, Göttlichkeiten, Mystifikationen und Widerstände anderer Bereiche angedeutet – mir erscheinen sie schlimmer, aufklärungsbedürftiger als die geringfügigen, ungeklärten Ecken, in denen nicht die uns überkommene Vernunft, sondern die Vernunft der Poesie sich – etwa in einem Roman – verbirgt. Die ungefähr zweihundert Ziffern, die ich, in genauester Reihenfolge, Gruppe für Gruppe, mit ein paar Chiffren untermischt, im Kopf oder wenigstens auf einem Zettel als Beweis meiner Existenz haben müßte, ohne genau zu wissen, was sie bedeuten, verkörpern nicht viel mehr, als ein paar abstrakte Ansprüche und Existenzbeweise innerhalb einer Bürokratie, die sich nicht nur vernünftig gibt, sogar vernünftig ist. Ich bin darauf angewiesen und dazu angeleitet, ihr blind zu vertrauen. Darf ich nicht erwarten, daß man der Vernunft der Poesie nicht nur vertraut, sondern sie bestärkt, nicht daß man sie in Ruhe lasse, sondern ein wenig von ihrer Ruhe annehme und von dem Stolz ihrer Demut, die immer nur Demut nach unten, nie Demut nach oben sein kann. Respekt verbergen sich in ihr, Höflichkeit und Gerechtigkeit und der Wunsch, zu erkennen und erkannt zu werden.
Ich will hier keine neuen Missionseinstiege und -vehikel liefern, aber ich glaube, im Sinne der poetischen Demut, Höflichkeit und Gerechtigkeit sagen zu müssen, daß ich viel Ähnlichkeit, daß ich Annäherungsmöglichkeiten sehe zwischen dem Fremden im Camusschen Sinne, der Fremdheit des Kafkaschen Personals und dem verkörperten Gott, der ja auch ein Fremder geblieben ist und – sieht man von ein paar Temperamentsentgleisungen ab – auf eine bemerkenswerte Weise höflich und wörtlich. Warum denn wohl hat die katholische Kirche lange – ich

weiß nicht genau wie lange – den direkten Zugang zu den Wörtlichkeiten der für heilig erklärten Texte versperrt oder ihn in Latein und Griechisch versteckt gehalten, nur Eingeweihten zugänglich? Ich denke mir, um die Gefahren auszuschließen, die sie in der Poesie des verkörperten Wortes witterte, und um die Vernunft ihrer Macht vor der gefährlichen Vernunft der Poesie zu schützen. Und nicht zufällig ist doch die wichtigste Folge der Reformationen die Entdeckung von Sprachen und ihrer Körperlichkeit gewesen. Und welches Imperium ist je ohne Sprachimperialismus ausgekommen, das heißt, der Verbreitung der eigenen, Unterdrückung der Sprache der Beherrschten? In diesem, in keinem anderen Zusammenhang sehe ich die diesmal nicht imperialistischen, sondern scheinbar anti-imperialistischen Versuche, die Poesie, die Sinnlichkeit der Sprache, ihre Verkörperung und die Vorstellungskraft – denn Sprache und Vorstellungskraft sind eins – zu denunzieren und die falsche Alternative Information oder Poesie als eine neue Erscheinungsform des *divide et impera* einzuführen. Es ist die nagelneue, fast schon wieder internationale Arroganz einer Neu-Vernunft, die Poesie der Indianer als gegenherrschaftliche Kraft möglicherweise zuzulassen, den Klassen im eigenen Land, die man befreien möchte, die eigene aber vorzuenthalten. Poesie ist kein Klassenprivileg, sie ist nie eins gewesen. Immer wieder haben sich etablierte feudalistische und bürgerliche Literaturen regeneriert aus dem, was sie herablassend Volkssprache nannten, moderner ausgedrückt Jargon oder Slang. Man mag diesen Vorgang getrost sprachliche Ausbeutung nennen, aber man ändert an dieser Ausbeutung nichts, wenn man die falsche Alternative Information oder Poesie/Literatur propagiert. Die mit Nostalgie gemischte Abfälligkeit, die in den Ausdrücken Volkssprache, Slang, Jargon liegen mag, berechtigt nicht dazu, nun auch die Poesie auf den Abfallhaufen zu verweisen und alle Formen und Ausdrucksarten der Kunst dazu. Darin liegt viel Pfäffisches: anderen Verkörperung und Sinnlichkeit vorzuenthalten, indem man neue Katechismen ausarbeitet, wo von einzig richtigen und wahrhaft falschen Ausdrucksmöglichkeiten gesprochen wird. Man kann nicht die Kraft der Mitteilung von der Kraft des Ausdrucks, den diese Mitteilung findet, trennen; es bahnt sich da etwas an, das mich an die theologisch ziemlich langweiligen, als Beispiel von verweigerter Verkörperung aber wichtigen Streitereien um die Kom-

munion in beiderlei Gestalten erinnert, der dann, was den katholischen Teil der Welt betraf, auf die Blässe der Hostien reduziert wurde, die man ja nicht einmal Brot nennen konnte. Schweigen wir von den Millionen Hektolitern vorenthaltenem Wein! Es lag eine arrogante Verkennung nicht nur der Materie darin, mehr noch dessen, was diese Materie verkörpern sollte.
Man kann keine Klasse befreien, indem man ihr zunächst etwas vorenthält, und mag sich diese neue Schule des Manichäismus auch a- oder antireligiös geben, sie übernimmt damit ein kirchenherrschaftliches Modell, das mit der Verbrennung von Hus enden könnte und mit der Exkommunikation Luthers. Man mag getrost über den Begriff der Schönheit streiten, neue Ästhetiken entwickeln, sie sind überfällig, aber sie dürfen nicht mit Vorenthaltungen beginnen, und sie dürfen eins nicht ausschließen: die Möglichkeit der Versetzung, die die Literatur bietet: sie versetzt nach Süd- oder Nordamerika, nach Schweden, Indien, Afrika. Sie kann versetzen, *auch* in eine andere Klasse, andere Zeit, andere Religion und andere Rasse. Es ist – sogar in ihrer bürgerlichen Form – niemals ihr Ziel gewesen, Fremdheit zu schaffen, sondern diese aufzuheben. Und mag man die Klasse, aus der sie bisher zum größten Teil gekommen ist, für überfällig halten, als Produkt dieser Klasse war sie in den meisten Fällen auch ein Versteck des Widerstandes gegen sie. Und es muß die Internationalität des Widerstandes bewahrt bleiben, die den einen – Alexander Solschenizyn – gläubig erhalten oder gemacht hat – und den anderen – Arrabal – zum erbitterten und bitteren Gegner der Religion und der Kirche. Und dieser Widerstand ist nicht als bloßer Mechanismus oder Reflex zu verstehen, der dort Gottglauben, da Gottlosigkeit hervorbringt, sondern als Verkörperung geistesgeschichtlicher Zusammenhänge, die sich zwischen verschiedenen Müllhalden und Provinzen der Abfälligkeit ergeben ... und auch als Anerkennung der Zusammengehörigkeit ohne Arroganz und ohne Unfehlbarkeitsanspruch. Es mag für einen politischen Häftling oder auch nur isolierten Oppositionellen etwa in der Sowjetunion falsch oder gar wahnsinnig erscheinen, wenn man in der westlichen Welt gegen den Vietnamkrieg protestiert – man mag das psychologisch verstehen für ihn da in seiner Zelle oder seiner gesellschaftlichen Isolation – und doch müßte er erkennen, daß die Schuld der einen nicht aufgerechnet werden kann gegen die anderen, daß, wenn für Vietnam demonstriert

wird, für ihn mitdemonstriert wird! Ich weiß, das klingt utopisch, und doch erscheint es mir als die einzige Möglichkeit einer neuen Internationalität, nicht Neutralität. Kein Autor kann vorgegebene oder vorgeschobene Teilungen und Urteile übernehmen, und es erscheint mir als beinahe selbstmörderisch, wenn wir immer noch und immer wieder die Teilung in engagierte Literatur und die andere überhaupt diskutieren. Nicht nur, daß man, gerade, wenn man das eine zu sein glaubt, für das andere eintreten muß bis zum äußersten, nein wir übernehmen gerade mit dieser gefälschten Alternative ein bürgerliches Teilungsprinzip, das uns entfremdet. Es ist nicht nur die Teilung unserer möglichen Stärke, auch die unserer möglichen – ich riskiere es ohne zu erröten – verkörperten Schönheit, denn sie kann ebenso befreien wie der mitgeteilte Gedanke, sie kann als sie selbst befreien oder als Provokation, die sie darstellen mag. Die Stärke der ungeteilten Literatur ist nicht die Neutralisierung der Richtungen, sondern die Internationalität des Widerstands, und zu diesem Widerstand gehört die Poesie, die Verkörperung, die Sinnlichkeit, die Vorstellungskraft und die Schönheit. Die neue manichäische Bilderstürmerei, die sie uns nehmen will, die uns die ganze Kunst nehmen will, würde nicht nur uns berauben, auch die, für die sie tut, was sie glaubt, tun zu müssen. Kein Fluch, keine Bitterkeit, nicht einmal die Information über den verzweifelten Zustand einer Klasse ist ohne Poesie möglich, und selbst, um sie zu verdammen, muß man sie erst zur Erkenntnis bringen. Man lese da doch einmal Rosa Luxemburg genau und schaue sich an, welche Denkmäler Lenin als erste verordnet hat: das erste für den Grafen Tolstoi, von dem er gesagt hat, bevor dieser Graf zu schreiben anfing, habe es in der russischen Literatur keine Bauern gegeben, das zweite für den »Reaktionär« Dostojewski. Man mag für sich selbst – um einen asketischen Weg der Veränderung zu wählen – auf Kunst und Literatur verzichten. Man kann das nicht für andere, bevor man ihnen nicht zur Kenntnis oder Erkenntnis gebracht hat, auf was sie verzichten sollen. Dieser Verzicht muß freiwillig sein, sonst wird er pfäffische Vorschrift wie ein neuer Katechismus, und wieder einmal würde ein ganzer Kontinent, wie der Kontinent Liebe, zur Dürre verurteilt. Nicht aus bloßer Spielerei und nicht nur, um zu schockieren, haben Kunst und Literatur immer wieder ihre *Formen* gewandelt, im Experiment neue entdeckt. Sie haben auch in

diesen Formen etwas verkörpert, und es war fast nie die Bestätigung des Vorhandenen und Vorgefundenen; und wenn man sie ausmerzt, begibt man sich einer weiteren Möglichkeit: der List. Immer noch ist die Kunst ein gutes Versteck: nicht für Dynamit, sondern für geistigen Explosivstoff und gesellschaftliche Spätzünder. Warum wohl sonst hätte es die verschiedenen Indices gegeben? Und gerade in ihrer verachteten und manchmal sogar verächtlichen Schönheit und Undurchsichtigkeit ist sie das beste Versteck für den Widerhaken, der den plötzlichen Ruck oder die plötzliche Erkenntnis bringt.
Hier muß ich, bevor ich zum Schluß komme, eine notwendige Einschränkung machen. Die Schwäche meiner Andeutungen und Ausführungen liegt unvermeidlicherweise darin, daß ich die Tradition der Vernunft, in der ich – hoffentlich nicht mit ganzem Erfolg – erzogen bin – mit den Mitteln eben dieser Vernunft anzweifle, und es wäre wohl mehr als ungerecht, diese Vernunft in allen ihren Dimensionen zu denunzieren. Offenbar ist es ihr – dieser Vernunft – immerhin gelungen, den Zweifel an ihrem Totalanspruch, an dem, was ich ihre Arroganz genannt habe, mitzuliefern und auch die Erfahrung mit und die Erinnerung an das zu erhalten, was ich die Vernunft der Poesie genannt habe, die ich nicht für eine privilegierte, nicht für eine bürgerliche Instanz halte. Sie ist mitteilbar, und gerade, weil sie in ihrer Wörtlichkeit und Verkörperung manchmal befremdend wirkt, kann sie Fremdheit oder Entfremdung verhindern oder aufheben. Befremdet zu sein hat ja auch die Bedeutung erstaunt zu sein, überrascht oder auch nur berührt. Und was ich über die Demut – natürlich nur andeutungsweise – gesagt habe, verdanke ich nicht einer religiösen Erziehung oder Erinnerung, die immer Demütigung meinte, wenn sie Demut sagte, sondern der frühen und späteren Lektüre von Dostojewski. Und gerade weil ich die internationale Bewegung nach einer klassenlosen, oder nicht mehr klassenbedingten Literatur, die Entdeckung ganzer Provinzen von Gedemütigten, für menschlichen Abfall Erklärten, für die wichtigste literarische Wendung halte, warne ich vor der Zerstörung der Poesie, vor der Dürre des Manichäismus, vor der Bilderstürmerei eines, wie mir scheint, blinden Eiferertums, das nicht einmal Badewasser einlaufen läßt, bevor es das Kind ausschüttet. Es erscheint mir sinnlos, die Jungen oder die Alten zu denunzieren oder zu glorifizieren. Es erscheint mir sinnlos, von

alten Ordnungen zu träumen, die nur noch in Museen rekonstruierbar sind; es erscheint mir sinnlos, Alternativen wie konservativ/fortschrittlich aufzubauen. Die neue Welle der Nostalgie, die sich an Möbel, Kleider, Ausdrucksformen und Gefühlsskalen klammert, beweist doch nur, daß uns die neue Welt immer fremder wird. Daß die Vernunft, auf die wir gebaut und vertraut haben, die Welt nicht vertrauter gemacht hat, daß die Alternative rational/irrational auch eine falsche war. Ich mußte hier vieles um- oder übergehen, weil ein Gedanke immer zum anderen und es zu weit führen würde, jeden einzelnen dieser Kontinente ganz auszumessen. Übergehen mußte ich den Humor, der auch kein Klassenprivileg ist und doch ignoriert wird in seiner Poesie und als Versteck des Widerstands.

Am Anfang

Reminiszenzen dieser Art geraten fast unvermeidlicherweise heroisch, veteranenhaft, und ich will wieder einmal versuchen, auf jener »Haaresbreite« einherzubalancieren, die verschiedene Abgründe der Peinlichkeit voneinander trennt.
Zunächst muß man, glaube ich, zwischen den Begriffen »Erstlingswerke« und »Erstpublikationen« unterscheiden. Meine Erstlingswerke schrieb ich zwischen 1936 und 1938, Kurzgeschichten, Gedichte, einen Roman. Erstpublikationen kamen nach 1945, zunächst Kurzgeschichten. Meinen ersten Nachkriegsroman schrieb ich 1946; er ist nie erschienen, ich habe ihn auch später nie wieder zur Publikation angeboten. Ich schrieb ihn, angeregt durch ein Preisausschreiben, und ich erinnere mich der Schwierigkeiten bei der Beschaffung von Schreibmaschinen- und Kohlepapier für ein Original und vier Durchschläge. Diese vier Durchschläge zwangen mich an die Schreibmaschine, eine alte Büromaschine meines Vaters, die merkwürdigerweise den Krieg überdauert hatte. Der Roman war ziemlich umfangreich, so an die vier-, fünfhundert Manuskriptseiten, ich schrieb, glaube ich, direkt ins reine, und da ich bis auf den heutigen Tag zwar viel Schreibmaschine geschrieben, aber nie Maschinenschreiben gelernt habe, bestand auch damals die Hauptarbeit im Kollationieren; am Orginal und den vier Abschriften mußte jeder Tippfehler korrigiert, jede Stilkorrektur auf jedes einzelne Blatt übertragen, mußten am Ende dann die ganzen vier- oder fünfhundert Seiten miteinander verglichen werden, es mußte viel durchgestrichen, einiges ergänzt und die Paginierung kontrolliert werden. Ein heilloses Papierdurcheinander in unserem Wohnschlafzimmer, wo auf dem Bett, auf Kommoden und Stühlen, in Bücherregalen zusammengeheftete Romankapitel, streng nach Abschrift eins, zwei usw. getrennt, umherlagen. Die ganze Wohnung stand unter dem Zeichen des bläulichen, sehr holzreichen Papiers, und überall auch lag bis aufs letzte ausgesaugtes Kohlepapier, von dem ich mich, da es so kostbar, nicht trennen konnte. Der Roman kam von der Jury für das Preisausschreiben kommentarlos zurück, ich legte ihn in eine Schublade und vergaß ihn. Ich wüßte nichts mehr über sein Personal, seine Problematik, über seinen Aufbau, seinen Anfang und sein Ende

zu sagen. Er hatte – wenn ich von der Preisjury absehe, von der ich hoffe, daß sie ihn tatsächlich gelesen hat – vier Leserinnen: meine Frau, meine Schwester, eine Schwägerin und deren Freundin. Die beiden letzteren Damen haben mir später erzählt, sie hätten ihn regelrecht verschlungen, so spannend sei er gewesen. Ich kann dazu nichts sagen, weil ich nie mehr in den Roman hineingeschaut habe. Ich schrieb damals sehr viel, und das meiste wurde und ist nicht veröffentlicht worden. Für Schriftsteller gilt auch, was man etwa bei Malern viel besser versteht: es gibt eben Arbeiten, die nur einen Atelierwert haben, für die Öffentlichkeit weder bestimmt noch interessant sind. Erst dreiundzwanzig Jahre später, anläßlich eines Umzuges, der es notwendig machte, in Kisten und Kasten, Kartons und grob zusammengeschnürte Pakete wirklich nun einmal hineinzuschauen, fand ich viel Unpubliziertes und Unpublizierbares, das ich schleunigst wieder versteckte. Wahrscheinlich ekelte ich mich vor dem häßlichen Papier und dem unvermeidlichen Trümmerstaub, nach dem auch dreiundzwanzig Jahre später die Manuskripte noch rochen und der zwischen den Blättern herausrieselte. Als ich das alles schrieb, wohnten wir in einem fast total zerstörten Haus, das wir langsam renovierten. Die Qualität des Verputzes war miserabel, er bröckelte nicht nur, er segelte manchmal in großen Placken, oft quadratmetergroß, von den Decke herunter und setzte sich als Staub in Kleider, Wäsche, Möbel, Speisen, Bücher, Manuskripte. Wir mußten später die Betten unserer Kinder mit Spanplatten abdecken, um sie vor diesen lebensgefährlichen Lawinen zu schützen.

Schon im Winter von 1946 auf 1947 schrieb ich, nachdem ich viele Kurzgeschichten geschrieben und auch einige davon veröffentlicht hatte, mein drittes Buchmanuskript, eine längere Erzählung. Ich schrieb sie unter den gleichen Umständen, teils auf der Bettkante sitzend, die Schreibmaschine auf einem Stuhl oder einer Kommode vor mir, manchmal auch in der Küche, abends oder nachts, um meine Frau und das Kind nicht zu stören, später in einer Mansarde, die wir hinzumieten konnten. Die Erzählung hatte den Arbeitstitel »Zwischen Lemberg und Czernowitz« und erschien später als Buch unter dem Titel *Der Zug war pünktlich.* Der Winter 1946/47 war sehr hart, er zog sich, glaube ich, bis zum April oder Mai 1947 hin. An die Schwierigkeiten beim Schreiben erinnere ich mich nicht, wohl aber an die Schwierigkeiten, einen solchen Winter in einer zerstörten Großstadt zu überleben, und diese Schwierigkeiten waren für alle Bewohner gleich. Ich arbeitete in diesem Jahr tagsüber, nicht allzu intensiv, an der Renovierung des Hauses – ein Dach dicht zu bekommen und auch dicht zu halten, war ein fast unlösbares Problem – war gleichzeitig, ohne die geringste Intensität, Student an der Universität Köln; ich ging fast nie in eine Vorlesung, mußte mich aber, wie man das so nennt, hin und wieder dort blicken lassen, um meine Testate zu bekommen, von denen meine Berufsbezeichnung in meinem Personalausweis und damit meine Lebensmittelkarte abhing. Meine Frau war als Mittelschullehrerin berufstätig. Das schwierigste Problem in diesem Winter war die Beschaffung von Lebensmitteln und Brennmaterial. Im Februar, als unser Sohn Raimund geboren wurde, waren die Temperaturen auf ungefähr zwanzig Grad unter Null (Celsius) gesunken. Expeditionen in die benachbarten Trümmer brachten zwar Brennholz, aber mit Holz allein war gegen diese Kälte nicht anzukommen, da außerdem die Fenster und Türen undicht waren. Schon die Besorgung etwa eines halben Zentners oder auch nur von zehn Kilo Kartoffeln machte langwierige Hamsterfahrten notwendig, komplizierte Tauschgeschäfte; wenn wir Geld hatten, gingen wir auf den Schwarzmarkt. Das Monatseinkommen meiner Frau hatte einen Schwarzmarkteffektivwert von etwa 15 Kilo Brot oder 10 bis 15 – je nach Außentempaterur – Zentnern Briketts. Ich bekam für eine Kurzgeschichte – je nach Umfang zwischen 100 und 400 Mark, das entsprach ungefähr 2 bis 10 Zentnern Briketts. Kohlen oder Briketts auf dem schwarzen Markt zu erwerben, war schwierig, weil man außerdem den Transport organisieren und bezahlen mußte. Und mit den fallenden Temperaturen stiegen natürlich die Kohlenpreise. Das Thermometer war der zuverlässigste Börsenspiegel. Es gab drei Möglichkeiten, an Hausbrand zu kommen: direkten, d. h. mit eigener Hand ausgeführten Diebstahl an einer der Eisenbahnstrecken, auf denen die Kohlenzüge durch Köln oder um Köln herumfuhren. Meine moralischen Bedenken waren weitaus geringer als 20 Grad minus; ich fand diese Methode, die ich nur einmal praktizierte, zu mühselig, war ihr auch gesundheitlich nicht gewachsen. Die zweite Methode war, den Dieben die Kohlen abzukaufen, und schließlich gab es eine dritte: von einem der Braunkohlenarbeiter im Revier westlich von Köln seine Deputatkohle zu erwerben. Wir – mein Vater, mein Bruder und ich, die sogenannten Haushaltsvorstände – entschlossen uns zur letzteren Methode. Diese Methode erforderte umständliche Fahrten, Verhandlungen, Abmachungen. Ich erwähne nur dieses eine Beispiel – die Beschaffung von Hausbrand –, um halbwegs zu erklären, wie schwierig es war, aufrechtzuerhalten, was man das nackte Leben zu nennen beliebt.

Mit meiner Erzählung jedenfalls wurde ich erst im Spätsommer fertig. Ich bot sie dem Verlag an, in dessen Literaturzeitschrift ich hin und wieder Kurzgeschichten veröffentlichte. Das Manuskript wurde zu meiner Überraschung sofort angenommen, die Publikation aber aufs Frühjahr 1948 verschoben. Ich vergaß das Manuskript, schrieb wieder Kurzgeschichten, und im April oder Mai 1948 schrieb mir der Verlag, er könne zu seinem Bedauern eine Publikation nicht garantieren. Inzwischen geschah etwas Merkwürdiges: ich bekam in den ersten Juniwochen 1948 einige Honorare für Kurzgeschichten, die noch gar nicht erschienen waren. Zum Glück gaben wir das Geld – natürlich hauptsächlich auf dem schwarzen Markt – rasch aus, denn im Juni 1948 kam die Währungsreform, die das noch umlaufende Geld, die Reichsmark, wertlos machte, und jetzt erst begriff ich die Vorschußfreudigkeit einiger Verlage und Redaktionen; sie hatten das Abdrucksrecht erworben, ohne daß sie mich in jetzt harter Währung honorieren mußten.

Mein Buchmanuskript lag inzwischen bei einem neugegründeten Salzburger Verlag, der später wieder verschwand, mir aber vorher wenigstens mein Manuskript zurückschickte. Ein paar Monate nach der Währungsreform schrieb mir Paul Schaaf, Lektor beim Verlag Friedrich Middelhauve, Opladen, er habe einiges von mir gelesen, ob ich nicht Manuskripte für ihn habe. Ich schickte ihm das inzwischen sehr strapazierte Manuskript, wenige Wochen später unterschrieb ich meinen ersten Verlagsvertrag, und mein erstes Buch, im Winter 46/47 geschrieben, erschien dann im Winter 1949.

Zum Tode Ingeborg Bachmanns

Niemand sollte, denke ich, Ingeborg Bachmanns fürchterliche Todesart allzu hurtig mit ihrem geplanten Romanzyklus *Todesarten* in Verbindung bringen und in ihrem Werk Anspielungen auf und Ahnungen über einen Feuertod suchen.

Man hat, wie es zur Grausamkeit der literarischen Szene zu gehören scheint, ohnehin den Schmerz und die ebenso hohe Abstraktheit wie Sinnlichkeit ihrer Poesie zu sehr literarisiert. Man hat aus der Anrufung den Ruf, der zum Schrei wurde, nicht hören wollen, man hat Ingeborg Bachmann selbst zu Literatur gemacht, zu einem Bild, einem Mythos, verloren in und an Rom, diese österreichische Protestantin, die als Mädchen auszog, die höchsten intellektuellen Abenteuer zu suchen, sie bestand und dann anfing, den Großen Bären und die Heiligen Leonhard, Antonius, Vitus, Rochus anzurufen (»weil du gelitten hast«).

Daß in der Ikonisierung einer lebenden Person eine schrittweise Tötung versteckt sein kann, müßte gerade an ihr deutlich werden. Ich mag die Art ihres Todes nicht symbolisieren, mythologisieren oder gar eine metaphysische Schleife draus winden. War Ingeborg Bachmann nicht gefangen in dem Bild, das andere sich und andere aus ihr gemacht haben? Ich weiß nur, daß sie immer beides war: immer da und immer abwesend; da, wenn einer sie brauchte, und dann war der großen Dichterin ihre Zeit keineswegs zu kostbar, etwa ein Zimmer zu besorgen oder in halb Italien nach einem geeigneten Hotel zu telefonieren; mancher Versprengte und polizeilich Gesuchte aus der Berliner Studentenbewegung wird sich hoffentlich ihrer Hilfsbereitschaft und Gastfreundschaft erinnern.

Denn sie war eine Dichterin und damit beides: engagiert – und das andere. Und sie war beides ganz: mit leiser Stimme und doch voller Energie, wie wenn sie Gedichte vorlas. Hinter ihrer habituellen Nervosität, einer Art ständiger Gebrochenheit, die immer den Zustand »kurz vor dem Zusammenbruch« signalisierte, verbargen sich Zähigkeit, Kraft, auch Direktheit, die spontan zu Freundschaft und Hilfsbereitschaft wurde, und sie selbst hat am wenigsten irgend etwas »literarisiert«, wenn ihr auch manches unglückselig geriet oder ausging. Wie jeder andere Mensch war auch sie auf Glück und Heil aus, nicht auf Unglück und Unheil, wie es ihr reichlich zuteil wurde.

Und sie war noch etwas, das nicht selbstverständlich ist: mutig. Es gehörte Mut dazu, 1953, nachdem im Jahr davor Paul Celan auf die peinlichste Weise mißverstanden worden war, vor der Gruppe 47 aus der *Gestundeten Zeit* zu lesen; indem sie ihr ihren Preis verlieh, widerlegte die Gruppe 47 zum dritten Male (nach Eich und Ilse Aichinger) den Ruf, der ihr fälschlicherweise anhaftete, einer banalisierten Vorstellung von Wirklichkeit anzuhängen. Es gehörte Mut dazu, 1958 dem Komitee gegen Atomrüstung beizutreten, sich 1963 der Klage gegen Dufhues anzuschließen und 1965 die Erklärung zum Vietnamkrieg zu unterschreiben. Man sollte nicht versuchen, diese Art Mut und Engagiertheit aus der großen Dichterin herauszudividieren, denn das eine gehört zum anderen. »Ich mit der deutschen Sprache, dieser Wolke um mich, die ich halte als Haus, treibe durch alle Sprachen.« Und hat sich weder in dem einen noch dem anderen Deutschland je auch nur andeutungsweise wohl gefühlt: »Sieben Jahre später in einem Totenhaus trinken die Henker von gestern ihre goldenen Becher aus.«
Natürlich gibt es da auch genug Klatsch, und gewiß wird der eine oder andere bemerken, sie sei wohl gelegentlich unter ihr Niveau gegangen; ich möchte nur feststellen, daß man Niveau haben muß, um darunter oder darüber zu gehen. Ja, sie war Gott sei Dank nicht »gleichbleibend«, sie hatte Blößen, gab sie sich und zeigte sie. Gottes Segen über alle Gleichbleibenden, die ihres Niveaus so sicher sind, daß sie nie drunter und nie drüber geraten.
Das Erstaunlichste an Ingeborg Bachmann war ja, daß diese brillante Intellektuelle in ihrer Poesie weder Sinnlichkeit einbüßte noch Abstraktion vernachlässigte und daß sie jenen immer mehr zum Aussatzmerkmal denunzierten großen Komplex, den man Emotion zu nennen pflegt, wieder in den höchsten Rang erhob. Wenn Emotion ungefähr mit Bewegung oder Bewegtheit, Emotionslosigkeit mit Unbewegtheit oder Bewegungslosigkeit übersetzt werden kann, darf ich feststellen: unbewegt war Ingeborg Bachmann nie. In manchen ihrer Gedichte verbirgt sich ein Element, das volksliedhaft hätte werden können, wäre das Volk beider Deutschland und Österreichs bereit gewesen, die liedhafte Bitterkeit anzunehmen.
Hoffentlich werden sich nicht zu viele Lesebuchautoren, Eltern, Erzieher und Nikotingegner dieser schrecklichen Begebenheit

mit mahnendem Zeigefinger bedienen: Ingeborg Bachmann, die über einer glühenden Zigarette einschlief. Wir, die wir sie gekannt haben, wissen, daß es nicht Zufall und nicht bloß eine Unart war, und daß es doch nicht »ins Bild gesetzt« werden und noch weniger symbolhaft mit ihrem Leben und ihrem Werk verknüpft werden sollte. Sie war es, die den berüchtigten Spruch »Tapferkeit vor dem Feind« in »Tapferkeit vor dem Freund« umgeprägt hat.

Ich denke mit Schmerz an sie, mit Zärtlichkeit und in Freundschaft, und ich denke an die siebenundvierzigjährige Frau wie an ein Mädchen, und ich wehre mich gegen etwas, das leicht gesagt ist: der Tod habe sie erlöst. Nein, diese Art der Erlösung suchte sie nicht; ich würde sie gern selber fragen, ob ich mich täusche.

Schreiben und Lesen
Gespräch mit Karin Struck am 23. 10. 1973

KARIN STRUCK: Ja, Herr Böll, ich würde gern mit Ihnen über diesen Roman *Gruppenbild mit Dame* sprechen. Und eine Frage hat mich da sehr stark bewegt, die Frage der Darstellung einer Frau als Hauptperson in einem Roman. Sie haben in einem Interview gesagt, daß dieser Roman auch der Roman der Bildung einer Frau sei, also ein Bildungsroman sei. Und mich interessiert jetzt das Motiv, warum Sie zu diesem Zeitpunkt in einem Roman eine Frau als Hauptperson zu entwickeln versuchten.

HEINRICH BÖLL: Sie meinen, in diesem Jahr oder so ungefähr um die 70er Jahre jetzt genau zeitlich plaziert?

K. S.: Ne, darauf kommt es gar nicht genau an, das ...

H. B.: ... oder Zeit im generellen Sinn, ja?

Ja, nun, ich glaub, das kann ich sehr einfach beantworten. Ich hab sehr viele Frauengestalten, wollen wir so sagen, in meinen Romanen, meistens sogar Hauptfiguren ...

K. S.: Aber nicht so prononciert?

H. B.: Nein, nicht so, ja, quantitativ noch prononcierter, aber als Bestimmung, als bestimmend, den ganzen Roman bestimmend, ist dies neu, und es hängt damit zusammen, daß ich eigentlich immer versucht habe, diesen Roman zu schreiben, und nicht, sagen wir, diese Frau, die mir vorschwebt, als zu beschreibend und bildend, natürlich nicht im Sinne von Schulbildung und Ausbildung, und sie nie erwischt habe, um es grob zu sagen. Und ich weiß nicht, ob mir das da gelungen ist. Es hat mir immer vorgeschwebt diese ganze Zeit, so Deutschland zwischen Erstem Weltkrieg und Ende des Zweiten mal einer Frau aufzuladen und nicht immer einem Mann, verstehen Sie. Auch das sogenannte Kriegserlebnis, das ich als Mann erlebt habe, auch von der männlichen Seite beschrieben habe, finde ich für von Männern für Männer beschrieben vollkommen uninteressant, weil es auch so lächerlich ist. Das war mein Motiv.

K. S.: Ja, ich muß jetzt sagen, beim ersten Lesen des Romans war ich sehr, also fast undistanziert fasziniert, und jetzt beim zweiten Lesen ist mir die Frage gekommen, ob Sie nicht – das war plötzlich ein Gefühl, was ich aber jetzt gar nicht rational erklären kann – ob Sie da nicht ein ganz statisches Bild von einer Frau entworfen haben, und ob Sie vielleicht gar nicht die Frau jetzt als eigenes Wesen, also als eigenständige, selbständige Person dort entworfen haben, die sich auch wirklich entwickelt, sondern ich bekam plötzlich beim Lesen das Gefühl, daß es sich da um eine ganz statische weibliche Person handelt, daß es eigentlich mehr um sie geht oder um eine erste Annäherung, die zunächst mal ganz stark von Entfremdung gegenüber diesem sogenannt Weiblichen bestimmt ist.

H. B.: Das ist mir nicht bewußt, was nicht beweist, daß Sie nicht recht haben könnten, aber ich glaube, Frau Struck, das Statische, so, wie Sie es nennen, oder sagen wir das nicht Handlungsbestimmte und nicht Entwicklungsbestimmte ist eine Eigenart von mir als Schreiber. Es ist in anderen Romanen und auch, wenn es um Männer oder Kinder geht, sehr ähnlich, soweit ich das überhaupt objektiv oder mit einiger Distanz sehen kann. Es ist hier, glaube ich, nicht im Zusammenhang zu sehen mit der Tatsache, daß eine Frau dargestellt wird.

K. S.: Ich meinte mit statisch aber auch weniger, daß ich irgendwelche großen Aktivitäten erwarte, sondern mit statisch meinte ich auch, daß sozusagen die Person schon auf der ersten Seite da ist und daß der Person als solcher in diesem Roman gar keine Entwicklungsmöglichkeit gegeben ist. Das sind irgendwie Vermutungen, die mir beim zweiten Lesen kamen, daß ich mich plötzlich fragte, ja zum Beispiel diese Sinnlichkeit und diese verschiedenen Eigenschaften der Leni, ob das vielleicht einfach auch Wunschbilder einer Frau sind von Ihnen und ob Sie wirklich zum Beispiel das Leiden einer Frau, einer solchen fast 50jährigen Frau, haben erfassen können, beschreiben können.

H. B.: Daran mag man mit Recht zweifeln, aber es war nicht meine Absicht. Ich glaube, das ist sehr wichtig, daß wir darüber reden. Ich habe natürlich keine psychologischen Ambitionen gehabt und bin überhaupt im Grunde wahrscheinlich gar nicht sehr psychologisch interessiert, natürlich als Zeitgenosse und Vater und so weiter ja, aber nicht als Autor, ich bin kein psychologischer Schriftsteller. Und was Sie sagen über die Nichtentwicklung, das trifft eben auf, glaube ich, meine gesamte Arbeit zu. Ich bin ein Statiker in dem Sinne. Das mag man gut oder schlecht oder auch gleichgültig finden, aber das muß man, glaube ich, voraussetzen. Aber Wunschbild ist, glaube ich, nicht der Fall, eher Kunstbild, verstehen Sie, ja? Sie haben ganz recht, fast jede der Gestalten in dem Buch und natürlich auch die Hauptfigur ist mit 17, 18 oder 20 da, und das andere, was sich so ergibt, ist eigentlich nur noch Erleiden der Zeit, ja? Das ist aber nicht spezifisch oder speziell, glaube ich, für dieses Buch, sondern eine mehr nichtbewußte Grundhaltung gegenüber dem Schreiben.

K. S.: Ich fand dieses Buch für mich persönlich am wichtigsten wegen dieser Person Leni, und wenn ich erst sagte, mich hat das Buch sehr fasziniert und gerade diese Person fasziniert, dann war das zum Beispiel diese Art des Lernens, die Sie beschreiben, daß Sie von Leni sagen, sie hat nur lernen können, was sie praktisch auch sinnlich begriff, daß sie nicht abstrakt Noten lernen konnte, sondern mit Hilfe von geographischen Eselsbrücken. Und jetzt wollte ich Sie fragen, ist das eine Eigenschaft, die Sie als spezifisch ansehen, jetzt ohne daß wir von Psychologie reden oder so, sondern eine Eigenschaft, die etwas, auch historisch gesehen, spezifisch Weibliches hat? Oder Sie sagen auch öfter, daß Leni proletarisch sei, Sie weisen auf die proletarische Sinnlichkeit hin. Oder ist das jetzt eine Art des Lernens, die eigentlich ziemlich menschlich ist?

H. B.: Ja, ich glaube, daß Sie verständlicherweise auch aus Ihrer eigenen Thematik und Problematik zu sehr darauf sehen, daß das hier eine Frau ist. Für mich ist das gar nicht so entscheidend. Natürlich wollte ich einmal die ganze Männlichkeitsliteratur vermeiden, die ich also hasse, sogar bei einem Schriftsteller, den ich sehr verehre, Hemingway zum Beispiel, der einen fürchterlichen Männlichkeitskult im Grunde treibt, aus psychologisch erklärlichen Gründen. Diese Art zu lernen, diese Art zu erleben, zu erleiden oder zu reflektieren, halte ich nicht für typisch weiblich, sondern für menschlich. Mir ist der Unterschied zwischen Mann und Frau, außer den biologisch klaren Unterschieden, bis heute nicht klar, so wie mir der Unterschied zwischen Fiction und Nonfiction bis heute nicht klar ist. Das sind zwei andere Gebiete, aber das ist auch ein Problem für mich. Ich glaube nicht, daß Frauen eine bestimmte Rolle haben außer der biologischen, die ja nicht zu ändern ist, wenn es nicht mehr Rolle ist, verstehen Sie, sondern Natur, und Männer eine andere.

K. S.: Ja, aber gerade diese menschliche Art des Lernens, die wird doch zum Beispiel auch in unserer Gesellschaft unterdrückt, man verlangt ja, ob sie nun Arbeiterkind sind oder aus einer anderen Gruppe stammen, man verlangt ja doch von ihnen, daß sie Dinge, Lernzusammenhänge abstrakt begreifen, die eigentlich nicht mehr anfaßbar sind.

H. B.: Ja, so Motivationslehren und Theorien, sicher. Aber wenn Sie sich vorstellen, die Hauptfigur wäre ein Mann, wäre da kein Unterschied in meiner Beschreibung, verstehen Sie?

K. S.: Ja, das ist mir schon klar, aber es ist doch etwas Oppositionelles, diese Art des Lernens. Diese Leni würde, wenn sie das wirklich zum Prinzip ihrer Existenz machen würde, in einer Institution zum Beispiel, draufgehen. Ja, und deswegen komme ich gleich auf eine andere Frage. Was mich da unheimlich beschäftigt hat, dieses Bild der nichtangepaßten Leni, daß Sie ausdrücklich sagen, sie will kein Geld, sie hat also keine Ambitionen, irgendwelches Geld zu verdienen oder irgendein Prestige zu gewinnen. Sie heiratet dann eben hinterher oder verbindet sich mit einem Mann von der Müllabfuhr, einem Ausländer auch noch, das sind ja, die Leute, die dort arbeiten, für das Bewußtsein der Gesellschaft der Abschaum sozusagen, die den Dreck wegkehren ...

H. B.: ... Aber irrigerweise, darf ich das dazwischenwerfen ...

K. S.: ... ja genau ...

H. B.: ... denn im Grunde genommen erweist sich ja gerade bei dem ganzen, sagen wir Umweltproblem, ich mag das Wort schon nicht mehr, weil das Problem tiefer sitzt, als Umwelt sagt, es erweist sich ja fast täglich, daß die Müllabfuhr wichtiger ist als die Redaktion einer Zeitung für unser Leben, wenn ich das übertreiben darf. Ich wollte Ihnen nur klarmachen, daß die Verachtung der Gesellschaft und mögliche Verachtung gegenüber dieser Menschengruppe, die sich mit der Beseitigung unseres Abfalls beschäftigt, nennen wir es so, ein Hochmut ist, der sehr teuer bezahlt werden kann. Denn wenn Sie sich vorstellen, die würden alle einmal streiken oder nicht mehr da sein, alle, jetzt nicht nur die Leute, die unsere Mülltonne leeren, sondern auch die, die das Zeug irgendwo verstecken, dann wären wir wirklich verloren. Verstehen Sie, während also, sagen wir, der Streik irgendeiner Zeitungsredaktion oder auch einer Rundfunkredaktion uns eigentlich nicht so unmittelbar treffen würde. Deshalb hab ich diesen Beruf bewußt gewählt, weil mir das sehr nahe ist, ich habe nun mal eine Affinität gegen diese und noch einen anderen Grund, einen sehr einfachen, einen sehr persönlichen autobiographischen. Ich war 6 oder fast 7 Jahre lang Soldat, und wir mußten ja immer arbeiten, wenn wir nicht gerade so dieser komischen militärischen Beschäftigung nachgingen, und ich hab mich immer freiwillig gemeldet, wenn Straßenkehrdienste zu tun waren. Ich weiß, ich war eine Zeitlang in Mülheim an der Ruhr, und da ist eine große Rennbahn, da mußte samstags, sonntags einer hin und das Papier aufheben. Das habe ich immer sehr gerne getan. Das mag ein sentimentaler Grund sein, weil ich dann allein war, aus dieser Zwangsgemeinschaft raus, eine sehr sinnvolle Beschäftigung, saubermachen. Das ist auch ein Grund, den will ich Ihnen nur noch mitliefern.

K. S.: Ja, jetzt meine Frage bezog sich auf die Wertung der Gesellschaft. In der *Bild-Zeitung* stand eine Geschichte über einen Müllarbeiter, der, ich glaube, 7 oder 8 Kinder hatte und von dem die *Bild-Zeitung* berichtete, daß er grundsätzlich seinen Beruf verschweigt. Also überall, wo er ist, um Gottes willen nicht sagt, ich bin Müllfahrer, sondern irgend etwas anderes, städtischer Angestellter oder sowas. Und da habe ich mich an diesen Roman erinnert und mich eben gefragt, ob Leni auf diese Weise bedürfnislos ist, daß Sie also eine Figur hier entwerfen, die eigentlich eine totale Gegenfigur zu einem, ja Durchschnittsmenschen mag ich nicht sagen – das ist ein völlig falsches Wort, aber zu einem einfachen Bürger hier in der Bundesrepublik ist, weil sie nämlich völlig bedürfnislos ist.

H. B.: Ich glaube, da muß ich Ihnen widersprechen mit der Bedürfnislosigkeit.

K. S.: Ich meine jetzt bezogen auf das, was uns hier als Konsument ...

H. B.: ... selbstverständlich gilt, wollen wir es so ausdrükken?

K. S.: Ja.

H. B.: Ich glaube, das liegt auch nicht bei Ihnen, sondern der gesellschaftlichen Vorstellung, der uns zu- und vorbereiteten Vorstellung eine ganz falsche Auffassung etwa von Bescheidenheit zugrunde. Ich halte diese Frau in dem Roman nicht für bescheiden, sondern für sehr unbescheiden, eben weil sie sich nicht unterwirft und trotzdem eigentlich ja ganz gut lebt, nennen wir es so. Sie hat alles, was sie braucht, sie ist unabhängig sogar. Das wäre ein Thema für sich, darüber zu reden, daß jemand, der nicht dem Klischee Unbescheidenheit entspricht, gleich als bescheiden gilt.

K. S.: Ja, ja, das ist jetzt die gesellschaftliche Wertung ...

H. B.: ... die gesellschaftliche Wertung, die eigentlich eine korrumpierte und säkularisierte Ikonographie ist, Heiligen-Vorstellung, nicht. Da ich selber auch gelegentlich als bescheiden bezeichnet werde, was mich also rasend macht, weil ich es nicht bin – wenn ich es wäre, würde ich sagen, ja –, ist das ein Thema, das mich sehr interessiert, ob Bedürfnislosigkeit Bescheidenheit ist, das ist es eben nicht.

K. S.: Ja, aber es ist doch, gesehen von dem üblichen Leben, das sich vielleicht nach Prestige oder nach Konsum ausrichtet, doch etwas, vielleicht sogar Revolutionäres.

H. B.: Möglicherweise, das kann ich nicht beurteilen, es ist auf jeden Fall etwas Provokatives. Da können wir noch mal über »statisch« reden, Frau Struck. Es gibt natürlich Menschen, ich will mich jetzt gar nicht auf den Roman beziehen, die durch ihre Existenz ohne Aktivität die Aktivität anderer in Bewegung setzen. Verstehen Sie mich, das, was Sie jetzt, auf die Frau bezogen, revolutionär nennen. Das muß man, glaube ich, auch mehr bedenken, wenn man über Veränderung der Gesellschaft und Revolution oder Revolte spricht, daß es natürlich Menschen gibt, die im strengen Sinne des Wortes unpolitisch sind, sagen wir nicht bewußt politisch, aber durch ihre Existenz politisch wirken.

K. S.: Was ich noch gerne fragen wollte, Sie vergleichen Leni einmal in einem Nebensatz mit der Madonna, und Sie sagen auch einmal von der Liebesgemeinschaft Lenis mit dem sowjetischen Soldaten in den Grüften, daß diese Liebesgemeinschaft der Heiligen Familie gleicht. Ist vielleicht diese Person Leni für Sie eine Person, mit Hilfe derer Sie sich mit Ihrer eigenen Identität, mit Ihrer eigenen Geschichte auseinandersetzen. Zum Beispiel für mich, obwohl ich nicht katholisch aufgewachsen bin, obwohl ich so direkt auch keine Religion habe, ist zum Beispiel diese Person der Madonna immer ungeheuer oder faszinierend oder zumindest fragwürdig oder interessant gewesen.

H. B.: Also die Madonna als religiöse Definition?

K. S.: Ja, jetzt als Bestandteil der Religion. Und jetzt frage ich Sie, was zum Beispiel für Sie, der Sie religiös aufgewachsen sind, diese Madonna bedeutet. Ich weiß nicht, ob Sie das ...

H. B.: Ja, ja, ich glaube schon, daß ich das verstehe. Also sagen wir, ob nicht die Figur im Buch mit ihrem Mann, sagen wir ihrem Lebensgefährten, doch einen religiösen Hintergrund haben könnte, für mich und auch in der Bedeutung, die sie in der Gesamtkomposition hat, meinen Sie das?

K. S.: Ja, also ich persönlich würde das nicht so abwertend sagen, einfach religiöser Hintergrund, als sei das nur ein Zusatz.

H. B.: Ich meine das nicht abwertend, aber ich meine, da muß ich wirklich erklären, daß wir, ich auch, ich meine jetzt meine Frau, Familie und was man so katholisches Milieu nennt, natürlich in einer rein ikonographischen Welt aufgewachsen sind, wo die Heiligen, nennen wir sie so, auch die Madonna, rein waren. Verstehen Sie, rein, fixiert, im Grunde getötet. Ich sehe also in der Kanonisierung eines guten Menschen, die dann in der katholischen Kirche Heilige heißen, also Heiliger Antonius oder Vincent van Paul, es waren ja großartige Leute, in dieser Kanonisierung sehe ich eine Fixierung, die für mich eine Tötung ist. Es lebt nicht mehr, nennen wir es so. Darf ich Ihnen das so erklären? Und wahrscheinlich, das hat sehr viele Komponenten, bewußte und unbewußte, die ich gar nicht alle jetzt auspacken kann, aber ich finde es gut, daß Sie darauf zu sprechen kommen, findet eine Entikonisierung statt. Ja, also ein Herunternehmen, nennen wir es so, grob bildhaft, der Heiligen von der Wand und Wieder-zum-Leben-Bringen, ja? In dem Sinne ist das schon auch, wie Sie sagen, der Versuch, eine neue religiöse Identität zu finden, auch, wobei ich religiös immer noch übersetze mit gebunden, Bindung. Da dürfen Sie aber den männlichen Partner nicht vergessen, der die gleiche Funktion hat, entikonisiert zu werden auf diese Weise, weil er sozusagen in den Schmutz und auch noch unter die Erde befördert wird. Da spielt das wahrscheinlich – zu symbolisch natürlich – noch mit, daß die auch noch im Grab eigentlich existieren, wenn auch sehr lebendig und unter bestimmten Umständen notgedrungen. Das ist unbewußt, aber das kommt mir jetzt, wo wir darüber reden, als wahrscheinlich vor.

K. S.: Ja, aber die Frau steht doch auf jeden Fall im Vordergrund.

H. B.: Ja – da bin ich gar nicht so sicher. Sehr viel wird über die Frau nicht gesagt, und viel tut sie auch nicht . . .

K. S.: Ja doch, ich finde schon, daß sie da eine ganze Menge macht, zum Beispiel, und das könnte man direkt auch mal vorlesen, wie sie da den Apfel aus dem Klo holt. Ich hab's hier gerade gefunden. Soll ich das mal vorlesen? Und da können wir dann auch gleich über den Dreck reden, was ich unheimlich wichtig finde, daß Sie eben da die Wichtigkeit des Drecks und des Abfalls und der Exkremente betonen, also im ganz anderen Sinn eigentlich, wie Freud das zum Beispiel gemacht hat, viel politischer, finde ich, noch als Freud. Da ist also die Geschichte, wie Leni ein verstopftes Klo gereinigt hat. Also, wenn ich da von mir persönlich reden kann, dann hat diese Szene ungeheuer auf mich gewirkt. Es war fast so wie ein Theaterstück, daß jemand eine Geste vormacht und daß die Geste sich so überträgt, daß ich sie eben wie ein Kind nachmachen würde oder nachahmen könnte. In diesem Roman erscheint das vielleicht auch vielen anderen Leuten so, daß sie sagen, ja, das ist gut, ist unheimlich natürlich und schön, so müßte es ja eigentlich sein. Aber wenn man jetzt das Buch mit der Wirklichkeit vergleicht, man also vergleicht, was zum Beispiel die Leute für ein Verhältnis zu dem Abfall, nicht nur den, den sie selbst mit ihrem eigenen Körper produzieren, haben, dann klafft das ja ungeheuer auseinander. Und jetzt habe ich mich gefragt, haben Sie vor, das irgendwie weiterzuentwickeln oder glauben Sie oder wissen Sie einen Weg, wie man durch Literatur zum Beispiel bei den Menschen so ein Körpergefühl erzeugen könnte, daß sie wieder ein Selbstbewußtsein von ihrem eigenen Körper kriegten?

H. B.: Einschließlich des sogenannten Schmutzes, den sie produzieren?

K. S.: Ja.

H. B.: Ach, ich glaube, das Thema ist nicht so neu . . . das habe ich auch selber schon behandelt in anderem Zusammenhang, auch essayistisch. Und ich fürchte, daß eine solche Szene – ich bin sehr erstaunt, ich hab das natürlich schon fast vergessen –, daß das genügt, wissen Sie für einen Roman.

K. S.: Ja, für einen Roman ja.

H. B.: Die essayistisch politische und auch veränderte Beschäftigung damit müßte wahrscheinlich ergänzt werden durch literarische, und es gibt ja viele Maler, die sich mit dem Problem beschäftigen, wie zum Beispiel der Bacon, Francis Bacon. Es hängt auch zusammen, glaube ich, da muß ich wieder auf diese komische Ikonographie kommen, mit dieser Erziehung zur Reinheit, daß die reinste Person jetzt von der Vorstellung anderer gesehen, sich am schmutzigsten machen kann und auch gar keine Scheu hat, das scheint mir sehr wichtig, da wir schon über dieses Thema reden. Ich fürchte, das generelle Problem, sagen wir das Bewußtwerden des Schmutzes und die Akzeptierung desselben, das ist eine wahnsinnige Aufgabe, weil wir ja genau zum Gegenteil täglich erzogen werden durch eine Superhygienisierung, Propagierung bis zum Anankasmus, zum Waschzwang. Im Grunde eine Krankheit. Waschzwang in allen Formen. Immer picobello frisiert, immer sauber angezogen, immer, zweimal am Tag möglichst baden. Das ist in der klassischen Psychologie, soviel ich weiß, eine richtige Krankheit. Insofern ist unsere Gesellschaft sauberkeitskrank, ja. Anankastisch also, im klinischen Sinne. Und Dreck zu propagieren oder sagen wir, Schmutzigkeit als menschlich zu bezeichnen, halte ich für selbstverständlich. Die ganze Gammlerbewegung habe ich immer empfunden als einen ausgesprochenen Protest gegen die total hygienisierte, zunächst amerikanische, dann europäische Gesellschaft. Verstehen Sie? Und da ist für mich auch etwas Religiöses drin, das sogar geschichtlich schon vorhanden war in Flagellantengruppen und allen möglichen pauperistischen Bewegungen im Mittelalter. Es waren ja ähnliche Protestbewegungen gegen eine saubere, etablierte, bürgerliche Gesellschaft.

K. S.: Ja, was mich aber jetzt so erstaunt, daß Sie so auf die Kunst hinweisen und zum Beispiel sagen, daß es gar nicht so neu ist. Ich finde, darauf kommt es gar nicht an, daß es nicht so neu ist, sondern ich finde, man müßte das jetzt positiv zur Kenntnis nehmen. Wenn ein Leser, also ich betrachte mich in dem Fall als ganz naiver Leser dieses Buches, weniger als Germanist oder als irgendein Literaturkenner, sondern als ganz naiver Leser. Wenn so ein naiver Leser von so einem Textstück direkt in seinem Wirklichkeitsverhalten berührt wird, dann ist es doch eigentlich ein ganz positives Ergebnis. Und es wäre gar nicht so entscheidend, vielleicht haben es schon die alten Griechen vor . . .

H. B.: Nein, ich wollte gar nicht mit diesem Hinweis . . .

K. S.: . . . ja, Sie sagen, das ist so selbstverständlich . . .

H. B.: . . . die Originalität reduzieren und auch nicht leugnen, daß das vielleicht ne ganz gute Passage ist. Also so bescheiden bin ich auch nicht. Das war nicht damit gemeint. Ich wollte nur sagen, daß die Auseinandersetzung zwischen dem Reinen und dem Schmutzigen, nennen wir es so grob, ein permanent aktuelles Thema war und natürlich heute noch mehr ist, wenn Sie das jetzt übertragen auf Völkerschaften oder auf Völker, für die wahrscheinlich der Besitz eines Stücks Seife noch eine Kostbarkeit ist, was ich mir sehr gut vorstellen kann. Dann ist das eigentlich ein Gegensatz, der die Welt beherrscht. Darauf müßten wir kommen, das ist das Politische. Und auch, was mir aufgefallen ist, als ich in Amerika war, daß die Negerkinder und fast alle Schwarzen, die ich sah, ungeheuer picobello angezogen waren, was ich gut verstehe, weil es lange Zeit, jahrhundertelang nicht nur die Neger betreffend, auch Arbeiter oder niedere Schichten betreffend in Europa das Kennzeichen war, das sind die Sauberen, das sind die Reinen. Und diese Dialektik spielt sowohl sozial wie religiös eine große Rolle, wieder im Zusammenhang mit Heiligen-Verehrung. Wenn Sie sich vorstellen, daß die großen Heiligen, die uns zur Verehrung angeboten wurden, eigentlich Sauberkeitsidioten waren, so der heilige Aloisius zum Beispiel, dann sehen Sie, daß das alles wirklich einen sowohl politischen wie religiösen Hintergrund hat, der mir nicht bewußt ist. Das sind Dinge, die für mich selbstverständlich erst nach meiner Biographie, nach meiner Erfahrung als Verachteter, als Schmutziger selber wichtig wurden – als ich in die Deutsche Wehrmacht kam, galt es schon als ziemlich verächtlich, noch katholisch zu sein, verstehen Sie? Das war wieder sehr kompliziert, weil gleichzeitig die Nazigegnerschaft zum Katholizismus da war und gleichzeitig die Bewunderung. Warum ich einige Beispiele der Kunst anführe: weil ich eben fürchte, daß man die Bedeutung, die die bildende Kunst vor allen Dingen in dieser Beziehung gehabt hat, in ihren vielen Bettlerdarstellungen und sozialkritischen, daß man die zu unterschätzen beginnt.

K. S.: Ja, diese Sauberkeit, könnte es auch sein, daß diese schon pathologische Sauberkeit, die eigentlich bei uns normal ist, daß die ne Bedingung dieses Nutzmenschendaseins, wie Konrad Lorenz sagen würde, also dieses völlig technisch beherrschten Daseins eigentlich ist und daß, wenn Sie jetzt so eine Figur entwerfen, die in ihrer totalen Existenz eben kein Nutzmensch ist, die sich zum Schmutz bekennt, also zum Unregelmäßigen in ihrer ganzen Existenz, daß sie auch – ja, man kann Sie jetzt nicht einen Anhänger von Rousseau oder so nennen, das wäre zu einfach – aber auch in gewisser Weise so eine Gegenfigur, ähnlich wie die Christa T. von der Christa Wolf sein könnte, eben ne Gegenfigur gegen dieses nur von der Technik bestimmte Dasein, daß man das also nicht nur religiös sehen kann . . .

H. B.: . . . nein, das kann man auch politisch, existentiell, philosophisch, psychologisch, soziologisch sehen. Aber natürlich. Wir wollen nur eins noch klären, das könnte ein Mißverständnis sein. Natürlich ist Sich-sauber-halten-Können eine gute Sache. Das wollen wir nicht vergessen, das ist sogar für die meisten Menschen bis vor 30 Jahren ein regelrechter Luxus gewesen. Sauberkeit ist ein Luxus, den sich ein großer Teil der Bevölkerung, gewiß der Arbeiter, in den Mietskasernen und so nicht immer leisten konnte. Wir wollen also nicht unterschätzen die Tatsache, daß die meisten Menschen heute Gelegenheit haben, sich zu baden und zu waschen, das wollen wir gleich dazu sagen. Ich jedenfalls habe immer so empfunden und auch so gesehen.

K. S.: Vielleicht ist es deswegen aber auch gerade ein Herrschaftsmittel, weil es früher . . .

H. B.: . . . leider geworden. Es könnte ein Befreiungsmittel sein, verstehen Sie? Nehmen wir ein Beispiel, wenn Sie jemand 3 Tage lang keine Gelegenheit geben, sich zu waschen, zu rasieren oder auch nur irgend etwas körperlich an sich zu tun, dann haben Sie ihn unten, psychologisch. Und wenn Sie ihn dann noch fotografieren, dann haben Sie den klassischen Verbrecher, verstehen Sie? Es ist wirklich ein Herrschaftsmittel, die Sauberkeit. Aber sie kann auch ein Befreiungsmittel sein. Es ist für viele Menschen, für die meisten – und wir haben es ja vergessen, daß ein Badezimmer 1930 oder 40 noch eine Rarität war in unserer Gesellschaft – ist das sehr wichtig, sowohl psychologisch wie in ihrem Selbstgefühl, das wollen wir nicht reduzieren, nicht verachten, Frau Struck. Das wollte ich nur noch als Voraussetzung mitliefern. Aber der Terror mit der Propagierung von soundsoviel Waschmittel, Spülmittel, Spritzzeug, da fängt die Herrschaft an.

K. S.: Ja, Hitler hatte zum Beispiel Waschzwang.

H. B.: Ja.

K. S.: Aber man psychologisiert das immer. Erst, nachdem ich Ihr Buch gelesen hatte und nachdem ich durch diese Beschäftigung mit Hitler diese Tatsache erfuhr, da machte ich mir dann Gedanken, ob das nicht nur ein so rein psychologisch atomistisches Element ist, daß man sagt, ja, Hitler gut, der hatte die und die Psychologie, die und die Einstellung zu Frauen, hatte auch noch Waschzwang dazu, sondern daß das im Grunde etwas sehr Politisches ist.

H. B.: Ja, natürlich, im weitesten Sinne sogar politisch, weil man durch die Verweigerung von Sauberkeit unterdrücken kann, daß man das also mit Häftlingen, Sträflingen usw. jederzeit machen kann, die können sie fertigmachen, und ein nicht sehr widerstandsfähiger Mensch ist nach 3 Tagen psychisch erledigt. Ich hab das selber erfahren, in einem Gefangenenlager, wo das Waschen in einer Schüssel mit einem Stück Seife ein regelrechtes Fest war, ich möchte sagen, es war ein Hochamt. Tatsächlich, Sie glauben gar nicht, wie ungeheuer wichtig das sein kann, sogar körperlich, nicht nur psychisch, psychologisch. Das wollte ich nur nachliefern, daß wir das nicht unterschätzen, daß es gut ist, daß die meisten Menschen heute wenigstens ein Stück Seife und einen Wasserhahn haben. Das ist sehr wichtig. Ich möchte das nicht verachten und nicht verächtlichen. Dann kommt nämlich nachher eine snobistische Komponente rein, es gibt ja schon sehr reiche Leute, die sich vergammeln lassen. Das ist dann schon der Luxus, da wird der Schmutz schon Luxus. Das gibt es auch. Da die Welt, nennen wir diese Gebilde so, alles zur Masche und Mode macht, wird das Dreckigsein zum Luxus. Das kann man sich als Multimillionär an der Costa XY natürlich leisten.

K. S.: Daran habe ich jetzt nicht gedacht. Ich hatte . . .

H. B.: Nein, das wollte ich hier nur feststellen, daß das nicht so verächtlich ist, wenn ein Mensch sich säubern kann und sauber halten kann. Dann wird's nämlich, so barfuß Auto fahren, dreckige Haare und dreckiges Gesicht, schon wieder zum snobistischen Attribut. Für die, die sich's leisten können, das ist das Wichtige, können sie es sich nicht leisten, dann sind sie dem Terror unterworfen.

K. S.: Ich hatte das jetzt auch darauf bezogen, daß es zum Beispiel noch viele Fabriken gibt, wo die Arbeiter nicht mal dann aufs Klo können, wenn sie müssen, wo schon von der Arbeitsbedingung her dieses menschliche Verhältnis zu den Exkrementen, von dem Sie in diesem Buch schreiben, fast nicht möglich ist.

H. B.: Und auch das, sagen wir Ablassen der Exkremente wieder zum Herrschaftsprinzip wird. Was glauben Sie, was das beim Militär für eine Rolle spielt, ob man darf oder nicht. Wenn ne Parade ist, das dauert 5 Stunden, dann hocken Sie da, Sie müssen mal, auf deutsch gesagt. Da werden Sie verrückt, und Sie können nicht weg. Da gibt's idiotische Anekdoten von Leuten, die in die

Hose machen usw. Da wird sogar die Toilette als Möglichkeit, die man sofort benutzen könnte, auch zu einem Herrschaftsmittel. Wenn Sie sich vorstellen, daß eine Armee eine Terrororganisation ist, wo Sie eben nicht machen können, was Sie wollen, wann Sie es wollen, da wird die Möglichkeit, mal pinkeln zu gehen oder was Größeres, zum Herrschaftsinstrument. Da komme ich jetzt wieder drauf im Zusammenhang mit Sauberkeit. Wie erniedrigt ist ein Mensch, der das nicht kann. Und wenn Sie es weiterdenken, wenn man also Gefangenen oder Häftlingen oder mißliebigen Leuten, das wird ja vielen politischen Häftlingen heute so passieren, nicht die Chance gibt, aufs Klo zu gehen. Sperren Sie mal jemand ein für 4 Tage und was macht der da? Der verkommt, nicht, wie man so sagt. Gut, das hat sehr viele Aspekte, da wollte ich nur noch mal drauf zurückkommen.
K. S.: Ja, ich finde, aus dem, was wir jetzt da zusammen herausbekommen haben, geht ja doch hervor, daß das möglicherweise gar nicht stimmt. Sie sprechen in einem Interview von vordergründiger Sinnlichkeit des Essens, des Trinkens und des Kleidens. Und da habe ich mich gefragt, ob nicht dieser Ausdruck vordergründig noch ein Produkt Ihrer Erziehung ist, daß Sie sich eigentlich als Autor jetzt erst ganz langsam an diese ungeheuer wichtigen und vielleicht gar nicht vordergründigen Lebensbedingungen, sinnlichen Qualitäten des Menschen heranwagen.
H. B.: Ich glaub, das stimmt, da muß ich Ihnen voll zustimmen. Das ist natürlich eine Entwicklung. Da gab's natürlich Tabus, die ich, glaube ich, relativ in meinem allerersten Roman schon früh durchbrochen habe, aber noch nicht so bewußt und so frei, eher als Reflex. Verstehen Sie, es gibt das ja, Befreiung als bloßen Reflex finde ich sinnlos. Wenn ich ein junges Mädchen kennenlerne, das aus streng katholischem Elternhaus kommt und sich befreit, indem es nur das Gegenteil im Reflex darstellt, das finde ich völlig uninteressant. Insofern ist vielleicht diese Befreiung von Erziehung, von Tabus, von Vorurteilen, die jeder auf eine andere Weise hat, fortgeschritten bei mir. Das meine ich gar nicht ironisch, da haben Sie ganz recht. Im übrigen ist natürlich so ein Wort wie vordergründig und hintergründig immer eine Anmaßung. Das sind aber auch Floskeln, die einem törichterweise unterlaufen, wenn man zu viele Interviews gibt. Keine Entschuldigung, ich tue es ja freiwillig, aber da kommt man so in ein Literatenvokabulariumsklischee, wo man vordergründig, hintergründig – ich nehm's zurück.

K. S.: Ja, trotzdem. Es spiegelt ja doch ne Auffassung der Gesellschaft wider. Die Franzosen begreifen doch essen als viel politischer als wir, während hier bei der linken Bewegung oder bei ganz normalen Leuten essen als Lebensäußerung, als Lebensbedingung des Menschen als ziemlich unpolitisch gilt. Es sei denn, sie reden eben von den Millionen Hungernden sonstwo. Es ist einem schon gar nicht mehr der Hunger interessant oder das Essen, sondern nur noch eben ein ganz anderer politischer Zusammenhang.

H. B.: Ja, das politische Vehikel hungert.

K. S.: Ja. Und das fand ich einfach jetzt, wollte ich Sie fragen, wie Sie das sehen, ob das nun mehr oder weniger ne Zutat war oder in dieses Bild paßte, in diese sinnliche Persönlichkeit Leni. Oder was für ne Rolle oder Bedeutung das hat, daß Sie sehr oft davon sprechen, daß diese Leni gern ißt, und daß das Essen für sie ne ziemliche Bedeutung hat, nicht nur wie bei Brecht, so als irgendein abgespaltener Genuß, sondern mehr als Teil ihrer ganzen Person.

H. B.: Auch ihres Ausdrucks, ja. Ja, ich weiß nicht, das ist auch ein altes Motiv für mich, daß ich – mich hat das immer erstaunt, daß so wenig über Essen überhaupt gesprochen und geschrieben wird bei uns.

K. S.: Und worauf führen Sie das zurück?

H. B.: Ja, das führe ich zurück auf eine Untertanenmentalität, die Untertänigkeit wurde am Familientisch geübt. Nicht, wenn Sie so wissen, wie ein bürgerliches Mittagessen, sagen wir 1910, und auch noch 1930, aussah, schweigend, schon fürchterlich, ein Mensch, der nicht sprechen kann, ist ja auch bald tot, und zuteilend, der Vater kriegt den besten Brocken usw. Das Essen ist auch ein Herrschaftsvehikel gewesen. Und in der religiösen Erziehung, die ich habe, gab es Mahlzeiten, also wenn man das so nennt, Weintrinken, Kommunion, Brot. Das ist ja auch ein ritualisiertes Essen, ein völlig abstrahiertes, verfremdetes Essen, das beruht auf der Tradition eines gemeinsamen Abendessens, verstehen Sie? Ich kann Ihnen jetzt nicht in tausend Details klarmachen, daß das Essen reduziert worden ist auf eine Hostie, wie eine Tablette, die man in den Mund geschoben kriegt.

K. S.: Vielleicht war das nicht nur im Religiösen so, sondern in unserer ganzen gesellschaftlichen Umwelt.

H. B.: Ja, es drückte sich in der Kirche, wahrscheinlich auch in der evangelischen Kirche, so aus und auch natürlich am durchschnittlichen Mittagstisch, während meiner Erfahrung nach, die nicht sehr groß ist, das Verhältnis eines, sagen wir, arbeitenden Menschen oder Arbeiters zum Essen ganz anders ist, unmittelbar, jedenfalls war. Ob das heute noch so ist, weiß ich nicht. Weil im Grunde genommen jede Mahlzeit ein Triumph war, ja, eine richtige Beutefeier fast, daß jetzt da die Kinder am Tisch waren und die Frau und die sagen, ja, ich hab jetzt Geld verdient, jetzt futtern wir mal tüchtig. Das hat eine ganz andere Funktion gehabt. Heute wahrscheinlich nicht mehr . . .

K. S.: . . . es ist schon fast ne Last . . .

H. B.: Das kann ich nicht mehr beurteilen, jedenfalls entspricht es meiner Erfahrung, weil ich auch als Kind – wir wohnten irgendwo, wo ich sehr viel mit Arbeiterkindern, wie man es heute nennt, es ist ja auch eine herablassende Vokabel – verkehrte, auch bei denen zu Hause manchmal mit aß. Das war ein großer Unterschied. Mein Elternhaus war gemischt, bohemien, kleinbürgerlich, proletarisch. Das hat wieder soziale Gründe gehabt. Aber verstehen Sie, feiern, also sagen wir das Essen als eine Art feiern, hat es in der Mittelschicht selten gegeben, nur bei Hochzeiten oder so, aber nicht darüber hinaus – das spielt alles mit hinein.

K. S.: Ja, wie ist denn jetzt diese Mystik zu verstehen, ich meine jetzt Mystik im ganz positiven Sinne, ich habe einen Begriff von Mystik, der durchaus positiv ist – diese Mystik des Essens, wie zum Beispiel im *Brot der frühen Jahre*, diese Mystik des Brotes. Ist die hauptsächlich religiös bezogen, wie Sie am Anfang sagten, daß Sie dieses sterilisierte religiöse Leben und diese Figuren beleben wollen, oder hat es noch einen anderen Bezug?

H. B.: Ich glaube, das ist inzwischen bei mir voll säkularisiert. Ich weiß nicht, ob man das andere je los wird, ich will's auch gar nicht, weil ich Religion eben nicht als kirchlich abstrakte, sondern auch als die menschliche Bindung verstehe. Es ist ja eine religio, wenn Sie es wörtlich nehmen. Wenn man die Dinge wieder wörtlich nimmt, ihre Wörtlichkeit betont, sind sie ja befreit von allen Vorurteilen, die so im Laufe der Geschichte auf ihnen gelegen haben. Insofern empfinde ich fast jede Mahlzeit auch als religiös, nicht betont, nicht mit viel Gebet und so, aber das Zusammensein, und dann kommt natürlich auch ein erotisches Moment hinein, sowohl Männer, Männer, Frauen, Frauen, Männer, Frauen usw., weil man eben zusammensitzt und ißt.

K. S.: Ja, Novalis sagt zum Beispiel, Essen sei gemeinschaftliche Vereinigung.

H. B.: Ja. Ja, bezogen fast aufs Sexuelle, ja natürlich, das kommt mir sehr plausibel vor. Sooft ich in osteuropäischen Ländern war und eingeladen war bei Bekannten oder Freunden, da wird noch so gegessen, verstehen Sie, das ist wirklich ein Fest, eine Feier, da wird geredet, getrunken, während es hier eigentlich immer mehr reduziert wird auf eine Fütterung und Arbeitsfähigerhaltung, was gar nicht der Sinn ist der Ernährung.

K. S.: Ja, genau in dem Zusammenhang habe ich das auch gesehen, daß Sie das in dem Buch so hervorheben. Was ich jetzt noch fragen wollte, warum Sie diese Form gewählt haben, daß Sie sagen, *der* Verfasser, warum haben Sie das Buch nicht in der Ichform zum Beispiel geschrieben oder in einer anderen Form, warum brauchten Sie diese mehrfache Distanzierung? Hat das den Grund, daß Sie diese Form der Distanzierung noch stärker brauchten als in anderen Büchern, weil hier die Reflexion dieser Tabus viel prononcierter und schärfer geschieht, zum Beispiel auch die Auseinandersetzung mit der Sexualität. Mir ist aufgefallen, daß Sie an einer Stelle den Begriff Orgamus reflektieren, daß Sie sagen, daß das doch ein sehr reduzierter Begriff ist. Haben Sie also die Form aus diesen Gründen gewählt, oder hat sich das einfach so ergeben?

H. B.: Nein, bewußt gar nicht. Ich fürchte, daß es Verlegenheit war, weil das Formelle, also sagen wir die Art der Darstellung oder Mitteilung von Buch zu Buch wechselt, und ich hab auch einige in Ichform geschrieben, die fast noch distanzierter sind, verstehen Sie? Das ist ein kompliziertes und fast unlösbares Problem, wie man die Wirklichkeit, die man da erstellt, präsentiert. Der Verfasser ist zum Beispiel etwas anderes als der Autor. Ich hätte ja auch schreiben können, der Autor, das ist ja nicht das gleiche. Ich kann etwas verfassen, sagen wir mal, ich fasse jetzt unser Gespräch in Form eines Essays oder Artikels zusammen, dann bin ich ja nicht der Autor, denn Sie sind beteiligt und andere, und ich verfasse das nur. Ich wollte natürlich versuchen, so eine Art neutralen Typ da einzuführen, und das ist mir nicht gelungen, ich bin auch nicht unglücklich darüber. Das ist einfach die Verlegenheit eines Menschen, der viel geschrieben hat und nie genau weiß, wie er das formell bewältigen soll. Das ist ein wahnsinniges Problem. In Ich-Form wäre das undenkbar gewesen. Stellen Sie sich das vor, versuchen Sie es umzudenken, da wäre das platsch auf die Nase gefallen, und die reine Er-Form wäre auch danebengegangen. So hab ich diesen Verfasser dazwischengeschoben, der scheinbar neutral ist, ja? Sonst wüßte ich keine Erklärung, das hat mit Tabu und so, glaube ich, nichts zu tun. Es ist einfach die formale Verlegenheit eines professionellen Schreibers.

PETER LAUDAN: Man hat Ihnen da unterstellt, das sei eine Ironisierung der Dokumentarliteratur. Daran haben Sie nicht gedacht beim Schreiben?

H. B.: Nicht im geringsten. Ich finde die Dokumentarliteratur legitim. Nur entsteht da für mich das Problem, das ich eben andeutete, daß ich wirklich nicht weiß, wo Fiktion anfängt und das andere beginnt, weil Sprache für mich nach meinem Schreibgefühl, wollen wir sagen, per se etwas Fiktives hat. Wenn ich schreibe, der Arbeiter X kam abends um 6 aus der Fabrik, stieg in sein Auto oder auf sein Fahrrad, ist das für mich schon abstrakt. Dieses Problem, das ja jeden, nicht nur den Schriftsteller, sondern jeden Menschen, jeden, der irgendwas macht, malt, schreibt, um Wirklichkeit zu vermitteln, betrifft, ist doch unlösbar. Ich habe nicht bewußt an die Dokumentarliteratur gedacht, hab natürlich die Form des Dokumentierens gewählt.

K. S.: Sie haben in den Vorlesungen zur Poetik zu diesem Punkt gesagt, daß beschriebene Wirklichkeit geschaffene Wirklichkeit ist. Und das habe ich mal so durchdacht und fühlte mich da von Ihnen auch irgendwie unterstützt, weil ich zum Beispiel die Rezeption meines Romans *Klassenliebe* als sehr unglücklich empfunden hab, wenn man also einfach behauptete, daß dort eine beschriebene Wirklichkeit autobiographisch sei oder direkt oder einfach geschildert . . .

H. B.: . . . vermittelte Wirklichkeit, ja . . .

K. S.: . . . während ich das wirklich als Arbeitsprozeß aufgefaßt habe, jetzt ohne dabei jedesmal zu klären, hat die Person eine Entsprechung oder ein Modell in der wirklichen Wirklichkeit. Ich hatte einfach das Bewußtsein, wenn ich eine Person, auch wenn sie wirklich, also leiblich vor mir ist und ich sie kenne, beschreibe, das Ergebnis eines Arbeitsprozesses ist, so daß man nicht mehr behaupten kann, es sei sozusagen nur abgeschildert, weil ich finde . . .

H. B.: . . . es gibt gar keine Abschilderung in diesem Sinn, nicht? Ich hab das auch nicht so empfunden. Natürlich merkt *man*, daß das autobiographische Elemente hat, aber das finde ich völlig gleichgültig, weil es auch, Sie werden es mir verzeihen, gar nicht so interessant ist.

K. S.: Ne, das finde ich ganz richtig.

H. B.: Gott sei Dank, ich finde übrigens auch Schriftsteller-Autobiographien wahnsinnig langweilig. Wenn ich das je machen würde, würde ich das in einer anderen Form machen, nicht, weil das mitgeteilte Leben, das man sich so unter Wirklichkeit vorstellt, nicht das Interessante ist, sondern die Art, in der es ausgedrückt wird. Und da kommen wir wieder auf Fiction und Nonfiction, selbst wenn die eine oder andere Figur wirklich existiert, etwa Ihr Töchterchen wahrscheinlich, das auch den Namen trägt, wie ich annehme. Das spielt ja gar keine Rolle. Ich frag Sie nur oder frage mich, und sehe, das wird für Sie ein Problem werden, wenn Sie mal das machen, was die Fachleute, nicht wir Autoren, Fiction nennen. Haben Sie das mal versucht? Sie brauchen's nicht zu beantworten. Mich interessiert's als Kollege, der diese Prozesse so oft durchgemacht hat – und ich hab natürlich auch viel Autobiographisches verarbeitet. Ist doch klar, ich hab ja gelebt in diesen 55 Jahren und Zeit erfahren und Elemente verarbeitet, nicht wahr, ich bin ja kein utopischer Autor, auch kein historischer. Deshalb seh ich da für Sie, jetzt nicht herablassend, verstehen Sie, sondern als Autor, das Problem kommen.

K. S.: Wie definieren Sie denn jetzt Fiction? Jetzt brauchen Sie mir keine Definition . . .

H. B.: Ich hab keine Definition, verstehen Sie?

K. S.: Na, wenn Sie mich so fragen, müssen Sie ja irgendwas . . .

H. B.: Was sich so Roman nennt. Haben Sie die *Klassenliebe* als Roman geschrieben?

K. S.: Ganz bewußt, ja . . .

H. B.: Na gut, das habe ich übersehen, entschuldigen Sie. Aber wahrscheinlich programmiert durch Besprechungen. Verstehen Sie, so geht das. Und das hat man völlig ignoriert.

K. S.: Ne, ich glaube schon. Ich sehe als Fiction Arbeiten an, die von dem Motiv ausgehen, egal, ob man sich selber oder andere Gegenstände oder Menschen darstellt, also von dem Bedürfnis, etwas darzustellen, wie eben van Gogh meinetwegen, der hat auch Modelle gehabt. Aber ich hab nie gehört, daß man fragte, ist das autobiographisch. Ich fand das also sehr merkwürdig, daß man da, vielleicht ist das einfach ein Marktmechanismus . . .

H. B.: . . . ich glaub's noch nicht mal, das wäre fast noch die bessere Erklärung. Ich glaub, daß man sich hier innerhalb der Literaturkritik in unserem Land, ich weiß nicht, wie das anderswo ist, nie klargeworden ist über den Begriff Realismus etwa. Das ist ja verrückt, was da für unsinnige Theorien unterschoben, unterstellt oder vorgeschoben werden, auf die Literatur angewendet. Bei der Malerei ist es relativ einfacher, obwohl das täuscht. Wahrscheinlich war es in Ihrem Fall auch ein bißchen Spekulation auf die sogenannte Memoirenliteratur. Da war eben eine junge Frau, die beschreibt ihr Leben, so und so. Das wird sehr schwer sein für Sie, sich aus diesem Klischee zu befreien, weil es für jeden schwer ist.

K. S.: Aber ist das nicht immer die Gefahr? Es hat mich schon immer ungeheuer deprimiert, jetzt ganz konkret, daß die Öffentlichkeit, die Gesellschaft, bestimmte Dichter, bestimmten Autoren, ob das nun Hölderlin ist oder Heinrich Böll oder Peter Handke, einen Stempel aufdrückt, und dann sind die das und das. Und die müssen sich sozusagen winden und zappeln, damit das durchdringt, was sie wirklich sagen wollen. Irgendwie hat mich das sehr erschreckt. Ich habe mich gefragt, frag Sie jetzt, wie das möglich ist, daß man als Autor schafft, daß das durchdringt, was man wirklich arbeiten will, daß man diese Etikettierungen vermeiden kann.

H. B.: Ja, das ist ein fürchterliches Problem. Ich bin da bis heute nicht mit fertig geworden, auch nicht rausgekommen. Das ist eigentlich wieder das Problem der Bildchenmacherei. Offenbar muß dieser Scheiß-Gesellschaft alles in Bildchenform repräsentiert werden. Im Grunde ist es auch ein Reflex auf die Reklamewelt, die ja mit Bildern arbeitet, Frau Saubermann und so weiter. Da rauskommen ist furchtbar schwer, ich meine, Sie haben noch Zeit, entschuldigen Sie, daß ich das sage, aber es ist wirklich der letzte Augenblick – aber Einfluß nehmen auf die Bilderfabrik oder die Bilderfabrikation, die da im Gange ist, ist, ich will nicht sagen, unmöglich, aber dazu gehört eine Kraft und eine Ausdauer. Ich kann es also nur mit diesen fast sportlichen Ausdrücken benennen, die eigentlich nicht dafür stehn, das macht die Sache so quälend, verstehen Sie? Im Grunde schreibt man ein Buch, Sie Ihres, ich meines, und dann sagt man, hier, guckt euch das an.

Und sofort fängt diese Klischeefabrik an zu arbeiten. Bei mir war das Problem so, daß ich für viele Menschen sozusagen der katholische Schriftsteller war, der völlig undiskutabel war schon durch das konfessionelle Etikett, und für diejenigen, für die das Etikett hätte ein Marktwert sein können, war ich der schlimmste Kommunist und Teufel, den es gab, verstehen Sie? Da kommt also diese – ich kann Ihnen keinen Rat geben. Sie müssen sich natürlich bei jeder Gelegenheit dagegen wehren, und da ist die Öffentlichkeit außerhalb der Bücher sehr wichtig, wenn man diskutiert irgendwo oder irgendwo hinfährt oder Fernsehen oder Funk oder solche Geschichten macht, weil da eine Möglichkeit ist, das zu korrigieren. Ich sage Ihnen nur, das ist sehr schwer. Die Bilder sitzen so tief, und die Bilder dieser scheinbar aufgeklärten Gesellschaft sitzen tiefer nach meiner Erfahrung als die, die aus religionspolitischen und machtpolitischen Gründen fabriziert wurden, um die Leute zu programmieren. Offenbar kommt diese scheinbar rationale, scheinbar demokratische Gesellschaft nicht aus ohne feudale Ränge. Und das wird sich bei Ihnen entscheiden, das ist eine Erfahrung bei Ihrem nächsten Buch, da kommt's dann. Das Schwierige ist auch, daß sehr wenige Leute, die Bücher besprechen, sich die Mühe machen, das andere dann noch mal zu lesen. Das meiste ist ja aus zweiter, dritter Hand. Ich kenne die Qual auch, weil ich hin und wieder Rezensionen mache. Ich lese jedes Buch mindestens zweimal, und les dann auch noch das, was derjenige oder diejenige vor drei Jahren geschrieben hat. Wer tut das, wer kann sich das leisten? Da kommen Sie wieder auf ein anderes Problem. Wer kann sich das leisten? Ich kann's mir leisten, weil ich nicht davon lebe, ja. Die leben davon. Da kommt also das, was Sie Mechanismus nennen, sehr deutlich zum Ausdruck.

K. S.: Aber die Bücher direkt, die müßten doch einfach mehr wirken. Ich hab jetzt selber, von meiner Erfahrung her, das ungeheure Traurigkeitsgefühl bekommen. Ich hab das Gefühl gehabt, daß das, was in den Büchern selbst sozusagen da ist, irgendwie zugeschüttet wird. Und auch, wenn ich zum Beispiel meine persönliche Reaktion oder die anderer Leute auf dieses Buch, von dem wir jetzt die ganze Zeit gesprochen haben, vergleiche mit dem, was offiziell darüber sozusagen an Geld in Umlauf ist, an Denkgeld, das klafft völlig auseinander. Wie kommt das?

H. B.: Ich weiß nicht, ob es immer so war, das wäre auch kein Trost. Wahrscheinlich kommt es dadurch, daß zu viel Fachleute damit beschäftigt sind, verstehen Sie? Leute, die sich für Fachleute halten. Ich betrachte mich zum Beispiel nicht als Fachmann für Literatur, sondern als Leser, wenn ich ein Buch lese, natürlich auch als Autor, der ungefähr weiß, wie man das möglicherweise gemacht hat oder hat machen können. Das wäre nur möglich, da muß ich schon sagen, mit einem demokratisierten System der öffentlichen Rezeption. Mich würde das wahnsinnig interessieren, über Ihr Buch, über meins, über andere, mal irgendeine Hausfrau oder wie man das nennt, einen Mann oder einen . . . zu lesen, nicht zu hören nur, verstehen Sie? Daß dieser einfach mal schreibt, so und so, verstehen Sie? Ich glaube, dadurch entsteht das. Und da wir ja in einer Industrie stecken, als Buchautoren, das wissen wir doch, die industrielle Seite wird immer mehr Bildchen produzieren oder Bilder. Und es wird ja in der Werbung sogar reproduziert, das, was in den Rezensionen an Bildern auftaucht. Da kann man natürlich Einfluß nehmen, beim Verlag wenigstens sagen, nein, die Scheiße nicht. Aber welche Mühe erfordert das, Sie selbst zu sein, welche Mühe erfordert das. Das ist ein Problem.

K. S.: Ja, ich sehe, den einzigen Ausweg sehe ich darin, einen Weg zu finden, den Sinn für Literatur zu stärken bei den Leuten. Aber das ist mir völlig unklar, wie sehen Sie das, haben Sie da Erfahrungen, wie man den Sinn für Literatur, also konkret die Sinne für Literatur stärken kann praktisch von klein auf?

H. B.: Ja, lesen lernen, verstehen Sie, nicht im Sinn, wie es die Pädagogik und die systematische Pädagogik oder Methodik vorschreibt, sondern lesen einfach zunächst als Futter, so wie man ißt, verstehen Sie! Das ist eine Frage des Milieus, und zwar keine Klassenfrage, wie ich glaube. Soweit ich das überschauen kann, lesen die Leute, die ziemlich viel Geld und auch genug Muße haben, nicht sehr viel, nicht intensiv. Die Leserschicht ist eigentlich das sogenannte Kleinbürgertum. Vielleicht die Arbeiter, das weiß ich nicht. Aber es gibt Wege, Bücher sind kein privilegierter Besitz mehr. Das ist der Verdienst des Taschenbuchs, den ich enorm finde. Es ist für kaum jemand, selbst wenn er mit schwerer Arbeit sein Geld verdient, noch ein großes Opfer, 2,80 Mark für einen Roman auszugeben.

K. S.: Ich glaube, um den Preis geht es eigentlich gar nicht so sehr . . .

H. B.: . . .das war aber lange Zeit ein Hindernis, das ist ein sehr wichtiges Motiv gewesen. Mir wird immer bange, wenn ich mir vorstelle, daß einer 25 Mark für das Buch da hinlegen muß aufgrund irrsinniger kommerzieller komplizierter und wahrscheinlich heuchlerischer Kalkulationen. Das ist ein sehr wichtiger Grund. Der ist schon mal weg, und darauf aufbauend den Menschen beibringen, daß Lesen eigentlich zum Leben gehört. Anders kann ich das gar nicht ausdrücken.

K. S.: Aber ist Lesen nicht auch eine wirkliche Arbeit? Sie schreiben zum Beispiel in den *Vorlesungen zur Poetik*, daß der Autor die Voraussetzungen des Verständnisses eines Buches nicht schaffen kann und daß es eigentlich keine Verständigungsschwierigkeiten gibt, zum Beispiel Kafka zu lesen, sondern daß es da mehr oder weniger um – ja, ich weiß nicht, wie Sie es schreiben, jedenfalls behaupten Sie, daß es eigentlich keine Ausbildung erfordert, Literatur zu lesen . . .

H. B.: . . . aufzunehmen. Nein, das behaupte ich, keine Ausbildung. Es setzt voraus Bildung in dem Sinne, wie ich auch zum Essen gebildet werde, verstehen Sie, oder zum Trinken oder zum Leben oder zum Waschen auch. Ich glaube, daß das Lesen und Bücher überhaupt als Gebrauchsgegenstände noch nicht durch sind. Das ganze Problem der Arbeiterliteratur, das ist im Grunde ein Leseproblem nach meinen Erfahrungen, verstehen Sie? Wenn Sie Bücherlesen gewöhnt sind, dann ist auch das Schreiben nicht mehr so ein furchtbarer Schritt. Es fängt ja an mit Lesen. Das hat der Martin Walser mal sehr gut gesagt, ich kann das nicht wörtlich zitieren, daß jeder Autor zunächst mal ein Leser ist, sonst kommt er gar nicht auf die Idee . . .

K. S.: . . . wer nicht liest, der schreibt auch nicht, sagt er . . .

H. B.: . . . ja, nicht, so hat er's gesagt. Das ist sehr gut, und wenn Sie sich angucken, was so für Lesetraditionen und Lesegewohnheiten herrschen, da kann einem ein bißchen bange werden. Ich hab immer die Hoffnung gehabt, daß das Taschenbuch diese Lücke schließen würde. Das ist keine Frage der Schulbildung übrigens, auch kein Klassenprivileg im herkömmlichen Sinn, sondern der Selbstverständlichkeit, mit Büchern umzugehen, und das ist heute kein finanzielles Problem mehr. Es war es sehr lange, es gab die sogenannte Schwellenangst bei Buchhandlungen, finanzielle Probleme, Bibliothek ist schon wieder ein ganz bestimmter Schritt, den man tut, da muß man eigentlich schon Leser sein, um dahin zu gehen und sich ein bestimmtes Buch zu holen. Und dann müßte die ganze Preispolitik geändert werden. Daß man ein Buch erst nach zwei Jahren als Taschenbuch kriegt, ist auch Wahnsinn, ist im Grunde Wahnsinn, das ist eine Abmachung zwischen den Verlegern und den Buchhändlern, einfach um die gebundene Ausgabe noch ein bißchen mehr auszubeuten. Das sind alles so Hindernisse.

K. S.: Ich seh das etwas anders. Ich glaube, daß der Sinn für Literatur – das ist so ein Ausdruck von Brecht, der zum Beispiel in dem Verlag, wo ich arbeite, an der Wand hängt, und den fand ich immer ganz schön – der Brecht sagt also, wer den Sinn für Literatur verliert, der ist verloren, oder so ähnlich. Das klingt also zunächst mal ganz arrogant vielleicht für manche, aber ich finde es ganz schön, und für mich heißt dieser Spruch auch . . . ich hab zum Beispiel keinen Sinn für, also wenig ausgebildeten Sinn für Musik. Ich kann da einfach nicht differenzieren, weil ich nicht mehr geformt bin und weil mein Sinn nicht gebildet worden ist. Und ich glaube, daß Sie sowohl Lesen als auch Schreiben in einem doch mehr fachlichen Sinne verstehen könnten oder müßten. Um auf das Schreiben zu kommen, ist es mir nicht klar, oder sagen wir es als Frage, wie sehen Sie das, ist das nicht doch ne sehr spezifische fachliche, fachbezogene Tätigkeit, die auch sehr spezifische Fähigkeiten erfordert . . .?

H. B.: . . . oder Begabung . . .

K. S.: . . . die ausgebildet werden müssen. Das wollte ich Sie ja auch fragen, wie diese Ausbildung, die es ja institutionell nicht gibt, für einen Schriftsteller eigentlich möglich ist.

H. B.: Schulmäßig, oder . . .

K. S.: . . .nein, nicht unbedingt schulmäßig. Ich gehe davon aus, daß Schreiben, daß Schriftsteller sein wirklich eine Arbeit ist, wofür man auch, egal, ob institutionell oder nicht institutionell, sich irgendwie formen, ausbilden muß. So wie ich eben frage, wo gehen wir in die Lehre. Wie würden Sie das Schreiben, also den Beruf eines Schriftstellers, die Arbeit eines Schriftstellers besser gesagt, einordnen, jetzt zum Beispiel im Vergleich zur Naturwissenschaft. Wie kriegen Sie es zum Beispiel persönlich fertig – natürlich, Sie haben jetzt vielleicht vom Erfolg her usw. ein gewisses Selbstbewußtsein, aber Sie können das ja auch sicher von Ihren Anfängen her beurteilen –, wie haben Sie es fertig gekriegt, ein gewisses Selbstbewußtsein als Schriftsteller zu entwickeln, obwohl doch eigentlich die Methoden der Naturwissenschaften, der Wissenschaften überhaupt als die einzig bedeutsamen und wirklichen dargestellt werden?

H. B.: Damals noch stärker, möchte ich sagen, so in den 50er Jahren war die, nennen wir es so, Wissenschaftsgläubigkeit fast noch stärker, und der Widerstand gegen das, was wir Fiction nennen wollen, noch stärker. Ich hab dieses Selbstbewußtsein von Anfang an gehabt, und es ist nicht abhängig vom Erfolg. Das kann ich jetzt leicht sagen, weil ich ein erfolgreicher Schriftsteller bin. Was ich gemacht habe – geschrieben, gearbeitet, manchmal mit viel Intuition, manchmal nur in Arbeit, habe ich aus der Hand gegeben, ohne Anpassung oder sagen wir, ohne die Zumutung, die für den Leser darin lag, zu reduzieren. Niemals denken, ach, wie wird das aufgenommen, ach, werden die Leute das verstehen? Da kommen wir auf etwas, ich glaube nämlich, daß wirklich jeder Mensch, nicht jeder einzelne, aber unabhängig von seiner Herkunft und von seiner Schulbildung, in der Lage ist, sehr viel zu verstehen, wenn er eine gewisse Voraussetzung hat, Sensibilität oder Sensibilisierung. Und die kann nur erfolgen wieder durch Lesen, wenn er sich für Literatur interessiert oder wie Brecht es sagt, ich finde das übrigens sehr gut ausgedrückt. Das Selbstbewußtsein entsteht – Sie nennen es so –, es ist nicht ganz nur eine Frage des Selbstbewußtseins, in dem Augenblick, wo man etwas macht, auch als Maler übrigens, von dem man selber in dem Augenblick, wo es fertig ist, überzeugt ist, und sich denkt, du hast dich nicht angepaßt. Und das entsteht natürlich auch, das wird Ihnen genauso gehen, in der Auseinandersetzung mit den ersten kritischen Instanzen, die also Freunde sind, Frau, Mann, Freund oder Lektor auch. Ich finde, der Lektor hat eine sehr wichtige Funktion in der Welt unserer Arbeit, weil man gezwungen wird, Dinge zu verteidigen. Geht das Ihnen nicht genauso? Ja, ist doch sehr gut, und manche kann man nicht verteidigen, dann streicht man sie eben. Und ich finde, daß da das, was Sie Selbstbewußtsein nennen, entsteht, in dem Gefühl, das ist ne ganz gute Sache, die du da gemacht hast, und du hast dich nicht angepaßt an irgend jemand oder irgendwas oder irgendeinen Zeitgeist. Es gibt viele Dinge von mir, die sehr erfolglos waren, ich hab schreckliche Reinfälle erlebt, die auch nicht verkauft worden sind, an denen ich wahnsinnig hänge, weil ich immer noch glaube, daß sie besser waren als manches, was Erfolg gehabt hat. Der Vergleich mit Malern, Musikern, Bildhauern und anderen ist sehr wichtig, weil die das sozusagen auf den ersten Blick erleben. Ein Bild seh ich auf einen Blick, auch als Zuschauer, während die Auseinandersetzung mit sprachlichen Mitteln über die, sagen wir, mögliche komplizierte Modernität manchmal hinwegtäuscht. Der Vergleich wäre zum Beispiel interessant: worin besteht die Ähnlichkeit, fast Gleichheit mit Gegenwartsliteratur und Gegenwartsmalerei. Das würde mich interessieren, wenn ich also Systematiker wäre, was ich nicht bin, würde ich das probieren, weil man da wieder über Bilder, über Musik, über Bildhauerei oder auch über Literatur für die anderen einen Einstieg hätte, denn die Dinge sind ja für alle da. Dies Selbstbewußtsein, das ist sehr wichtig. Es wird auch dauernd erschüttert, wahrscheinlich in einem selber mehr als von außen.

K. S.: Und Sie haben sich nie bedrängt gefühlt, so ganz stark in die Enge getrieben durch den Anspruch der Wissenschaften? Ich für mich kann sagen, daß bei der Arbeit – nehmen wir im Beispiel: Ich will also eine Geburt beschreiben, was zugleich ja ein Vorgang ist, der von einer Wissenschaft erforscht wird oder bearbeitet wird, das wäre in dem Fall die Gynäkologie. Oder nehmen wir ein anderes Beispiel: Ich will eine Frau darstellen, die ihre geschichtlichen Anfänge im Hitlerreich hat. Jetzt will ich ihre Geschichte darstellen, wo mir dann sofort der Anspruch der Geschichtswissenschaft in die Quere kommt und ich im Moment mich sehr bedrängt fühle und denke, eigentlich müßtest du ne ganze Staatsbiliothek im Kopf haben, um darauf sozusagen dann Erfindung aufbauen zu können. Diese nachweisbaren objektiven Fakten, Zusammenhänge, werden als ungeheuer wichtig von unserer Gesellschaft eingeschätzt, und ich habe noch nicht den Weg gefunden, den Einstieg . . .

H. B.: . . . den Einstieg, ohne die Staatsbibliothek ganz zu durchstöbern. Ich nenn Ihnen ein Beispiel einfach, einen Trick – eigentlich kein Trick, oder doch ein technischer Trick: Ich war neulich in Amerika, und da wurde ich auch interviewt darüber, und die haben alle gesagt, mein Gott, Sie schreiben überhaupt nichts von Hitler und vom Krieg, von den großen Morden und diesen Geschichten. Ich hab ihnen gesagt, wenn ich weiß, daß es die Todesstrafe bedeuten konnte, einem Juden oder einem sowjetischen Kriegsgefangenen eine Zigarette zu schenken, dann weiß ich alles über die Nazizeit. Was ein Geschichtsforscher gar nicht wissen muß, verstehen Sie? Das ist ein Rat. Mit der Geburt bin ich nicht so sicher, ich hab aber auch, glaube ich, schon mal Geburten beschrieben, und da können meinetwegen die Gynäkologen sagen, das stimmt ja nicht . . .

K. S.: Ne, darauf kommt es ja gar nicht an, daß sie sagen, das stimmt nicht . . .

H. B.: Aber Sie fühlen sich bedrängt durch deren Wissenspräsenz . . .

K. S.: . . . oder ich bin einfach neidisch . . .

H. B.: Neidisch bin ich gar nicht . . .

K. S.: . . . daß die so viel wissen . . .

H. B.: . . . bin ich gar nicht, das sollten Sie sofort verlieren. Wenn Sie sich auf ein Detail, das exakt sein muß natürlich, historisch, gynäkologisch, beschränken, und auf diesem exakten Detail, da können Sie einen ganzen Wald aufbauen, dann stimmt der Wald, der steht. Das Detail muß aber stimmen. Ich nenne jetzt nur die Zigarette, um 12 Jahre deutscher Geschichte zu illustrieren. Mehr brauch ich eigentlich nicht zu wissen. Da brauch ich nicht über die KZs zu schreiben, denn die sind da drin, nicht wahr? Oder nehmen Sie irgendwas anderes: Sie schreiben übers Autofahren und sind keine Autofahrerin. Wenn Sie ein paar Details kennen oder zwei, die wirklich stimmen, ist das übrige eine Sache der Phantasie, und die Phantasie ist eine legitime Aussage. Wenn ich über Chile oder Spanien oder Griechenland bestimmte kleine Details höre, von denen ich weiß, daß sie stimmen, maße ich mir an, darauf mindestens eine Kurzgeschichte aufzubauen. Das geht hier bis ins Detail, die Gerüche müssen stimmen. Das haben Sie ja in der Hand, also Sie können getrost darauf vertrauen, daß die Phantasie, die sich auf dieses Detail stützt . . .

K. S.: . . . aber was ist jetzt da Phantasie? Zum Beispiel hab ich mir mal überlegt, ich möchte die Existenzbedingungen einer Frau beschreiben, jetzt speziell einer Frau, die im KZ war, die politisch gar nicht unbedingt Kommunistin sein muß oder so, einfach als Frau, eine Frau. Und zwar ging das von dem Faktum aus, daß ich erzählt bekommen habe, da und da war eine Frau, die ist ins KZ gekommen, und vom Tag an, wo sie im KZ war, hat sie keine Menstruation mehr gehabt. Diese Bedingung des KZs hat direkte Auswirkungen auf ihre biologische Existenz gehabt. Und jetzt sagen Sie, auf diesem Faktum könnten Sie etwas aufbauen. Und bei mir ist es dann so, daß ich denke, was müßtest du jetzt erst erforschen, also durchaus auch mit irgendwelchen wissenschaftlichen Methoden, um wirklich dir das vorstellen zu können, und um deine Phantasie einsetzen zu können, die Existenz dieser Frau zu beschreiben. Glauben Sie, daß Sie darüber schreiben könnten?

H. B.: Ja, ich würde in dem Falle natürlich, da das so extraordinär biologisch ist, einen Frauenarzt, dem ich vertraue, fragen, was das für Folgen haben kann, was das für Ursachen haben kann. Aber seine Auskunft, die er mir schriftlich oder mündlich geben kann, hat in ihrer Direktheit überhaupt keine Bedeutung, denn dann kann ich mit dem, was ich Vorstellungskraft oder Phantasie nenne, auf diesem einzelnen Faktum ein Schicksal aufbauen. Das können Sie wirklich. Aber ob das so sensationell ist oder ob das typisch war für Frauen in dieser Situation oder in anderer, da würde ich mich schon vergewissern. So viel Recherchierintensität muß man schon investieren, wenn das Faktum nicht nur als bloße Mitteilung gegeben wird. Aber aus der Auskunft des Fachmanns, aus seiner Sprache, müssen Sie wieder raus.

K. S.: Ja, das ist mir klar, ich sehe das auch so . . .

H. B.: Weil er ja legitimerweise gar keine Vorstellungskraft oder Phantasie investieren muß, die Sie investieren müssen, um der Frau und dem Schicksal und der Beschreibung gerecht zu werden.

K. S.: Meine Idealvorstellung beim Schreiben war oft gewesen, daß ich jetzt dachte, du müßtest eigentlich Wissenschaftler sein oder du müßtest eben einen Beruf im Zentrum der Gesellschaft haben, um sozusagen aus diesen Erfahrungen heraus erst die Phantasie entwickeln zu können. Ich finde es unheimlich schade, so eine Art von Verschwendung, daß die Erfahrungen der Leute, ob es nun ein Atomforscher ist oder ein Angestellter einer Kernforschungsanlage oder ein Programmierer oder eine Hebamme oder ein sonstwas, daß die Erfahrungen dieser Leute irgendwie in der Routine aufgehen . . .

H. B.: . . . verlorengehen . . .

K. S.: Ja, und ich möchte Sie jetzt fragen, ob es für einen Schriftsteller nicht die Möglichkeit gibt, da irgendwie heranzukommen, oder ob Sie mal solche Versuche unternommen haben, jetzt im viel umfassenderen Sinn, wie man zum Beispiel von schreibenden Arbeitern oder so spricht.

H. B.: Das ist aber vergleichbar, weil Arbeitswelt im weitesten Sinne auch einen Atomwissenschaftler umfaßt, und man müßte schon rauszukriegen versuchen, wie dessen Arbeitswelt und Vorstellungswelt ist. Nein, das habe ich nie versucht, weil ich, vielleicht fälschlicherweise, darauf vertraue, daß ich ja in dieser Gesellschaft, wenn auch mit einem exzeptionellen Beruf, lebe. Ich kenne Leute, ich gehe einkaufen, trinken, spazieren, ich treffe Leute, die gar keine Schriftsteller sind, sehr oft und sehr gern, und da wird ja viel mitgeteilt. Wenn Sie aber ein spezifisches Detail wissen müssen, dann muß man sich schon erkundigen . . .

K. S.: Das ist völlig klar . . .

H. B.: Es schadet nichts, wenn man einen Beruf hat, manchmal bereue ich, daß ich keinen anderen gelernt habe, tatsächlich, nicht, weil sich das einfach ergeben hat aus der Entwicklung meiner Altersklasse nach dem Krieg. Aber Sie brauchen da nicht bange zu sein, denn wenn Sie sich anschauen, wie die Leute sich artikulieren, wenn sie sich artikulieren, dann ist das meistens recht dürftig, was also der Durchschnittswissenschaftler, nennen wir ihn mal so, in einem Interview oder so von sich gibt . . .

K. S.: . . . daß da die Phantasie praktisch völlig fehlt.

H. B.: Ja. Nicht nur, das will ich ihm gar nicht vorwerfen, aber wenn Sie sich vorstellen, welche komplizierten physikalisch biologischen Vorgänge die Leute wirklich verstehen und auch steuern und wie sie sich dann, konfrontiert mit normalem Gespräch, ausdrücken, da klafft doch mindestens so viel wie bei jedem Arbeiter, der sich ausdrückt, das finde ich das Erstaunliche.

K. S.: Ja, daß das sozusagen auch ein ganz starker Gegensatz ist zu der Kommunikationsfähigkeit, die ein Schriftsteller schulen muß.

H. B.: Ja, ja, ich finde ja überhaupt, wenn ich so meine Kollegen angucke und Kolleginnen, daß die Autoren relativ offen und kommunikationsfähig sind, fähiger als mancher Industriekapitän. Was ich nur so beim Fernsehen mitkriege bei Streiks oder anderen Diskussionen, das ist so mager, so unsensibel, so undifferenziert, daß mich dieser fast Analphabetismus erschreckt, weil ich Angst habe vor Menschen, die sich nicht artikulieren. Da explodiert ja später mal was, oder da ist schon etwas kaputt. Ich fände das interessant zu konfrontieren mit manchem Arbeiter, der sich viel, viel besser artikuliert. Ich glaube, da herrschen falsche Vorstellungen von der Artikulationsfähigkeit der verschiedenen Klassen. Das ist bei der sogenannten Oberklasse oder wie man die nennt, genauso, die sind auch nicht sehr gut artikuliert. Obwohl sie die Möglichkeit hätten, sie haben Zeit genug, sie haben eine entsprechende Schulbildung. Aber Sie brauchen keine Angst zu haben, lassen Sie sich nicht von diesem Wissenschaftsdruck niederdrücken. Wenn man über eine Sache schreibt, und das ist manchmal notwendig in einem Roman oder auch in einer Erzählung, erst recht in einem Artikel, dann muß man sich natürlich gewisser Fakten vergewissern. Aber auf denen können Sie dann mit Phantasie mehr aufbauen als ein Wissenschaftler. Nehmen Sie ein Beispiel wie Orwells »1984«, das heute schon fast wie ein wissenschaftliches Buch wirkt, obwohl es eigentlich ein Roman war, der auf ein paar Fakten aufbaute, der nur die Existenz von Abhörgeräten und Fernsehablauschgeräten konsequent weiterdachte. Diese Phantasie kann nur ein Autor haben. Und wenn Sie bestimmte biologische Manipulationen, die ja heute möglich sind, als Autor konsequent zu Ende denken, was der Wissenschaftler vielleicht nicht immer tut, kommen Sie zu einer Erkenntnis, die weit über die wissenschaftliche hinausgeht. In den Science-fiction-Dingen ist ja manches drin, das ist leider nicht immer konsequent. Aber im Grunde ist zum Beispiel eine Satire schreiben nichts anderes als die Entwicklung einer ganz simplen mathematischen Form, sagen wir, a plus b in Klammern zum Quadrat. Einen Grundgedanken konsequent übertreiben, bis es nicht mehr geht, dann haben Sie eine Satire. Und dazu gehört Phantasie, nicht Informationen.

K. S.: Ja, wie ist es aber jetzt, wenn ich – sagen wir, Sie würden sich als Autor vornehmen, einen Roman zu schreiben über einen Krebskranken, und Sie stellen fest, daß man, soweit Sie das einigen Publikationen entnehmen können, heute noch nicht weiß, was die Ursache von Krebs ist. Und Sie denken sich, ich als Autor, ich habe das Mittel der Phantasie, ich habe also bestimmte Mittel, die widersprüchlichere Dinge in sich aufnehmen und durchspielen können, das werde ich jetzt also anwenden, und ich will versuchen, ob ich nicht durch meine Methoden herauskriegen kann, welche Ursache dieser Krebs hat. Könnten Sie sich so was vorstellen, jetzt nach dieser Methode, von der Sie sprechen? Also würden Sie beschreiben, wie dieser Krebskranke langsam stirbt, was mit ihm gemacht wird, wie er sich fühlt, wie er riecht, wie er aussieht usw. Oder würden Sie noch einen Schritt weitergehen, dieses Interesse . . .

H. B.: Zunächst würde ich einen Schritt zurückgehen und mir klar darüber werden, was Krankheit eigentlich ist. Die Krebskrankheit ist ja nur eine unter anderen. Und es gibt ja so einige Krankheiten, deren Erreger und Ursachen noch nicht raus sind, das ist merkwürdig, trotz aller wissenschaftlichen Exaktheit. Da würde mich zunächst generell das Problem der unheilbaren Krankheit interessieren, egal welche. Dann käme ich auf Krebs, auf Verfall, und möglicherweise, wenn ich die ganze Lebensgeschichte der Kranken oder des Kranken rekonstruiere mit meiner Phantasie, käme ich vielleicht auf eine Ursache, was weiß ich, ernährungsmäßig oder psychisch. Es gibt ja auch psychische Ursachen. Aber ich glaube, das wäre dann keine Forschungsarbeit im wissenschaftlichen Sinn, sondern nur eine Beschäftigung mit dem Phänomen Krankheit, speziell dann der Krebskrankheit in diesem Zusammenhang. Es wäre unsinnig, eine Theorie über die Ursache des Krebses in einem Roman zu entwickeln . . . verstehen Sie . . .?

K. S.: . . . nein, in der Theorie würde ich das auch nicht verlangen, keine Theorien . . .

H. B.: Aber das könnte ich mir schon vorstellen, daß ich jemand, der schwer krank, also fast dem Tod geweiht, daliegt, beschreibe und das zurückverfolge und nach vorne wieder, ohne viel wissenschaftliche Kenntnisse.

K. S.: Ja, und warum ist es dann noch nicht passiert, daß in einem Roman eines Autors plötzlich für alle Welt ein bestimmtes Forschungsergebnis erkannt wird, jetzt nicht im wissenschaftlichen Sinn, sondern daß man sagt, Mensch, der hat da die Ursache zum Beispiel des Krebses gefunden, daß also die Wissenschaft sagt, jetzt wenden wir das an, was der Autor dort herausgekriegt hat. Eigentlich ist es doch immer nur umgekehrt.

H. B.: Ja, ich weiß nicht, ob das stimmt. Dostojewskij, der gilt ja als der Klassiker des psychologischen Romans, hatte zum Beispiel von der Wissenschaft der Psychologie überhaupt keine Ahnung. Aber ich glaube, wenn man Freud liest, wird das klar, daß er doch manchen Wissenschaftler auf Ideen gebracht hat durch seine rein romanhafte Behandlung bestimmter Probleme. Es gibt solche Rückwirkungen oder Wirkungen der Literatur, zum Beispiel hat Dickens das Elend des englischen Schul- und Slumwesens beschrieben, und tatsächlich haben sich Politiker und Sozialpolitiker des Schulwesens angenommen. Es gibt also diese Wirkung durchaus. Was die Psychologie betrifft, ganz sicher. Ich bin sicher, daß viele wissenschaftliche Psychologen – ich hoffe, ich bin nicht sicher, daß sie zum Beispiel Dostojewskij und Bernanos und was es alles an großen psychologischen Romanciers gibt, auch lesen zu ihrem Nutzen, zum Nutzen für ihre Wissenschaft.

K. S.: Ja, zu dem Thema aber noch mal abschließend die Frage: fühlen Sie sich wirklich von der Naturwissenschaft nicht bedrängt? Ihre Position scheint doch sehr selbstbewußt, sehr bezogen auf die Möglichkeit, in der Phantasie zu sein, und das ist auch bei mir so. Aber es ist doch so, daß ich mich manchmal fast in Verteidigungsposition befinde und daß ich glaube, die Existenz von Phantasie ist irgendwie doch bedroht. Ich kann das einfach nicht so annehmen, daß einer so wenig von der Naturwissenschaft weiß, die ja doch jede 2 Monate fast irgendein neues bedeutendes Ergebnis hat und mit ungeheuren Mitteln arbeitet in Großforschungszentren. Haben Sie da überhaupt keine Ängste?

H. B.: Ängste als Autor oder als Existenz?

K. S.: Als Autor.

H. B.: Hab ich nicht. Es mag sein, daß das eine Einbildung ist oder . . .

K. S.: Ne, es ist ja gut, wenn es so ist . . .

H. B.: Dieses Problem ist auch nicht neu, was kein Trost ist, das müssen wir hinzufügen. Nehmen Sie zum Beispiel die Kriegswissenschaft, die ist mindestens so perfekt wie die Naturwissenschaft, also Strategie und Technik, was ja nur eine Folge der Naturwissenschaft ist. Das ändert doch nichts daran, daß ich mir anmaßen kann, trotzdem vom Krieg als Erlebnis, als Ereignis, mehr zu verstehen. Wenn Sie sich nur anschauen, wie töricht, politisch töricht mit all diesen unter ungeheurem Aufwand und Kosten erbrachten Erkenntnissen, etwa in der Naturwissenschaft, umgegangen wird, dann kann ich doch als in dem Sinne und in dem Zusammenhang kleiner Autor, der an seinem Schreibtisch sitzt, fast nur stolz sein, was ich mit meinem bißchen Schreibmaschine da anrichten kann. Wenn Sie den Riesenaufwand nehmen, der so eine Forschungsanlage betrifft, die sicher ganz nützlich ist, . . . das ist nicht das Problem. Wie gesagt, ich spüre diese Angst nicht. Es kann aber damit zusammenhängen, daß ich, sagen wir es so, nicht mehr so jung bin, nicht mehr so viel Zeit habe, überhaupt mich all dieser Probleme anzunehmen. Aber daß das Sie als Autorin, als Schreibende, bedrängt, das kann ich nicht verstehen.

»Ich glaube, meine Erinnerung liebt mich«
Über Max Fürst, ›Gefilte Fisch‹

Obwohl dieser Erstling eines 68jährigen Autors gewiß in die Kategorie »kleine Wunder« gehört, möchte ich das Buch nicht »wunderbar« nennen; zu ernst ist der Hintergrund, und wenn auf diesem ernsten Hintergrund so scheinbar »leicht« dahinerzählt wird, zögere ich, diese Art des Erzählens allzurasch mit mündlichem Erzählen in Zusammenhang zu bringen. Dieses Buch ist *geschrieben*, und nicht von einem Tonband *abgeschrieben*. Wie wenig Mündlichkeit beim Schreiben nützt, sollte doch jeder wissen, der einmal vom Tonband Abgeschriebenes lesen muß, und sich kaum wiedererkennt: Es fehlen ja Tonfall und Stimme, beim Sprechen übliche Floskeln schwimmen tot im Abgeschriebenen herum.
In diesem Buch ist nichts von der tödlichen und getöteten Abschreibe. Da ist zunächst der Schmerz eines Jungen, der – so nennt man es leider immer noch – die »Hoffnungen der Eltern nicht erfüllt«, Hoffnungen, die sich auf Schul- und Universitätsbildung, Laufbahn und »Besseres« richten, durchaus keine verwerflichen und doch konfliktgeladene Hoffnungen. Daß diese Eltern Bürger sind, ist gravierender als die Tatsache, daß sie Juden sind. Da schreibt der 68jährige Autor: »Alles, was ich erzähle, ist nur sehr beschränkt wahr, es ist nur so wahr wie meine Erinnerung, aber ich glaube, meine Erinnerung liebt mich und gibt mir deshalb recht.« Ob alle Memoirenschreiber von ihrer Erinnerung so geliebt werden wie Max Fürst, wage ich zu bezweifeln. Wenige Sätze später – immer noch auf Seite 1 –: »Die Angst aber vor dem nächsten Tag ist nie gewichen.« Solche Sätze, die wie Notenschlüssel vor der Gesamtkomposition stehen, sollte man nicht vergessen, wenn da mit jener erstaunlichen Unbefangenheit über weitere 340 Seiten etwas erzählt wird, das ja nicht so schrecklich lustig und nicht einmal andeutungsweise leicht war, wohl auch nicht leichtgenommen wurde. Das Gymnasium zu verlassen, um Tischler zu werden, war fast eine Art Selbstvertreibung aus dem Milieu, fortgesetzt in der Jugendbewegung im Auszug aus Königsberg nach Berlin. Es trieb Max Fürst fort, aus einem Milieu, dessen Bürgerlichkeit (die Meriten dieser Bürgerlichkeit werden nicht verkannt!) gravierender war als seine jüdi-

sche Selbstbestimmung. Ob es je nach Lokalität in Preußen und auch im kantischen Königsberg nicht ebenso demütigend war, katholisch zu sein, und ob die Verachtung gegenüber den Polen nicht zum größeren Teil die Verachtung des Katholischen war, müßte noch untersucht werden. Man erinnere sich für einen Augenblick an die »kathollsche« Hausgehilfin der Effie Briest, die, wenn nicht gerade Kupplerin, so doch verschwiegene Mitwisserin war, was ihr, wie mir scheint, bei Fontane zur Sympathie gereichte.

Für Max Fürst jedenfalls war diese erste Vertreibung nicht »rassisch« bedingt. Es war die Flucht aus den aufflackernden Resten eines peinlichen Wilhelminismus in eine »neue Zeit«, eine Flucht, die Katholiken, Protestanten, Atheisten und Juden gleichermaßen und mit vergleichbaren Motiven in die Jugendbewegung, in die Sozialarbeit, nach Berlin trieb, die Stadt der großen Hoffnung und der größeren Freiheit.

Ist da etwa einer Kommunist geworden oder »Kommunist« oder vielleicht sogar Kommunist-»Kommunist«? Um Gottes willen! Vielleicht müßte man sich rasch bekreuzigen, wenn Max Fürst mit soviel Ernst wie Charme von einer zumindest sozialrevolutionären jüdischen Jugendbewegung schreibt. Aber was machen wir mit den armen antikommunistischen Atheisten, Protestanten usw., denen die Erleichterung durch Bekreuzigen schwerfallen dürfte? Und gar zionistisch-sozialrevolutionär-kommunistisch? Da müßten sich ja die Araber bekreuzigen, die feudalistischen wie die sozialistischen. Denn das klingt ja, als hätte es gegeben und gäbe noch Möglichkeiten der Gemeinsamkeit.

Wie Max Fürst über die heiklen bis allerheikelsten familiären, erotisch-sexuellen, politischen Wege und Werdegänge schreibt und sie beschreibt, das macht sein Buch zu einem klassischen Jugendbuch, oder sagen wir lieber: zu einem Buch für die Jugend, die es schwer hat, mit der Geschichte ihrer Väter und schwer mit ihren und deren Begriffen. »Damals«, schreibt Max Fürst auf Seite 27, »lag mir nichts ferner als Ahnenforschung zu betreiben. Lieber wäre es mir gewesen, durch Urzeugung entstanden zu sein. Aber in einer jüdischen Familie ist mehr als anderswo Verwandtschaft unvermeidlich, und unfreiwillig hat sich mir nach und nach doch einiges eingeprägt.« Klingt das nicht erstaunlich gegenwärtig für eine Jugend, die, wenn auch manchmal nur scheinbar oder anscheinend, vaterlos aufgewachsen ist? Bleibt nur Widerspruch anzumelden: Freuden und Leiden der »Mischpoke« sind, so scheint mir, keine so spezifisch jüdischen Freuden und Leiden.

Das Buch von Max Fürst ist voll von einer jugendlichen Weisheit, die man nicht erst beim 68jährigen Autor in diesem seinem Erstling spürt, schon der Junge, den später seine Erinnerung so lieben wird, strahlt diese Weisheit aus, die ja kein Privileg des Alters oder des Alterns ist. Und da ist noch eine durchs Buch gehende Eigenschaft zu erwähnen, die ich nicht Hartnäckigkeit, lieber Ausdauer nennen möchte. Ich brauche hier nicht zu erklären, welchen Unterschied es spätestens ab 30. Januar 1933 machte, ob einer Protestant, Katholik, Atheist ... oder ob er Jude war, was immer er außerdem war. Diese Tragödie ist ja mehr noch als die Tragödie der »Vaterlandslosen« aller Kategorien die Tragödie der Vaterländischen, zu der die weitaus größere Mehrheit der Deutschen jüdischer Herkunft gehörte. Und an diesem Merkmal wird – auch in Max Fürsts Buch – deutlich, daß die Deutschen sich selbst, und daß Konservative Konservative vertrieben haben. Das Wort Heimatvertreibung bekommt einen anderen, besseren Sinn, wenn man deren Beginn auf 1933 festsetzt, dieses Auslösungsjahr, das auf die Endlösung zuführte.

In diesem Sinn ist das Buch von Max Fürst auch ein Heimatbuch, eine weise Hommage an Königsberg, aus der Erinnerung geschrieben.

Es ist nicht möglich, über alle Stationen und Entwicklungen, über alle Personen zu referieren, über die das Buch selbst ausführlich und besser referiert. Schließlich ist die kürzeste Inhaltsangabe für ein Buch immer noch das Buch selbst. Personen, Stationen, Entwicklungen, Ausführungen über den soziologischen Hintergrund einer bürgerlichen Familie in Königsberg – sie sind zahlreich, sind kompliziert und komplex. Ihre Dramatik und Dramaturgie ergibt sich nach den angedeuteten Voraussetzungen aus den gewaltig-gewaltsamen Daten, die die Geschichte über und in Leben gestreut hat, das 1905 in Königsberg begann; 1914, 1917, 1918, 1933.

Gerade weil Max Fürst in seiner jugendlichen Weisheit fast alles rein Begriffliche meidet, sind in seinem Buch viele inzwischen verkommene Begriffe gut aufgehoben: Sozialismus, Kommunismus, Jugendbewegung, Heimat, Heimatvertreibung, und nicht zuletzt, denn dieses Buch ist von einem Deutschen deutsch geschrieben, auch das Wort deutsch. Es ist ein Buch, aus dem man lernen kann, ohne belehrt zu werden.

Alltag einer zerfetzten Welt
Über Herbert Achternbusch, ›Der Tag wird kommen‹

Was da, nach Fassbinder und Kroetz, wieder einmal aus Bayern in die literarische Landschaft geworfen wird, in ein mehr oder weniger geordnetes literarisches Leben, das sich in seinen Lagern, in seinen wohlgepflegten Gegnerschaften ganz wohl fühlt, ist geeignet, der säuberlich organisierten Szene einiges Kopfzerbrechen zu verursachen.

Mit sechs Buchpublikationen innerhalb von vier Jahren ist Herbert Achternbusch, wie jeder Autor auf seine Weise, in dem Versuch begriffen, mit Worten und auf Papier totale Wirklichkeit zu erstellen. Das fängt – etwa in der Erzählung vom *Zigarettenverkäufer* (aus *Hülle*, 1969) – relativ traditionell an: wie einer da auf der Wies'n mit einem Bauchladen sein Geld verdient und was er so an Welt und Umwelt aufnimmt, erfährt, hört, riecht. Auch in *Die Macht des Löwengebrülls* ist es noch relativ traditionell-experimentell. Dann aber kommen die Großexplosionen *Die Alexanderschlacht* und nun *Der Tag wird kommen.*

Daß mir das offenbar Autobiographische in diesen Büchern als solches gar nicht auf-, schon gar nicht mißfiel, machte mich stutzig: Die Mitteilung von Problemen aus dem Schriftstellermilieu finde ich ziemlich uninteressant, und es blieb die Frage, drückt hier einer eben jene sattsam bekannten Probleme aus (mein Gott, man weiß doch, wie das zu- und ausgeht: drei Kinder, beide Eltern berufstätig und daneben die »Kunst«) oder, eben weil er Autor ist, Probleme einer neuen Generation, Jugend, Lebensweise?

Ich habe es aufgegeben, alles verstehen, begreifen, analysieren zu wollen, und mir erscheinen die Explosionen von Achternbusch weniger privat als exemplarisch für eine uns Älteren unbegreifliche Lebens- und Umwelterfahrung.

Da fallen einem für diesen Autor natürlich schöne Worte ein: Urwuchs, Chaos, Wort-, Syntax-, Sprachexplosionen. Aber ich denke, hier wird mehr vermittelt als das: Stimme, Gebrochenheit, auch Verzweiflung, die sich bisher nur in Musiken, Filmen, Zeichnungen, Malerei mitgeteilt hat, und diese Mitteilung lautet: Heil ist diese Welt nicht, und wahrscheinlich ist sie's nie gewesen.

Wir Älteren leben doch immer noch und immer wieder in Reflexionen über und Reflexen auf Ordnungen und Mischordnungen und beziehen daraus unsere Ordnungen, Hoffnungen, Utopien; auch unsere politischen Gegnerschaften sind in diesem Sinne wohlgepflegt.
Ich bekenne mich geschlagen, vielleicht mit Blindheit oder Taubheit, denn längst nicht alles, was da in der *Alexanderschlacht* und in *Der Tag wird kommen* niedergeschrieben ist, habe ich »verstanden«, manches wahrscheinlich nicht einmal »mitgekriegt«. Diese ganz und gar lückenlose Folge von Sätzen, Bildern, Rhythmen, Eindrücken – das gehört wohl nicht mehr in die Kategorie »experimenteller Erzähler«; hier wird das Dasein selbst, privat und als Exempel, zum Experiment.
Achternbusch findet in dieser Welt, und mit Recht nimmt er seine Umwelt als diese Welt, keine Kontinuität, auch keine Form; sie teilt sich ihm zerstückelt mit, und er gibt sie zerstükkelt weiter, formlos oder ungeformt. Kein Unterschied mehr zwischen Prosa und Poesie, Gott sei Dank nicht; Sprache ist es, Ausdruck hat es, es drückt eine zerfetzte Welt aus, und das kann auch nicht mehr mit dem Wort assoziativ bezeichnet werden, nicht einmal anarchistisch, denn im klassischen Anarchismus steckt ja eine Ordnungsvorstellung.
Gelegentlich tauchen bei Achternbusch Ansätze zu »Erzählungen« auf, so in *Der Tag wird kommen* die Geschichte vom Neger Erwin aus Mozambique, verwoben in die finster großartige Saga einer, während sie erzählt, permanent »Bohnenkaffee« anbietenden Frau (»Wie ich auf die Welt kommen bin, hat mich mein Vater schon verflucht«), die da früh verkuppelt, verkauft, in Anstalten gesteckt, mit Syphilis angesteckt wird. Oder: Ein Mensch steigt auf ein kaputtes Fahrrad, um einen entflogenen Zeisig zu suchen, gerät ins Gespräch, in Konflikt und Freundschaft mit einem Polizisten, gerät auf die Autobahn, gerät in Vergangenheiten und Gegenwarten, grausame zumeist.
Doch diese Andeutung von »Inhalt« ist schon irreführend. Hier gibt's keine »story«, deren Hunderte gibt's, und die sind nicht fein säuberlich ineinander konstruiert oder verschachtelt, weil's keine Schachtel gäbe, in die man etwas hineinpacken könnte.
Es gab, als wir in Achternbuschs Alter waren und ältere Autoren über uns schrieben, so hübsche Schulterklopfereien wie »Den Namen wird man sich merken müssen« oder »Man wird noch

von ihm hören«. Natürlich braucht jeder Autor Aufmerksamkeit, die sich vielleicht für ihn in Bestätigung verwandelt; aber wohin es ihn führt oder wohin er die anderen, seine Leser, bringt, das wird wohl kein Autor vorher wissen, und wohl keiner weiß, was er letzten Endes irgendwo anrichtet. Das ist seine Sache, da hilft kein Schulterklopfen, kein Rat, keine Ideologie, nichts hilft, weil er das alles aus sich, in sich, mit seinem Material selbst entscheiden muß.

Der existentielle Sog von Achternbuschs Prosa ist enorm, man wird wie durch einen Strudel hineingezogen in einen von Erinnerungen und Anspielungen wimmelnden Alltag, dessen Probleme, soweit erkennbar, alltäglich genug sind: Beruf, Kinder, Küche, Chaos. Da spuken reichlich »Katholika« hinein, hin und wieder dröhnt ein Bibelzitat auf, und ob da nun einer aus der Kirche austreten soll oder nicht, bleibt ein ungelöstes Problem.

Bei Achternbusch wird, so scheint mir, Zusammenhang gesucht und nicht gefunden. »Die Jugend der eigenen Großmutter fortsetzen – eine schöne Aufgabe. Immer wieder baute meine Großmutter an jenem Abend unterm Lampenschirm mit ihren Talern ein Goldsäulchen auf, bis es umstürzte, lauter kleine Sonnen. Wie oft mochte sie gezweifelt und gehofft haben: der Tag wird kommen.«

Welcher Tag wird da kommen? Bricht da Nostalgie ein, diese mit Geschick verbreitete Mode, die es einem möglich macht, mal rasch mit dem Jet in Großmütterchens Jugend zu fliegen (die Großmütterchen selbst gar nicht als so angenehm empfand, denn sie träumte von der Zukunft, in der ihre Enkel leben)?

Ein Mensch mit Phantasie und Sensibilität, mit einem unerbittlichen Ausdruckswillen, der einem gar nicht so ungewöhnlichen und doch schwer erträglichen Alltag ausgeliefert ist, mag gelegentlich träumen. Schlimm wird's für die, die da jahrelang ein heiteres Familienleben führen und dann plötzlich – »aus heiterem Himmel« und »für die Nachbarschaft unerklärlich« – zu blutigem Ausdruck greifen. Man liest da schlimme Dinge in der Zeitung.

Damit kein Mißverständnis aufkommt: Nichts ist bei Achternbusch »überhöht« oder »sublimiert«, und natürlich hat auch ein Autor seine privaten, seine autobiographischen Probleme, und er hat ein Recht darauf. Und doch ist an Achternbuschs Publika-

tionen nicht das Private interessant, erregend und sensationell. Das wäre ja nur eine Variante des bis zum Überdruß abgehandelten Themas »Boheme«.
Es mag sein, daß Achternbusch gelegentlich des Chaotischen zuviel tut, tun muß, um sich selbst auf die Sprünge zu kommen. Was in seinen Büchern an Radikalismus und Extremismus sichtbar wird, sollte für den Rechts-, Kultur-, Wirtschafts- und Sozialpolitiker wichtiger sein als die politisch eindeutig artikulierten Radikalen und Extremisten. Wie extrem, wie radikal mag es da hinter mancher durch äußerste Ordnungen und Ordentlichkeiten mühsam zusammengehaltenen Fassade zugehen? Da helfen keine Erlasse.

Nachwort zu O. Henry, ›Nebel in Santone und andere Stories‹

Die meisten Kurzgeschichten von O. Henry gleichen umgestülpten Märchen, die zwar happy, aber nicht auf konventionelle Weise happy enden. Aschenputtel wird zwar vom Prinzen erkannt und erwählt, erkennt aber seinerseits den Prinzen nicht, und man bleibt am Ende nachdenklich und fragt sich, ob es besser gewesen wäre, wenn es den Prinzen erkannt hätte, oder besser ist, daß es ihn nicht erkannt hat. Die besten dieser Geschichten, die im Milieu der New Yorker Verkäuferinnen plaziert sind (z. B. *Die klügere Jungfrau*, *Ein knickriger Freier* oder *Ziegelstaubgasse*), lassen tatsächlich die Frage offen, ob es immer Glück bedeutet, den Prinzen, der amerikanischen Verhältnissen entsprechend ein Millionär ist, zu bekommen. Natürlich erstreben sich diese so nüchternen wie herzlichen jungen Damen etwas Besseres als den Konfektionsjüngling, der hierzulande früher »Ladenschwengel« hieß, aber was die meisten von ihnen, die den Millionär-Prinzen, ohne es zu wissen, geangelt haben, stutzig macht, ist, daß diese wie Ladenschwengel reden. Sie sagen zum Beispiel alle – und an dieser uralten Formulierung ist ja nichts zu rütteln – »Ich liebe dich«, aber die jungen Damen antworten dann (und das wiederholt sich ebenso stereotyp wie das Bekenntnis): »Das sagen sie alle«, und es trifft ja auch zu: alle sagen es, und wenn Prinzen dann Reisen in ferne Länder beschreiben – Gondeln, Venedig, Adria – und von Hochzeitsreisen in südliche Gefilde schwärmen, dann sagen die jungen Damen später: »Er wollte mit mir nach Coney Island fahren.« Dort gibt es das nämlich – Gondeln, Adria und Venedig. In dieser Art »Verkennung«, wo Ladenschwengel und Millionäre mit gleicher Zunge Liebeserklärungen machen und von fernen Gefilden schwärmen, liegt der Witz und auch die Dialektik Amerikas, speziell New Yorks, und es entsteht eine so demokratische wie liebenswerte Schnippischkeit, die wohl das typisch Amerikanische an O. Henrys Geschichten ausmacht, denn – wir wollen uns nichts vormachen – auf dem europäischen Kontinent, auch auf den Britischen Inseln, würde die junge Dame zunächst einmal bereitwilligst *glauben*, daß der Prinz ein Prinz, der Millionär wirklich einer ist. In dem Amerika, wie es sich seit O. Henrys Tagen entwickelt hat, mag das inzwischen ebenfalls anders geworden sein, weil es im Polit-, Pop-, Film- und Business-Star den europäischen Feudalitäten entsprechende Muster entwickelt hat. Ich könnte mir vorstellen, daß die Maisies und Florences aus O. Henrys Geschichten heutzutage zwar nicht weniger nüchtern sind, aber auch nüchtern genug, um die Möglichkeit, einen Prinzen erwischt zu haben, wenigstens zu erwägen, und ihn nicht ungeprüft in die »Ladenschwengel«-Kategorie abschieben würden. Vielleicht beschreibt O. Henry in diesem Sinne ein schon historisches Amerika, das Amerika um 1900, und er beschreibt es nicht ohne Romantik und keineswegs ohne Moral, denn alle seine Betrüger und Gauner kommen nie so recht zum Zuge, oder sie begaunern einander, so daß von den ergatterten oder erträumten Dollars nicht viel übrigbleibt. Und viele Blütenträume von Bohème enden zwar alltäglich, aber nicht im Elend.

Man lernt einen Autor wohl kaum besser kennen, als wenn man ihn übersetzt, und ich muß gestehen, daß ein gewisser Ermüdungseffekt eintrat, weil wir die Geschichten hintereinander übersetzten, redigierten, korrigierten. Wahrscheinlich sollte man Kurzgeschichten nicht hintereinander lesen, Sammlungen, auch wenn sie von einem einzigen Autor stammen, eher wie eine Anthologie. Wenn man bedenkt, daß O. Henry zwischen 1901 und 1910 etwa 600 Kurzgeschichten geschrieben hat, also jede Woche mindestens eine, so wird man nicht nur die unvermeidlichen Qualitätsunterschiede feststellen, sondern noch mehr erstaunt darüber sein, wie viele von den Geschichten nicht nur gut, sondern nicht im geringsten verstaubt sind. Ihre Frische ist die Frische Amerikas (die natürlich auch inzwischen nicht mehr die alte ist) und auch die Frische einer unbekümmerten Professionalität, in der es Routine, Handwerk, Meisterschaft gibt und alle diese Elemente oder Möglichkeiten eines Autors in ständig wechselnder Mischung. Nun ist der Ausdruck »gute Geschichte« eben etwas anderes als eine »good story«; gute Storys sind in Amerika solche mit einer Pointe, und Zwang zur Pointe macht viele der Geschichten von O. Henry für unser Empfinden schwach. Aber Theater ist ja auch etwas anderes als Showbusiness, zu dem in Amerika auch das Theater zählt. Manche amerikanischen Dramatiker blicken inzwischen mit Sehnsucht auf die europäische Theatertradition – und manche europäischen schwärmen vom Showbusiness. Der Einfluß der amerikanischen

»short story« auf die deutsche Kurzgeschichte ist unverkennbar und unbestritten, sie stieß in ihrer nüchternen und kurzatmigen Frische auf eine gewisse deutsche Begabung und Tradition der kurzen Prosa, Anekdote, Kalendergeschichte, Novelle, die bei Hebel, Kleist und Brecht, Storm und anderen ihre Dauer erwiesen hat. Die amerikanische »short story« in allen ihren bemerkenswerten Sensibilitäts-Variationen, wie sie Hemingway, Sherwood Anderson und Faulkner entwickelt haben, ist in O. Henrys und Jack Londons Geschichten vor- und ausgebildet worden und ist, völlig von Europa emanzipiert, zu etwas sehr Amerikanischem geworden, immer noch variationsreich in ihrer unterschiedlichen Sensibilität, wenn man an Autoren wie Capote, Salinger, Vonnegut, Updike und Malamud denkt.

Nun sind Ausdrücke wie »gute«, »schlechte« oder »mittelmäßige Geschichte« für jeden Leser wohl etwas anderes als für einen Autor und auch für den Übersetzer, der auf die Schliche kommt, der Pointe mißtraut, das Muster und gelegentlich das Klappern der Stricknadeln oder das sanfte Rauschen der Strickmaschine erkennt. Ein Leser sollte sich solche Gedanken nicht machen müssen, sich auch nicht – was möglicherweise als abstoßend empfunden werden könnte – davon abstoßen lassen, daß O. Henry wahrscheinlich die meisten seiner Geschichten ums Geld geschrieben hat. Es sind unsterbliche Werke – etwa die *Brüder Karamasov* und die *Dämonen* von Dostojewski – ums Geld geschrieben worden, wahrscheinlich besäßen wir sie nicht, wenn Dostojewski nicht permanent Schulden gehabt hätte. Mir scheint, O. Henry hat in *Bekenntnisse eines Humoristen* einen Einblick in die Gewissensqualen eines professionellen Unterhalters gegeben, der unbefangen als Dilettant anfängt, als Lokalwitzbold, der von einer humoristischen Zeitschrift »eingekauft« wird, dann feststellt, daß er, der so viel Humor produziert, seinen eigenen immer mehr verliert; daß er in fast schon bösartiger Kommerzialität seine Kinder, seine Frau, seine Freunde belauscht, um Pointen zu ergattern, und daß nicht nur seine Moral, auch seine Routine, sein Handwerk und seine Meisterschaft, schließlich sein Familienleben zerstört wird. Dieser muntere junge Witzbold, der als Angestellter in einer Eisenwarenhandlung ein beliebter Festredner war, ist der Professionalisierung seines Witzes und seines Charmes nicht gewachsen, und als er schließlich am Ende ist und sein Vertrag mit der humoristischen

Zeitschrift gekündigt wird, da läßt ihn O. Henry in seinem unverwüstlichen Optimismus keineswegs verzweifeln oder als gescheiterte Existenz dahinvegetieren, sondern hat den Absprung schon vorbereitet: Der Humorist wird Teilhaber in einem Beerdigungsinstitut. Natürlich ist diese Pointe – literarisch gesehen – schwach; ausgerechnet ein humoristischer Schriftsteller endet in einem Beerdigungsinstitut und empfindet das auch noch als fröhlichen Ausgang, aber gerade das *ist* nicht mehr, sondern *war* zu O. Henrys Zeit »amerikanisch«.
Inzwischen hat Amerika diesen Optimismus verloren.

Man muß immer weitergehen
Alexander Solschenizyn und sein Lagerbuch ›Archipel Gulag‹

Gewiß werden einige kluge Leute – in allen politischen Lagern – nun, nach der Veröffentlichung von *Archipel Gulag,* feststellen wollen, Alexander Solschenizyn sei nun doch zu weit gegangen, und was nun kommen mag, habe er sich selbst zuzuschreiben. Andere, noch klügere, werden sich die Hände reiben, politisch und finanziell Profit wittern.

Das Kopfschütteln der Klugen und das Händereiben der Klügeren ist in diesem Fall unwichtig. Solschenizyn weiß, was er riskiert. Er hat dieses Risiko auf sich genommen, und er mag auch an Verleumdungen und Belästigungen widerlichster Art gewöhnt sein (wenn da zum Beispiel mitten in der Nacht ein »Betrunkener zufällig« an seiner Wohnungstür klingelt, von der man wohl annehmen darf, daß sie ständig überwacht wird, so nenne ich das eine widerliche Belästigung).

Archipel Gulag ist eine Chronik, von Solschenizyn ausdrücklich als solche avisiert, und sein Motiv für die Publikation ist eindeutig: Er will internationale Aufmerksamkeit, die möglicherweise Schutz bedeutet, für diejenigen bewirken, die im *Archipel Gulag* erwähnt werden, die seine Zeugen waren und noch leben; und außerdem ist dieses Buch »unser gemeinsames Denkmal für diejenigen, die gefoltert und getötet wurden.« *Archipel Gulag* ist der dokumentarische Beweis für die Vorgänge, die in zahlreichen Publikationen der Weltöffentlichkeit schon bekanntgeworden sind: Jahrzehnte des Terrors, den Solschenizyn im *Archipel Gulag* so beschreibt: »Du wirst verhaftet von dem ›frommen Pilgersmann‹, den du ›Um Christi willen‹ für die Nacht bei dir aufgenommen hast. Du wirst verhaftet von dem Mann vom E-Werk, der gekommen ist, deinen Stromverbrauch abzulesen. Du wirst verhaftet von einem Radfahrer, der dich zufällig auf der Straße angefahren hat; verhaftet durch den Straßenbahnschaffner, Taxifahrer, Sparkassenangestellten oder den Geschäftsführer eines Kinos.«

Selbst Solchenizyns härteste Gegner müßten wenigstens seine Tapferkeit bewundern oder Respekt bezeugen vor der unfehlbaren Sicherheit, mit der er arbeitet und publiziert. Beides ist nicht zu erwarten. Nicht einmal andeutungsweise ist etwas der Art zu erwarten.

Eins der blamabelsten Fakten in der Geschichte des sowjetischen Schriftstellerverbandes bleibt die Tatsache, daß er Mitglieder ausschließt, immer dann, wenn sie gefährdet sind oder mißliebig werden: Achmatowa, Sostschenko, Pasternak, Solschenizyn. Und doch war *Iwan Denissowitsch* noch mit Chruschtschows ausdrücklicher Billigung erschienen, unter der Chefredaktion eines Mannes, mit dem Solschenizyn befreundet war und dem er am Grab seinen Respekt bezeugte: Alexander Twardowskij, von dem wohl keiner wird behaupten wollen, er sei ein Knecht des Imperialismus gewesen. Er fiel mit Solschenizyn. Und bedenkt man den Anlaß von Solschenizyns Ausschluß, seinen Roman *Die Krebsstation*, der schon gesetzt war; bedenkt man außerdem, daß bis heute nicht geklärt ist und wohl nie geklärt werden wird, wer seinen Ausschluß wirklich betrieb und mit welchen Motiven, so darf man getrost neben möglichen politischen Motiven Neid und Eifersucht in jeglicher provinziellen Machart dahinter vermuten.
Daß ein Autor, auf diese perfide Weise vogelfrei gesetzt, jeder Solidarität beraubt, nicht auf- und nicht nachgeben, daß er nicht einen Millimeter zurückstecken kann, müßte Autoren eigentlich klar sein, und es mag der Tag kommen – ich will diese Hoffnung nicht aufgeben –, da Haß, Verblendung, Verleumdung, Verfolgung und widerliche Belästigung von Einsicht abgelöst werden; von der Einsicht, daß hier einer nicht für sich leidet und kämpft: daß es um ein »Mehr« geht, viel mehr, das letzten Endes nur dem Ansehen und der Geltung der Sowjetunion zugute kommen kann.
Schließlich hat jener Prozeß, den man Entstalinisierung nennt, im Jahre 1956 in der Sowjetunion selbst begonnen, und das »literarische Signal« war die Veröffentlichung von *Iwan Denissowitsch*, vom Twardowskij betrieben, von Chruschtschow gebilligt, wohl sogar gefördert. Es ist eine Schleuse geöffnet worden, die man bald wieder schloß, weil das hinter ihr gestaute Geschichtsmaterial Überschwemmung herbeizuführen drohte, und in einer Art Rückstau ist dieses Material in den »Samisdat« geflossen. Es wäre wohl besser gewesen, die Schleuse geöffnet zu lassen, ich sage das nicht in Anmaßung oder Herablassung, sondern weil ich sicher bin, daß der Prozeß, der 1956 eingeleitet wurde, nicht mehr aufzuhalten ist. Es ist sinnlos, jeden, der sich mit den unbestrittenen und unbestreitbaren Greueln der Stalin-

zeit befaßt, in die simple, die billige, die kleinbürgerliche Kategorie »Nestbeschmutzer« zu verdammen. Daß diejenigen, die angeblich das Nest beschmutzen, es in Wahrheit reinigen, sollte internationale Voraussetzung sein, denn natürlich ist das Problem nicht nur ein sowjetisches.

Es war befürchtet worden (und diese Befürchtung ist vom Internationalen PEN am 24. Mai 1973 formuliert worden), daß der Beitritt der Sowjetunion zum Welturheberrechtsabkommen weder Befreiung noch Freiheiten für sowjetische Autoren bringen würde. Die Befürchtung hat sich als wahr erwiesen, und es sieht so aus, als würde nun das erste Exempel an Alexander Solschenizyn statuiert.

Das westliche Copyright-Verständnis, wie es in dem Welturheberrechtsabkommen vorausgesetzt ist, überläßt dem Autor die Wahl des Agenten oder Verlegers. Es könnte zum Beispiel ein deutscher Autor sein deutsches Manuskript einem japanischen Agenten übergeben, der dessen Rechte international vertritt. Außerdem ist nach westlichem Copyright-Verständnis die Auslandpublikation unabhängig von der Inlandpublikation. Bücher südamerikanischer Autoren, die aus politischen Gründen in ihren Heimatländern nicht publiziert werden konnten, sind etwa in den USA oder in Spanien erschienen.

Für die sozialistischen Länder gilt dieses westliche Copyright-Verständnis nicht. Ausnahmen sind, wenn auch unter Bedrohung, Beschimpfung, Verhören und räuberischer Beschneidung des Autorenanteils (die besonders kraß in der ČSSR geübt wird) hingenommen worden. Wenn nun der Leiter der kürzlich gegründeten sowjetischen Agentur für Autorenrechte, Boris Pankin, erklärt, er wolle gegen die Verbreitung von Solschenizyns Werk im Ausland »vorgehen«, so ist das eine merkwürdige – und soweit es ausländische Verleger betrifft – wohl leere Drohung, die nur end- und sinnlose Prozesse – vor welchem Gericht? – zur Folge haben könnte. Ernst werden kann die Drohung, wenn im Ausland bekannte und begehrte sowjetische Autoren, die keine »Nestbeschmutzer« sind, als Tauschobjekt interessant werden.

Wenn der Leiter der sowjetischen Staatsagentur, Boris Pankin, diesen Fall zur sowjetischen Angelegenheit erklärt, bleibt nur die internationale Einmischung. Nun wird uns diese Einmischung permanent vorgeworfen. Ich möchte hier einmal feststellen, daß

sich sowjetische Delegierte auf internationalen Treffen ständig – und mit Recht, denn das sollte eben internationaler Brauch werden – in unsere Angelegenheiten einmischen. Was speziell wir bundesrepublikanischen Autoren da zu hören bekommen – etwa über Landserheftchen –, ist Einmischung, und – ich möchte das betonen – gar keine unwillkommene; denn man übersieht als literarischer Insider manches verheerende Phänomen der Publikationspolitik.
Nun wird sich also alles wiederholen: Verleumdung, Beschimpfung, Belästigung, der Nervenkrieg gegen Solschenizyn. Die üblichen Artikel werden erscheinen in den einschlägigen Zeitungen und Zeitschriften. Wieder einmal werden wir zu kalten Kriegern erklärt werden. Kollegen werden sich von Solschenizyn distanzieren, an der Beschimpfung teilnehmen.
Ich frage mich und die Sekretäre und Mitglieder des sowjetischen Schriftstellerverbandes: soll das nun ewig, ewig so weitergehen? Wird man nicht nachgeben, bis man Solschenizyn und seine Familie hinausgeekelt oder -geworfen hat? Einen Autor, der innerhalb seines Landes vogelfrei, völlig schutzlos ist? Für Solschenizyn, der in der Sowjetunion keine publizierte Öffentlichkeit hat, bleibt nur die Weltöffentlichkeit, und an sie wendet er sich mit *Archipel Gulag*.
Es gäbe einen Ausweg, ich nenne ihn hier, obwohl es verrückt sein mag, ihn zu nennen: Solchenizyns Werk in der Sowjetunion zu veröffentlichen.
Mag man auch vorher wissen, wie die Kritiken – offiziell und offiziös – ausfallen, so hätten doch die sowjetischen Leser die Möglichkeit, an eigenen oder den Erfahrungen von Familienmitgliedern zu überprüfen, wie Solschenizyn diese fürchterliche Periode der sowjetischen Geschichte in Sprache verkörpert; denn wie Solschenizyn es im *Archipel Gulag* ausdrückt, war diese Inselwelt von Straflagern übers ganze Land ausgebreitet, sie schnitt aus Städten Enklaven heraus, schwebte drohend über Straßen – sie war also präsent und ist es noch. Man könnte es auch die ständige Gegenwart der vergangenen Angst nennen.
Ich weiß sehr wohl, wie verrückt der Vorschlag, Solschenizyn in der Sowjetunion zu publizieren, klingt, doch das Verrückte ist manchmal der einzig realistische Ausweg. Ein so großes Land wie die Sowjetunion, das offenbar tatsächlich auf internationale Entspannung aus ist, kann sich auf die Dauer diese innere Span-

nung der vergangenen und noch nicht vergessenen Angst nicht leisten, die zu artikulieren Solschenizyn am Werk ist.
Ich muß hier wohl ein paar Sätze schreiben zum Problem des Beifalls von der falschen Seite. Ich habe mich zu wiederholten Malen ausgiebig und endgültig von den Denunzianten in der Springer-Presse distanziert. Herr Löwenthal vom ZDF, ein gewisser und bestimmter Teil der katholischen Milieupresse wissen, daß mir ihr Lob widerwärtiger ist als ihr Tadel. Genug. Nicht einmal die Kritik von der falschen Seite stört mich.
Ich wiederhole noch einmal: Ich weiß genau, was ich tue, bin von keiner Seite gedrängt oder geschoben. Wenn ich »irregeleitet« bin, dann bin ich's durch mich selbst.
Ich bleibe dabei: Alexander Solschenizyn mußte so weit gehen, wie ein Autor gehen *muß*. Ob er noch weiter gehen muß, unterliegt einzig und allein seiner Entscheidung.
Wie weit seine Gegner gehen wollen, im Schriftstellerverband, in den Redaktionen der einschlägigen Zeitungen und Zeitschriften, in den Kulturbehörden, ist keine Frage der persönlichen und moralischen Entscheidung, sondern lediglich eine Frage der mißbräuchlich angewandten Macht. Das Spiel selbst haben seine Gegner längst verloren. Sie sollten das einsehen und den einzig möglichen, den verrückten Weg gehen.
Wir sollten nicht allzu selbstbewußt uns in die Brust werfen. Es ist zwar lange, aber noch keine Ewigkeit her, daß die deutsche Botschaft in Paris gegen Jean Cayrols Film *Nacht und Nebel*, der in Cannes uraufgeführt werden sollte, protestierte; und was man so, als gelegentlich im Ausland sich produzierender deutscher Autor – oh, nein, nicht von allen, aber gelegentlich von deutschen Diplomaten zu hören bekommt, ist das uralte Nestbeschmutzer-Argument. Und es sollte auch vermerkt werden, daß die, wenn nicht *de jure*, so doch *de facto* Haftentlassung von Amalrik bei weitem nicht die Schlagzeilen-Publicity gehabt hat wie seine Verhaftung.

Die himmlische Bitterkeit des Alexander Solschenizyn
›Der Archipel Gulag‹: Versuch einer künstlerischen Bewältigung der stalinistischen und leninistischen Vergangenheit der Sowjetunion

Schon auf der zweiten Seite des Buches vergißt man (vergaß ich) alles, was mir aus zweiter, dritter oder vierter Hand über das Buch bekannt geworden war; aus Vorankündigungen, Kommentaren, die dem *Fall*, nicht dem Buch galten; vergaß die linken, die rechten Kommentare, die Kommentare aus sämtlichen verfügbaren Mitten. Nun endlich das Buch, von dem ich hoffe, daß es alle lesen, die sich verantwortlich darüber äußern und an ihm über den Fall und den Vorfall hinaus interessiert sind; ich hoffe auch, daß es alle gelesen haben, die sich in der Sowjetunion darüber öffentlich geäußert haben: die Herren Schukow, Tschakowski und Simonow. Hat der Staatssicherheitsdienst ihnen Fotokopien ins Haus gebracht, auf daß sie ihre vernichtenden Urteile nicht nur fällen, auch begründen können?
Alles ist vergessen, Vorschußlorbeeren, Vorschußgift, sobald man ins Buch selbst hineingerät, die Stimme durch die erstaunliche Übersetzung hindurchhört, langsam Instrumentierung und Aufbau erkennt. Wenn Solschenizyn dem *Archipel Gulag* den Untertitel gegeben hat *Versuch einer künstlerischen Bewältigung* und man fragt sich am Ende: Ist sie gelungen? – so kann die Antwort nur heißen: Ja, ja und nochmals ja.
Und diese künstlerische Bewältigung verdanken wir nicht nur dem Zornigen, dem Moralisten, wir verdanken sie dem Autor Solschenizyn, der – als Nebenprodukt sozusagen – hier ein Meisterbeispiel für das geschaffen hat, was man Dokumentarliteratur zu nennen beliebt. In diesem Buch ist nichts erfunden. Der Stoff – der fürchterliche – ist ja gegeben. Und er war gegeben für Hunderttausende, für Millionen andere. Von den schätzungsweise dreißig Millionen europäischer Kriegsteilnehmer haben ja auch nur höchstens drei bis vier Dutzend diskutable Kriegsbücher zustande gebracht, dokumentarische und fiktive, obwohl doch der Stoff für dreißig Millionen bereitlag – und welch einer! – auf der Hand, vor der Tür.
Es besagt also gar nichts, wenn da Stoffe auf der Hand und vor

der Tür liegen, und es besagt auch wenig, wenn da jemand fleißig Dokumente sammelt und recherchiert. Mögen auch die Dokumente »für sich sprechen«, so müssen sie doch noch »zur und zu Sprache gebracht werden«, und das ist im *Archipel Gulag* geschehen. Es ist immer noch der Autor, der den Stoff, und nicht der Stoff, der den Autor macht.
In Solschenizyns Buch ist nichts erfunden, und doch ist es eine Findung. Wo Solschenizyn auf Vermutungen oder Annäherungswerte angewiesen ist, werden sie eindeutig als solche deklariert, und manche nur vermutbaren statistischen Details werden mit einer Präzision dargeboten, die ihn immer noch und immer wieder als Naturwissenschaftler ausweist. Und doch ist auch das nicht die Erklärung, denn Naturwissenschaftler gibt's viele, aber eben nur wenige, die Sprache haben, Stimme und sich aufs Instrumentieren verstehen.
Diese Vorbemerkung erscheint mir wichtig, denn es könnte ja jemand sagen: Kunststück bei dem Gegenstand. Es macht eben der Gegenstand das Stück nicht zum Kunststück. Es gab Vorboten des *Archipels Gulag,* nicht nur Solschenizyns eigene Romane und Erzählungen; es gab Jewgenia Ginzburgs *Marschroute eines Lebens* (eben jene, die peinlicher- und entsetzlicherweise – entsetzlich für die Autorin, peinlich für Verlag und Propagandafanatiker – per Bundeswehrluftballons in einer Kleinstausgabe in die DDR hinübergewedelt wurde). Es gab Lydia Tschukowskajas *Leeres Haus,* es gab W. Schalanows Lagererzählung über den berüchtigten Paragraphen 58, es gab Susanne Leonhardts *Verlorenes Leben,* zahlreiche andere Publikationen.
Solschenizyns *Archipel Gulag* nimmt keiner anderen Publikation ihren Rang und ihre Wichtigkeit. Was ihm vorschwebte und gelungen ist: ein Monument zu schaffen für die namenlose Masse derer, die eben die Sprache nicht haben – oder zum Verstummen gebracht wurden, bevor sie ihre Stimme erheben konnten. Schonung gegenüber den sowjetischen Behörden oder Schonungslosigkeit ihnen gegenüber – beide Attitüden, auch die zahlreichen Variationen beider Attitüden, werden diesem Buch gegenüber sekundär. Hier wird nicht die sowjetische Gegenwart angeklagt, sondern die in ihr schwelende Vergangenheit.
Den Grundton des Buches zu bestimmen fehlen mir die Kategorien. Satire, Sarkasmus, Ironie – sie sind, so scheint mir, dem Gegenstand nicht angemessen. Würde das Wort himmlisch hier-

zulande nicht als Sybaritenvokabel mißverstanden (himmlisches Essen, himmlische Frauen, himmlische Partys, Kleider und Drinks), so würde ich versuchsweise von himmlischer Bitterkeit sprechen, versuchsweise und vorläufig. Humor? Ja, soweit er die Dimension Hoffnung und Menschlichkeit hat und nicht mit der perniziösen Häme eines Wilhelm Busch verwechselt wird, der fast immer entwürdigt.

In Solschenizyns Buch wird Würde wiederhergestellt, die Würde der fast Unzähligen, die unter entwürdigenden Umständen von Wachmannschaften, Untersuchungsrichtern zu »Ungeziefer« (Lenin) erklärt und gemacht werden sollten, politische Häftlinge, die man letzten Endes dann auch gnaden- und schutzlos den Kriminellen überließ. Humor auch, weil der Autor hier nicht einmal andeutungsweise Selbstgerechtigkeit zeigt, ich wiederhole: nicht einmal andeutungsweise, und – das allein ist Meisterschaft und ist mit dem herkömmlichen Wort Meisterschaft auch wiederum nur andeutungsweise bezeichnet – in diesem Nichtvorhandensein der Selbstgerechtigkeit nicht ein Gran Heuchelei zu entdecken wäre. Man lese zum Beweis sorgfältig die Seiten 160 bis 170 und andere Passagen, etwa die Meditation über den »Bösewicht«.

Es fehlt auch nicht der Hinweis auf die mörderischen Konsequenzen *jeglicher* ideologischer Rechtfertigung. Ich zitiere: »So stärkten sich die Inquisitoren am Christentum, die Eroberer an der Erhöhung der Heimat, die Kolonisatoren an der Zivilisation, die Nationalsozialisten an der Rasse, die Jakobiner (die früheren und die späteren) an der Gleichheit, an der Brüderlichkeit und am Glück der künftigen Generationen.« Solches – das Fehlen von Selbstgerechtigkeit, der Hinweis auf die mörderischen Konsequenzen anderer Ideologien – wird natürlich in Moskau nicht bekanntgegeben. Oder wird der famose Herr Alexander Tschakowski diesem Thema eines Tages einen Leitartikel in seiner *Literaturnaja Gazeta* widmen?

So – weil ein Autor eben nicht nur verpflichtet ist, auch verrückt genug sein muß, sich mit möglichen Konflikten zu beschäftigen –, so ist die Ausführlichkeit zu verstehen, mit der Solschenizyn sich mit dem Problem Wlassow-Armee beschäftigt. Der Konflikt eines Generals, dessen Armee man schändlich zugrunde richtete, der sich und andere natürlich über die Natur der Nazis täuschte und täuschen ließ; und da wird man ganz gewiß in Moskau die entscheidende Passage übersehen haben oder übersehen wollen, die da lautet: »Das Schicksal aber spielte ihnen noch bitterer mit, zu noch jämmerlicheren Schachfiguren waren sie geworden. In ihrer ganzen überheblichen Sturheit erlaubten ihnen die Deutschen nichts anderes, als für ihr *Reich* zu sterben; an ein unabhängiges russisches Geschick zu denken, war bereits verboten.«

Natürlich gibt es das alles nicht: Konflikte, Schicksal, Geschick, und darin, daß er diese Begriffe wieder einführt, mag man Solschenizyns Hauptvergehen entdecken. Und da gibt's natürlich den heiklen Vergleich MGB–Gestapo, den ich hier auf einen einzigen Fall, den des Emigranten und orthodoxen Predigers A. I. Diwnitsch, angewandt sehe. Ich zitiere die fragliche Stelle: »Diwnitschs Schlußfolgerungen fielen zuungunsten des MGB aus: Gefoltert wurde da wie dort, doch die Gestapo versuchte trotz allem, die Wahrheit zu finden, und ließ ihn, als die Anklage platzte, frei. Dem MGB war die Wahrheit egal, und es hatte nicht die Absicht, einen einmal Verhafteten wieder aus den Klauen zu entlassen.«

Mir scheint, daß Solschenizyn nicht *die* Gestapo hier meint, sondern nur im Fall Diwnitsch, der ja immerhin Emigrant und russischer orthodoxer Prediger war und daher für die ihn verhörende Gestapo wahrscheinlich kein ganzer, sondern nur ein halber Untermensch. Mag sein, daß Solschenizyn hier im Zorn etwas zu sehr verallgemeinert, doch es liegt mir wenig daran, hier zwei nationale Konten zu eröffnen – und aus- oder anzugleichen.

Ich las gerade vor einigen Wochen H. G. Adlers *Der verwaltete Mensch, Studien über die Deportation der Juden aus Deutschland.* Diese Lektion reicht für eine Weile als Information über die Gestapo. Es mag den einen oder anderen oder gar einige mehr Gestapo-Beamte gegeben haben, die nicht ganz so schlimm waren.

Die Gestapo war schlimm genug, und daran zweifelt gewiß auch Solschenizyn nicht. Solche Vergleiche sind nicht etwa nur heikel, sie sind undurchführbar, weil die Bilanz nicht zu ziehen wäre, nicht der Vergleich aller historischen Unterschiede: und dann auch noch der Unterschied zwischen Foltern aus ideologischen Gründen und Morden aus weltanschaulich-rassistischen. Da gäb's außerdem eine fürchterliche Rivalität – besonders,

wenn sie sich zwischen Russen und Deutschen abspielte –, sie bestände darin, daß der eine sagt: »Bei uns war's schlimmer« und der andere: »Nein, nein bei uns.« Ich halte nicht viel davon, auf diese Art Konten ausgleichen zu wollen.
Gewiß ist, und keiner kann nach der Lektüre des *Archipels Gulag* daran zweifeln, daß Solschenizyn nicht einen einzigen Greuel der Nazis bagatellisiert. »Gemeinsame und sichere Erinnerung unser aller«, schreibt Solschenizyn, »ein fauliger Tümpel war's, ein durch und durch von Fäulnis befallener Ort. Heute noch und ohne jede Aufwallung von Zorn und Mißmut bewahren wir in unseren durch die Jahrzehnte besänftigten Herzen diesen sicheren Eindruck: von niedrigen, boshaften, ehrlosen und – vielleicht – verirrten Menschen.«
Lassen wir's bei dieser Feststellung und dem menschlich-versöhnlichen, in zwei Bindestriche verpackten »vielleicht« und verzichten in diesem Fall auf eine nationale Rivalität zwischen Russen und Deutschen, die darin bestehen würde, festzustellen, wo's schlimmer war. Es ist sinnlos, eine Grausamkeit gegen eine andere auszuspielen, und für den Chilenen, Spanier, Griechen oder Brasilianer, der heutzutage gefoltert wird, birgt die Masse der vergangenen deutschen oder sowjetischen Grausamkeiten nicht einmal den Ansatz zu einem Trost.
Sehe ich von dieser winzigen mißverständlichen Ungenauigkeit ab, die darin bestehen könnte, daß Solschenizyn anstatt *die* Gestapo *der* Gestapo-Beamte hätte schreiben sollen, so entdecke ich in den insgesamt fast 25 000 Zeilen des Buches keinen falschen Ton. Das Einmalige des Buches liegt denn auch in der Komposition, der Intonation und der Instrumentierung. In der Auswahl von allgemeiner Darstellung der Entwicklung sowjetischer Gesetzgebung, Rechtsprechung und Strafvollzug und den zu jedem Stadium dieser Entwicklung ausgewählten, dokumentierten Details, die, da sie zum größten Teil *wiedergegeben,* nicht in falscher Mündlichkeit zitiert werden, stilistische Meisterwerke sind, auch in ihrer Kürze.
Sicher gesetzt, sparsam verwendet sind kleine »nur« literarische Passagen: »Zu sehen gab's (auf dem Dach der Lubjanka, wo die Häftlinge ihren Spaziergang machten) nur diesen Schornstein, den Wachsoldaten auf dem Turm des siebenten Stockwerks und schließlich das unglückselige Fleckchen von Gottes Himmel, dem es beschieden war, über der Lubjanka sich zu erstrecken.«

Und über Stalin: »Wollte er sein Seelenheil retten? Dazu war's zu früh.« Oder: »Der Tag entzweit die Häftlinge, die Nacht bringt sie einander näher.« Auf seinen Häftlingskoffer bezogen, an dem er die alten Spuren ertastet: »Die Dinge sind uns im Niemals-vergessen-Können voraus.« Es muß nur eben einer das, was die Dinge niemals vergessen können, entdecken und zu Wort bringen! Und mitten in diese mit jener himmlischen Bitterkeit dargebotene Aufzählung und Erklärung entsetzlicher Ereignisse hinein wird ein Majakowski-Vers zitiert: Wer heute nicht mit uns singt / der ist / gegen / uns.

Während der Lektüre des Buches wird einem immer mehr verständlich, warum die Sowjetunion das Land ist, in dem am wenigsten über den Watergate-Skandal publiziert wird. Watergate wird zur Wassersuppe, und doch ist Watergate für die Betreffenden und Betroffenen keineswegs so harmlos; Vergleiche hinken immer. Wenn Herr Schukow, der Kommentator im sowjetischen Fernsehen, Solschenizyn vorgeworfen hat, er wühle da immer noch in der Vergangenheit, so möchte ich Herrn Schukow auf einen gewissen Grafen Lew Tolstoi verweisen, der fünfzig Jahre nach Borodino »in der Vergangenheit wühlte«, und was dabei herauskam, hieß *Krieg und Frieden.* Und wenn der unbezahlbare Herr Tschakowski sagt und schreibt: »Die Zeit arbeitet für uns« – so kann ich nur hoffen, daß dieser zynische Witz sich als unzutreffend erweist und Solschenizyn recht behält, der schreibt: »Sie bahnt sich dereinst den Weg, die Wahrheit. Wer vermöchte sie aufzuhalten.«

Kein Zweifel: im *Archipel Gulag* wird nicht etwa nur entstalinisiert, es wird auch entleninisiert; beiden Väterchen wird auf die Finger geklopft und ins Stammbuch geschaut. Es wird, nachdem in den ersten Kapiteln das Generalthema angestimmt worden ist, systematisch die Entwicklung der sowjetischen Gesetzgebung, der Rechtsprechung und des Strafvollzugs im generellen und speziellen, Kapitel um Kapitel, nachgewiesen – und an Beispielen und in Fußnoten expliziert. Alles wird belegt, zitiert, die Quellen – hauptsächlich Lenin und Krylenko, weitaus weniger Stalin – werden angegeben.

Da wird die Todesstrafe abgeschafft, wieder eingeführt, wieder abgeschafft und wieder eingeführt, und selbst während sie abgeschafft ist, wird sie angewendet. Eine Auswahl der Kategorien von Straffälligkeit: da gibt es die Burjat-Mongolen, die Kasachen, Tataren, Balten, aber es gibt auch die Andersparteiler, die »Ährenabschneider« (nein, nicht Ehrabschneider!), da gibt es die »Frauen, die sich nicht von ihren Männern lossagen«, es gibt die »Radioverheimlicher«, die »Afrikaner« (Hiwis aus der Rommel-Armee), es gibt den »Generalsstrom«, den Strom der »schuldigen Moskauer«, es gibt die Nichtdenunzianten, die Wiederholer, die »rächenden Kinder«, »Grenzwertler«, Kulaken, die Heimkehrverweigerer, die »Nichtvorgreifenwollenden«, die Industriepartei, die Handwerker.

Es gibt eine Abhandlung über die Kunst der Verhaftung: »Verhaftung am Tag und in der Nacht; zu Hause, im Dienst und unterwegs; erstmalige und wiederholte; Einzel- und Gruppenverhaftungen. Die Verhaftungen werden nach dem Grad der erforderlichen Überrumpelung eingestuft und nach der Stärke des zu erwartenden Widerstandes (doch in Dutzenden Millionen von Fällen wurde kein Widerstand geleistet und auch keiner erwartet). Die Verhaftungen unterscheiden sich nach der Gewichtigkeit der geplanten Haussuchung, nach der Notwendigkeit, bei der Beschlagnahme Protokolle zu führen, das Zimmer oder die Wohnung zu versiegeln, welche Notwendigkeit nicht immer gegeben ist; je nach Bedarf im weiteren Verlauf auch die Frau des Abgeführten zu verhaften, die Kinder aber ins Kinderheim zu bringen bzw. den Rest der Familie in die Verbannung bzw. auch noch die greisen Eltern ins Lager.«

Natürlich fehlt es da nicht an Absurditäten, die manchmal ins Komische führen und vielleicht tatsächlich eine sowjetische Spezialität sind: »Nach der Verhaftung des Orientalisten Newski wurden tanguistische Handschriften beschlagnahmt, für deren Entschlüsselung der Verstorbene fünfundzwanzig Jahre später posthum den Leninpreis bekam!« Nach einer Bezirksparteikonferenz des Moskauer Gebietes braust im Saal »stürmischer, in Ovationen übergehender Applaus« für Stalin auf. Man klatscht, drei, vier, fünf Minuten – keiner wagt, mit dem Händeklatschen aufzuhören, es wird also elf (!!) Minuten lang geklatscht, bis der anwesende Direktor einer Papierfabrik endlich in eben jener elften Minute zur Erleichterung aller Anwesenden zu klatschen aufhört. Doch in der darauffolgenden Nacht wird der Direktor verhaftet, bekommt seine zehn Jahre und die Mahnung des Untersuchungsrichters: »Und hören Sie in Zukunft nie als erster mit dem Klatschen auf.«

Da gibt es den berühmten Biologen Timofejew-Rosowski (Vergehen: Heimkehrverweigerung), den nichts so zu schockieren scheint wie der auf den Boden der Lubjanka verschüttete Tee. »Er wird darin ein frappantes Merkmal beruflicher Desinteressiertheit des Gefängnispersonals erblicken (wie unser aller auch, bei welcher Arbeit immer). Er wird die siebenundzwanzig Jahre der Lubjanka-Existenz mit 730 pro Jahr multiplizieren und dann mit einhundertelf Zellen und wird sich noch lange Zeit darüber echauffieren, daß es bequemer war, in zweimillioneneinhundertundachtzigtausend Fällen das kochende Wasser auf den Boden zu schütten und die Stelle genauso oft trocken zu wischen, als an den Eimern Schnäbel zum Eingießen anzubringen.«
Und es gibt den grausamen und wohl treffenden Witz, in dem der Chef des Konvois den Häftling fragt, wofür er denn seine fünfundzwanzig Jahre bekommen habe, und jener sagt: »Für nichts«, woraufhin der Chef sagt: »Lüg nicht. *Für nichts kriegt man zehn.*« Nicht zu vergessen die junge Sozialrevolutionärin Jekaterina Olizkaja, die im Jahre 1924 glaubte, des Gefängnisses *nicht würdig* zu sein – was hatte sie schon Großes für Rußland getan?
Die bittersten Abschnitte widmet Solschenizyn den heimkehrenden oder an die Sowjetunion ausgelieferten Kriegsgefangenen, und wahrlich: das ist ein besonders verfluchtes Kapitel west-östlicher Beziehungen. Solschenizyn: »Den Krieg gibt's und den Tod gibt's, und die Gefangenschaft soll's nicht geben! – eine umwerfende Entdeckung. Das bedeutet: Geh hin und stirb, wir aber bleiben am Leben. Doch wenn du auch auf Krücken aus der Gefangenschaft heimgehumpelt kommst, zwar beinamputiert, aber lebend (der Leningrader Iwanow, Kommandeur eines MG-Zuges im Finnischen Krieg, saß später im Ustwymlag) – wir werden zu Gericht sitzen über dich.« Und an anderer Stelle: »Weil der Soldat an der deutschen Kugel nicht sterben wollte, soll er nach der Gefangenschaft einer sowjetischen das Genick hinhalten. Anderen – die fremde, unseren – die heimische. (Es ist übrigens naiv zu glauben: *deswegen.* Die Regierungen aller Zeiten bestehen keineswegs aus Moralisten. Niemals werden Menschen *wegen* etwas eingesperrt und hingerichtet. Einsperren und hinrichten ließ man sie, *damit nicht.* All diese Gefangenen wurden natürlich nicht *wegen* Hochverrats eingesperrt, denn selbst dem größten Trottel war klar, daß nur die Wlassow-Leute des

Verrates hätten angeklagt werden können. Diese da wurden allesamt eingesperrt, *damit* sie sich *nicht* unter Dorfgenossen lauten Erinnerungen an Europa hingeben. Was man nicht weiß, macht einen nicht heiß . . .)«
Und weiterhin: »Die überlebenden Buchenwald-Häftlinge wurden *gerade darum* (weil sie überlebt hatten) in unsere Lager gesperrt: Wieso hast du in einem Vernichtungslager am Leben bleiben können: da ist was faul!« Da werden auch Churchill und Roosevelt der »notorischen Kurzsichtigkeit, ja sogar Dummheit« geziehen, mit Recht.
Ich erinnere mich, aus einem Innen-Cage eines amerikanischen Kriegsgefangenenlagers heraus beobachtet zu haben, wie man die ehemaligen russischen Kriegsgefangenen in Eisenbahnwaggons und Lastautos geradezu zwingen mußte, manche schrien und wehrten sich vergebens. Damals war uns das Entsetzliche des Vorgangs nicht klar, erst später haben wir ihn entziffert. Sie fuhren ins *Archipel Gulag.*
O nein, hier in diesem Buch wird nicht Haß auf das Sowjetvolk ausgespien, das Buch ist ein Angebot und eine Aufforderung, sich endlich von der tiefsitzenden inneren Angst zu befreien. Obwohl einem unmenschlichen Stoff gewidmet, ist es ein menschliches Buch von einem einzigartigen Stil, von jemandem übersetzt, der beide Sprachen wie seine Muttersprache sprechen und kennen muß.
Damit der Leser nicht allzu rasch in mitleidvoll-gemütvolle Meditation versinkt, werden derb-direkte Zitate aus dem Häftlingsjargon eingestreut – etwa die »entkorkten Frauen«, die »neun Gramm ins Genick« und das »Viertelmaß« (was bedeutet fünfundzwanzig Jahre, ein Vierteljahrhundert eben).
Und es wird nicht nur der Konflikt des Generals Wlassow von seinem Tabu befreit, auch der Konflikt Bucharins, der es einfach nicht glauben wollte und doch dran glauben muß. Welch ein Drama, Stalin und Bucharin, und die unbeantworteten Briefe. »Lieber Koba«! Düsterkeit genug, Absurdes genug. »Der ehemalige Tschekist Alexander Kalganow erinnert sich, in Taschkent ein Telegramm erhalten zu haben: ›Schickt zweihundert!‹. Im Augenblick aber waren sie gerade mit einer Partie fertig, und es gab scheinbar niemanden mehr zum ›Nehmen‹. Gut, sie brachten fünfzig Mann Nachschub aus den Bezirken herbei. Da, ein Einfall! Die von der Miliz festgenommenen *Bytowki* (Krimi-

nelle) in Achtundfünfziger (Politische) aufzuwerten! Gesagt, getan. Doch die Sollziffer ist immer noch nicht ganz erreicht! Eine Anfrage von der Miliz: Was tun? Zigeuner haben mitten in der Stadt ungeniert ihre Zelte aufgeschlagen. Das ist's. Der Tabor wird umzingelt und alle Männer von siebzehn bis sechzig nach § 58 eingezogen! Planerfüllung zu vermelden.«

Und es gibt natürlich auch das »Menschliche« und das Menschliche. Solschenizyns Kommandeur etwa, der sich völlig unvorschriftsmäßig von seinem verhafteten Hauptmann verabschiedet und ihm Gutes wünscht. Dazu Zitat von Solschenizyn: »Merkwürdig indes: Man kann *doch* ein Mensch bleiben – Trawkin geschah gar nichts. Vor kurzem kamen wir freundschaftlich zusammen und lernten einander erst richtig kennen. Er ist General im Ruhestand und außerdem Revisor eines Jagdvereins.«

Es konnte jeden treffen und jeden *nicht,* die Willkür war total. Die Rehabilitierung etwa von M. P. J. wurde abgelehnt, »aber es wurde ihm als Pflästerchen eine *Ehrenpension* für revolutionäre Verdienste ausgesetzt! Was es doch bei uns nicht alles an Verkorkstem gibt!«

Es ist verheerend, wenn verantwortliche Intellektuelle wie Schukow, Tschakowski und Simonow das Angebot, das in diesem Buch liegt, nicht erkennen, sondern kräftig die düsterste aller Potenzen zu schüren versuchen: den Volkszorn. Wo jeder erfaßt und jeder *nicht* erfaßt werden konnte, müßte es doch eine Basis geben, wenn schon nicht einem Autor beizustehen, so doch allerallerwenigstens nicht auch noch gegen ihn mitzuhetzen.

Das für mich Erstaunlichste an diesem Buch ist, daß es, obwohl sein Gegenstand grauslicher kaum sein könnte, doch weder hoffnungslos noch pessimistisch ist. Man sollte nicht einen einzigen Augenblick vergessen, daß es mit dem Jahr 1956 endet; daß inzwischen achtzehn Jahre vergangen sind. Und wenn es je *Archipel Gulag* Teil III geben wird, so darf man gespannt sein auf die Unterschiede zwischen ihm und den Teilen I und II, die jetzt hier vorliegen.

Keinem vernünftigen Menschen auf dieser Welt kann an einem Umsturz in der Sowjetunion liegen, jedem aber an einer Wandlung, und wo es immerhin Begnadigungen gegeben hat, sollte es auch Gnade geben können. Gnade gegen sich selbst.

Da Solschenizyn so großen Wert darauf gelegt hat, sollte auch

der Preis des Buches nicht vergessen werden: 19,80 Mark für ein Buch dieses Formats und Umfangs, das jeder Verlag hier gut und gerne und ohne mit der Wimper zu zucken auf 32–34 Mark kalkulieren würde. Auch *das* ist ein Einbruch in unser verfluchtes Kalkulationssystem. Es ist also möglich, und möglich gemacht hat's kein westlicher, sondern ein sowjetischer Autor.
Da der Autor auch nicht die geringste Andeutung von Selbstgerechtigkeit zeigt, ist dieses Buch auch für keinen, der es liest, ein Anlaß dazu. Das sollte man nicht vergessen, sowenig wie die Tatsache, daß es 1956 endet. Und ich zitiere noch einen kleinen Abschnitt von der letzten Seite des Buches: »Die Jugend, die mit politischen Strafparagraphen in der Kerkerzelle sitzt, ist niemals der Durchschnitt des Landes, sie ist der übrigen Jugend allemal um vieles voraus.« – Ob das nur für die Sowjetunion gilt?

Bevor ich mich in die heikleren Details verliere, möchte ich J. B. Priestley im heikelsten der in seinem Buch *The English* behandelten Punkte beruhigen: Die »idea of the charmless, flatchested, mannish or absurdidly prudish Englishwoman, either contemptuous or terrified by sex« (Die Vorstellung der charmlosen, flachbrüstigen, maskulinen oder lächerlich prüden Engländerin, entweder verzweifelt oder verängstigt durch den Sex) existiert in kontinentalen Hirnen – jedenfalls in meinem – schon lange nicht mehr; dafür haben nicht erst Beatles und Popwelle, dafür haben schon lange vorher Literatur, Film, Theater und die ansonsten so verachtete Reisewelle gesorgt; auch das via Schullektüre durch einen gewissen Julius Cäsar verbreitete Vorurteil über englische Frauen ist längst vergessen.
Außerdem haben ja auch wir zwar keine Königin Viktoria, aber doch unsere verschiedenen Variationen des »Viktorianismus« gehabt, in jeglicher konfessionellen und regionalen Version. Prüderie jedenfalls war nie ein englisches Privileg. Und vielleicht ist da jetzt eher ein gegenteiliges Vorurteil im Entstehen, in dem die Engländerinnen als zu delikat, sensibel, sensuell und sensitiv erscheinen und ihre derberen Variationen zu kurz kommen.
Meine Schwierigkeiten, nicht nur bei der Beurteilung einer englischen Definition von Englishness, auch bei der Definition nationaler oder *innerhalb* von Nationalitäten definierter Eigenarten, sind ganz anderer Art. Als uns neulich in einem kleinen Restaurant in Sizilien der Kellner prompt die deutsche Version der Speisekarte brachte, fragten wir ihn, woran er uns als Deutsche erkannt habe, und er sagte es uns so freimütig wie liebenswürdig und in fließendem Deutsch mit rheinischem Akzent: Ich war der Sündenbock, nicht meine Frau, die in Moskau, Prag, Köln oder Rom gewöhnlich von Einheimischen nach dem Weg gefragt wird; an der Art, wie ich mich hinsetzte, Zigaretten und Zündhölzer auf den Tisch legte, an meinen Kopf- und Handbewegungen hatte er meine Nationalität erkannt.
Da wir einer nicht so sonderlich beliebten Nation angehören, uns dieser Angehörigkeit aber nicht schämen, analysieren wir unsere Erfahrungen gelegentlich. Wenn z. B. ein Franzose nicht ganz sicher ist, ob ich ein Deutscher bin, wird er vorsichtig fra-

gen, ob ich Holländer, Däne oder Belgier sei, aber er wird niemals einen Holländer oder Dänen, über dessen Nationalität er im unklaren ist, fragen, ob er Deutscher, er wird ihn fragen, ob er vielleicht Schwede oder Norweger sei. Ich denke, damit ist einiges gesagt, und ich hoffe, man wird eines Tages verstehen, wie kränkend es ist, wenn so ausgeprägte und stolze Nationen wie Polen, die Tschechoslowakei oder Ungarn pauschal als »Slavonic people« (Slawische Völker) bezeichnet werden, wo doch auch sie feine und feinste Unterschiede *innerhalb* ihrer Nationalität machen, die den subtilen Differenzierungen entsprechen, mit denen J. B. Priestley sich der Englishness annähert.

Das Thema ist unerschöpflich, es erfordert die Analyse zahlreicher, meist von West nach Ost weitergereichter demütigender Klischees. Man könnte – und sollte vielleicht eines Tages – ein ganzes Buch darüber schreiben, welche Bedeutung beim Erkennen der Nationalität ein so scheinbar nebensächliches Detail wie Schuhe haben kann; oder Gesten, Gang und Kleidung. Wie würde es einem Franzosen ergehen, der mit italienischen Schuhen und in einem englischen Anzug in Moskau spazierengeht? Wahrscheinlich würde man ihn an der Art, wie er die Zigarette im Mund hält – hoffen wir, daß er Raucher ist – dennoch als Franzosen erkennen.

Ob Priestley die Englishness richtig definiert und damit gegen Britishness abgrenzt, wird wohl sogar für einen Engländer, Schotten, Waliser und Iren schwer zu beurteilen sein. Für mich als Ausländer ist es nicht leichter, wohl aber lehrreich und wichtig durch die Verbesserung meines Instrumentariums, Unterschiede innerhalb meiner eigenen Nationalität zu beurteilen. Wenn ich etwa lese, daß Priestley die gesamte Royality aus der Englishness ausschließt, so bin ich verloren, denn mir erscheint die gesamte Königsfamilie als sehr englisch, und doch lasse ich mich, nachdem wir gemeinsam den Film über die Hochzeit von Prinzessin Anne und Mark Philips angesehen haben, von meiner Frau belehren, die feststellt, daß Priestley recht hat, denn Mrs. Philips, die Schwiegermutter von Prinzessin Anne, sei wirklich »englischer« als Königin Elizabeth. Solche weiblichen Beobachtungen, die zu allerfeinsten Differenzierungen führen, gelten wahrscheinlich der Kleidung und der Haltung und dem in solchen scheinbar äußerlichen Attributen sichtbaren »state of mind«, der für J. B. Priestley die einzig wahre Definition der

Englishness zu sein scheint. Ich begreife zum Beispiel nicht, was für eingeweihte Kenner der Englishness wahrscheinlich ein wahres Bonbon ist, wieso William Pitt, der »Ältere« »not essentially an English type« gewesen sein soll, während in Nelson »Englishness afloat and in action« war, und wenn ich lese, daß die Engländer eine Mixtur aus »Celts, Saxons and Danes« sind, so kann ich nur klagend meine Stimme erheben und feststellen: Eine germanisch-keltische Mischung mit einigen Wikinger- und Römer- und dazu noch einigen undefinierbaren Spurenelementen, das sind wir Rheinländer auch, aber – man mag es beklagen oder nicht – Engländer sind aus dieser Mischung nicht entstanden; auch die wunderbare, für einen Kontinentalen tröstliche Feststellung, daß »the barrier between consciousness and the unconsciousness is not rigidly fixed in the English psyche« (die Schranke zwischen dem Bewußten und dem Unbewußten in der englischen Psyche nicht eindeutig fixiert ist), die trifft ja wohl auch auf uns zu, und doch – noch einmal – Engländer sind wir nicht geworden.

Nach halber Zusage gab ich seinerzeit den Auftrag, die Rheinländer und das Rheinische zu definieren, zurück, ich hielt es für unmöglich, Eigenschaften ausdrücklich zu benennen, die Friedrich Engels, Konrad Adenauer, Heinrich Heine, Karl Schurz und Walter Scheel (und bei großzügiger Interpretation des Rheinischen auch noch Karl Marx) decken könnten.

Nach der Lektüre von Priestleys *The English* werde ich es vielleicht eines Tages doch riskieren. Dieser Versuch, das Englische vom Britischen abzugrenzen, ist nicht nur interessant, auch amüsant und schärft den Blick für Differenzen innerhalb der eigenen Nationalität. Manches bittere Mißverständnis in der Bundesrepublik Deutschland hat ja regionale Wurzeln, weil Bayer, Rheinländer oder Niedersachse zu sein ja mehr ein »state of mind« ist als etwa eine Temperamentsfrage.

Ich verstehe wohl, daß J. B. Priestley die Englishness in Gefahr sieht, es wäre schade, wenn sie verwässert oder von Admass (Gleichschaltung) verschlungen würde, oder ist nicht auch die Admass englisch? Ich als Ausländer sehe die Gefahr in England noch nicht, und ich sehe sie am wenigsten in der englischen Jugend, doch da mag mir Priestley mit mehr Information und Autorität widersprechen. Was *international* sichtbar ist, ist auch in England festzustellen: Es ist die Jugend, die das Alte verteidigt, gegen Admass protestiert.

Schließlich hat nicht die Jugend die Philosophie des Profits erfunden: Es gibt da etwas, das sich in London – und das gehört doch wohl zu Anglia – sehr konzentriert zeigt und ausdrückt, etwas, das neu und noch – vielleicht nur fürs Ausländerauge – sehr englisch ist: Farben und Farbigkeit, gewisse Variationen von und Kompositionen mit gewissem Gelb, Braun, Rosa, in Kleidung, Verpackung, Häuserfronten, Dekorationen; keine Spur mehr von Prüderie, und es gibt immer noch das so unverkennbare und doch so undefinierbare englische Frauenbein, das selbst bei den delikatesten Gesichtern immer noch überraschend zwischen sportlich und rustikal zu plazieren wäre; und einiges mehr, das wohl zu selbstverständlich, als daß es einem englischen Auge noch auffiele: In kaum einem Land Europas sind Frühling und Herbst so schön und so englisch; all das von den vielen – mir manchmal zu vielen – Daffodils bis zu der uralten Buche in einem Park. Wer kämpft – überall in der Welt – um jeden Baum? Die Jugend. Gehören nicht auch – jedenfalls für einen Ausländer – Frühling und Herbst, Daffodils, Parks, Bäume und Rasen zur Englishness?
Was macht Virginia Woolf, was macht Osborn, Silitoe, Pinter – ihre persönliche Eigenart als undefinierbar vorausgesetzt – so gleichermaßen englisch wie die verwehenden und doch so spürbaren Lavendeldüfte von Bloomsbury und der Fish- und Chipsbuden im East End?
Das Thema ist unerschöpflich, viele materielle Details sind manchmal wichtiger als die Erklärung ihrer historischen Hintergründe. Schuhe, Kleidung, Handbewegungen, Gang oder etwas so scheinbar völlig Nebensächliches: Wie jemand – er oder sie – den Zucker im Tee umrührt, und dann überhaupt: der Tee.

Von der Natur nicht vorgesehen
Hilde Domins autobiographische Prosa

Das schwierigste Problem bei dieser Rezension: wie schreibe ich über ein Buch, an dem ich einige Kleinigkeiten als sehr ärgerlich empfinde, den weitaus größten Teil (genau gesagt: 14/15) erstaunlich gut?

Schreibe ich über das, was mir ärgerlich vorkommt, am Anfang oder am Schluß und in welcher Proportion? Da viele Schwierigkeiten, denen Hilde Domin innerhalb der literarischen Szene zu begegnen scheint, mit diesem Fünfzehntel (Kapitel 3: »Was einem mit seinen Gedichten passieren kann«) zusammenhängen, entschließe ich mich, damit anzufangen.

Wo mit so viel wohltuender Kürze, Klugheit, Sensibilität, auch mit Ironie und in Distanz so viele heikle und bittere Stationen und Situationen, ein wahrlich abenteuerliches Emigrantenschicksal dargeboten ist, fällt das (nicht persönlich, sondern eben intellektuell) Ärgerliche zu sehr auf; es steht auch zu nah am Anfang und hat leider eine einstimmende Wirkung, die sich rasch verliert, aber als Bangigkeit (in der Frage: Wird sie's wieder tun?) während der weiteren Lektüre hängen bleibt. Um es vorwegzunehmen: Es kommt nur in diesem Kapitel vor, sie tut's nicht wieder (es tut mir leid, ich muß es so ausdrücken, wie bei einem unartigen Kind). Nicht, daß es nicht interessant wäre, zu erfahren, was einer Dichterin mit ihren Gedichten passieren kann: daß sie eine beschwörende Wirkung haben können, vorweg- und wegnehmen; nein, nicht, daß sie darüber schreibt, ist peinlich, sondern daß ihr, die Heikles und Bitteres mit erstaunlicher Präzision erfaßt, dieses eine so sehr mißlingt. Denn man sollte doch, so scheint mir, dem Leser, auch dem Leser von Gedichten, auch wenn fast totale Identifikation erfolgt, wenigstens die eigene Haut lassen, nicht in seine Haut schlüpfen wollen, sonst ist man ihm und sich selbst im Weg, und es mag da einer leicht aus der Haut fahren, und was möglicherweise liebenswürdig gemeint war, gerät dann neckisch.

Vergessen wir's sofort wieder, vielleicht bin ich zu empfindlich: schlimmer ist die Bangigkeit vor dem Rückfall, der dann das ganze Buch über – und hoffentlich auch in den weiteren Büchern, auf die ich hoffe – nicht mehr erfolgt.

Vergißt man die kurze Verstimmung und die Bangigkeit, dann merkt man bald, daß dieses kleine Buch schwerwiegend und erstaunlich ist: klug, präzis, allen Situationen und Stationen »gewachsen« ist diese Prosa, und es herrscht in ihr ein Humor, der, wäre er in dem erwähnten Kapitel spürbar, jenes retten würde. In diesem Buch wird »en miniature« eine der verrücktesten und abenteuerlichsten Emigrationen, und – das ist eben das Erstaunliche an Hilde Domin, ihrem Buch und ihrer Existenz – auch die Heimkehr beschrieben. So viele, und schon gar nicht aus Hilde Domins Generation, haben ja nicht überlebt, sind nicht zurückgekehrt, die vor und während der Emigration schon Erfahrungen machten, die uns als mühsame Umwege nicht erspart blieben. Insofern ist Hilde Domin keine Heimkehrerin; sie ist es nur im physischen Sinn, alles andere – Sprache und die Fähigkeit, sich in ihr auszudrücken – hat sie draußen erhalten und erworben und in der Begegnung mit fremden Sprachen eine wohltuende Prägnanz gebildet.
Was da auf ganzen eineinhalb Seiten (47/48), mit einem winzigen, keineswegs verwerflichen Seitenhieb auf Kollegen, übers Verlegen und über Verleger, und auf ganzen viereinhalb (»Bücher-Grillen«) über das so merkwürdig zärtliche, gelegentlich auch grobe, hochintellektuelle und doch auch animalische und erotische Verhältnis einer Autorin (die ständig zur Wanderung und Auswanderung gezwungen ist) gesagt wird, ist »lesebuchreif« und etwas mehr – ebenso wie das, was übers Wohnen und über Wohnungen geschrieben wird, über Italien, Spanien, England, Santo Domingo, die dortige, sehr gemischte Emigrantenkolonie und deren ambivalentes Verhältnis zu Herrn Trujillo. Geschrieben außerdem von einer sehr praktischen Frau, an deren Intellektualität niemand zweifeln wird, auch übers Kochen, Putzen, Backen, über den Kampf mit sehr unterschiedlichen Klimata. Und schließlich ist da eine wohltuend offene Auskunft auf Seite 71: »Dieser Bericht über die Wohnungen könnte sonst leicht zu einer regelrechten Biographie, einem eigenen Buch ausufern. Und darf er nicht, zumindest nicht heute, denn dieses MS muß am 2. Januar im Verlag sein.«
Siehe da: wie praktisch, wie vernünftig und – wo in jenem besonderen Kapitel Illusionen gezüchtet werden – glücklicherweise desillusionierend. Bleibt zu hoffen, daß wir eines Tages mehr über Hilde Domins Wohnungen und Katzen, Blumen und

Küche erfahren, denn ob sie über erzwungene Reisen, über Bücher, Wohnungen, Katzen, Dominikaner (nicht die Hunde des Herrn, sondern die Einwohner von Santo Domingo sind hier gemeint!) schreibt – sie beschäftigt sich auf eine sehr handfeste Weise mit allem, auch mit Emanzipation, und nicht nur mit der jeweiligen physikalischen oder physischen Gegebenheit, auch – ob sie's selbst nun bemerkt oder nicht – auch immer mit dem Meta der Physik.

Tatsächlich – und das wird in Hilde Domins Buch so nebenher demonstriert – ist das emanzipatorische Potential im Vergleich zu den 20er und frühen 30er Jahren heutzutage eher rückläufig, bedenkt man den Vorsprung, den Frauen und Mädchen zu der Zeit hatten, als Hilde Domin auswandern mußte. Ich erinnere mich jedenfalls, daß meine älteste Schwester, eine Generation älter als Hilde Domin, schon studierte, was man heute Soziologie nennen würde, und ungerührt in reinem Sackleinen einherging, zum Schrecken meiner Mutter und der Nachbarschaft, die sie und ihre Gefährten und Gefährtinnen für Bettler hielten.

Am Ende hatte ich den Eindruck, ein ziemlich umfangreiches Buch gelesen zu haben. Es ist schon erstaunlich, was in diesen kleinen, manchmal fast winzigen Kapiteln alles zugleich mitgeteilt und analysiert oder interpretiert wird. Mich selbst lassen Orte und Häuser, an und in denen für mich Wichtiges passierte, fast vollständig kalt, wahrscheinlich aus übertriebener Angst vor Sentimentalität, und außerdem fällt mir nichts schwerer als autobiographische Prosa. Hilde Domin nähert sich unbefangen den Orten ihrer Lebensgeschichte und Erinnerungen, und es geraten ihr die Assoziationen nie zur Sentimentalität, obwohl solche nicht nur naheläge, sondern auch verzeihlich wäre, wenn sie etwa nach mehr als zwanzig Jahren und nach einer Odyssee einzigartiger Natur die Wohnung ihrer Kindheit wieder betritt. Und wenn sie Heinrich Heine interviewt oder von R. A. Bauer interviewt wird, so sagt sie nicht nur Kluges genau, sie trifft auch immer sicher in diesen so schwer ausdrückbaren und in der deutschen literarischen Tradition (und Gegenwart) noch nicht so ganz entdeckten Bereich, wo die so uralte wie törichte Frage, ob einer nun engagiert sei oder das andere, aufgehoben wird, denn sie »schreibt, weil sie schreibt«, akzeptiert die Teilung ins eine oder andere nicht.

Wie das Gesetz es befahl
Über H. G. Adler, ›Der verwaltete Mensch‹

Diese Publikation mit dem Untertitel *Studien zur Deportation der Juden aus Deutschland* hat den Umfang von insgesamt fast 1100 Seiten, die dem eineinhalbfachen einer normalen, handelsüblichen Publikation entsprechen; sie könnte ebensogut den sechsfachen Umfang haben und wäre immer noch nicht erschöpfend. Im Teil V, den H. G. Adler »Schicksale aus den Akten« nennt, werden die aktenkundigen Schicksale von 47 Personen in gekürzter Form dargelegt; dieser Teil V umfaßt 220 Seiten. Würde man jedem einzelnen von der Endlösung Erfaßten diese knapp 5 Seiten zubilligen, so käme man auf mehr als 30 Millionen Seiten; dann erst wäre die Chronik andeutungsweise vollständig.

Was Adler die »ordentliche Regelung des Außerordentlichen« nennt, wie sie sich in »barbarisch ziviler Ordnung« vollzogen hat, ist schon in der Übersicht, dem Inhaltsverzeichnis, ablesbar; in der Organisation der Kapitel wird die Organisation des »Außerordentlichen« sichtbar. Im Teil I, mit 8 Kapiteln, »Geschichtlicher Abriß« genannt, wird die Vorgeschichte gegliedert; in den Kapitelüberschriften zeigt sich die Entwicklung, sie heißen: Auswanderung. Entrechtung und Absonderung der Juden. Der Weg zur Endlösung der Judenfrage. Die Vertreibung polnischer Juden im Herbst 1938. »Umsiedlung« aus den eingegliederten Ostgebieten seit 1939. Deportationen nach Polen vom Herbst 1939 bis Frühjahr 1941. Deportationen nach Frankreich im Oktober 1940. Die systematischen Deportationen Oktober 41 bis April 45.

Die sechs Teile des Werkes mit ihren Hauptüberschriften sind in 39 Kapitel gegliedert, von denen jedes einzelne wiederum exakt unterteilt ist. Zum Beispiel in Teil II, »Deportation besonderer Gruppen« überschrieben, findet man im Kapitel 12 »Mischlinge und Mischehen«, jeden einzelnen der fraglichen Begriffe schon in der Übersicht über das Kapitel, oder in Teil III »Die Technik der Deportation« in Kapitel 15 mit der Überschrift »Von der Transportliste bis zur Abmeldung der Deportierten« ebenfalls in der Inhaltsangabe für das Kapitel jeden einzelnen der verwendeten Begriffe oder Vorgänge. Und da dies für alle sechs Teile mit

allen 39 Kapiteln zutrifft, wird dieses umfangreiche Werk zu einem Nachschlagewerk, zu einem Lexikon der Deportation, nicht nur wegen der Fülle des ausgewerteten und ausgesuchten Materials, sondern weil es *umfassend* ist. Und doch ist es Nachschlagewerk nur unter anderem, es enthält zahlreiche kleinere Essays, Analysen, Kommentare, vor allem etymologischer Art, etwa über Verwaltung, die außerdem noch mit allen ihren rechtlichen und philosophischen Hintergründen erfaßt und kommentiert werden.
Was in dieser Publikation an Formularen und Verordnungen, an Briefwechsel zwischen den einzelnen Ämtern zitiert wird, spricht seine eigene Sprache, sagt damit genug, aber man muß wissen, daß sie angelegt war, um, wie Adler es nennt, »für die Verheimlichung der Wahrheit zu sorgen, verbunden mit Täuschung und Verlockung zur Selbsttäuschung. Wir lassen es bei diesem Hinweis bewenden, der nur erklären soll, warum über die grundlegenden Befehle zur ›Endlösung‹ so wenig bekannt ist und warum die erhaltenen Dokumente ihren substantiellen Inhalt nicht klar mitteilen, sondern nur euphemistisch andeuten.«
Euphemismus muß also vorausgesetzt werden. Und es widerstrebt mir, diesen zynischen Euphemismus in eine uns halbwegs erkennbare Sprache umzumünzen, die wiederum euphemistisch wäre. Wenn da zum Beispiel statt ermordet oder umgebracht, wie es »realistisch« wäre, gesagt wird »sonderbehandelt«, statt Deportation »Umsiedlung« oder gar »Wohnsitzverlegung« oder das zivile Wort »Umzug«, so weigere ich mich, für »sonderbehandelt« ermordet zu sagen, denn diesen Vorgang, der mehr als sechs Millionen Menschen betroffen hat, nur Mord zu nennen, wäre Euphemismus. Es besteht die Gefahr, daß man die mitgeteilten Details und die Sprache der Formulare und Verordnungen als komisch empfindet und die wenigen beschriebenen Schicksale als anekdotisch; gerade das – anekdotisch – sind die Schicksale oder komisch sind die Worte nicht. Sie sind der notwendige Beweis für eine exakt funktionierende Verwaltung, die auch Rechtlosigkeit noch korrekt abwickelte und erledigte, weil es nun einmal den Gesetzen und Vorschriften entsprach. Der Teufel offenbart sich nicht nur im Detail, er verbirgt sich gern hinter großen Ziffern. Wenn etwa in der Gesamtaufstellung des Einsatzkommandos 3 (datiert Kowno 1. 12. 41) über die Tötung

von 133 346 Menschen, davon 131 291 Juden und 2055 Nichtjuden, berichtet wird (und die Addition stimmt, man hat sich nicht um einen einzigen verzählt), so ist das unfaßbar, unvorstellbar, es wird leichter vorstellbar, wenn man voraussetzt, daß es schon Todesstrafe bedeutet hätte, auch nur einem von diesen Opfern ein Stück Brot oder eine Zigarette vor der »Sonderbehandlung« zuzustecken; und wenn man sich vorstellt, daß die Anzahl der »Sonderbehandelten« der Einwohnerzahl von Regensburg entspricht. Gewiß waren auch für die Endlösung, für die geplante und weitgehend vollzogene Vernichtung der europäischen Judenheit Personen verantwortlich und haftbar, und doch sind Himmler, Eichmann, Hitler, Goebbels, Göring nicht mit Worten wie Mörder und Verbrecher allein definierbar. Sie so zu nennen, erschiene mir zu menschlich und wie eine Beleidigung von Mördern und Kriminellen. Was in Adlers Publikation sichtbar wird, ist die Rolle der Verwaltung als Zulieferer für die Endlösung. Es erscheint mir als zutreffend, wenn Adler in diesem Zusammenhang von einer Widertheologie spricht, deren »Gegensakrament« der Befehl gewesen und geworden sei. Befehl, Gesetz, euphemistische Formulare und Verordnungen und die Zuverlässigkeit einer reibungslos funktionierenden Verwaltung und Bürokratie. So wurden denn, weil das Außerordentliche ordentlich geregelt werden mußte, nachdem die totale Beraubung der Juden gesetzlich festgelegt war, nicht etwa nur Grundbesitz, Barvermögen, Devisen beschlagnahmt, es wurden auch in sorgfältig ausgearbeiteten Formularen, die man seitenlang zitieren könnte, Bettlaken, Spiegel, Taschentücher, Briefmarken, Zukkerzangen und Fieberthermometer erfaßt.

Die ordentliche Erfassung des Außerordentlichen geht so weit, daß auch die sieben Rollen Nähgarn einer Frau aus Steinach aktenkundig geworden sind; Frau B., des Hamsterns verdächtigt, darf von ihren 7 Rollen 3 (2 weiße, 1 schwarze) behalten, während ihr vier (3 weiße, 1 schwarze) abgenommen werden. Es geht noch weiter, nämlich bis zu einem Sparkonto in Höhe von 32,80 RM, das ein jüdischer Mitbürger namens Jakob Strauss im Jahre 1890 angelegt hatte; im Oktober 1942 ergibt sich ein umfangreicher, im Zusammenhang mit der Beschlagnahme jüdischer Vermögen durchaus »ordnungsgemäßer« Briefwechsel zwischen dem Amt Eichmann und der Hauptstelle der Sparkasse in Hassfurt, bis sich schließlich herausstellt, daß der fragliche Jakob

Strauss am 30. 7. 1916 im Ersten Weltkrieg gefallen war. Korrekterweise hätte es ja nun noch einen Briefwechsel darüber geben müssen, ob dieser seit 26 Jahren verstorbene Jakob Strauss nun rechtmäßig oder unrechtmäßig posthum mit Jakob Israel Strauss hätte bezeichnet werden dürfen.

Von Hitler ist ja inzwischen wohl nachweislich festgestellt, daß er zu regelmäßiger und ordentlicher Arbeit, wie sie zu jeder Verwaltung und auch zur Schreibtischarbeit eines Reichskanzlers gehörte, unfähig war, daß er als Chef seines ersten Kabinetts nur eine Zeitlang scheinbar ordentlich und regelmäßig arbeitete. Im Hintergrund und in den Hinterhöfen seines Bewußtseins verachtet er, ja haßte er wahrscheinlich Verwaltung und Bürokratie, Ordnung und Gesetz. Daß ausgerechnet er und seine Kampfgefährten sich eines perfekt funktionierenden Verwaltungsapparats und einer zuverlässigen Bürokratie bedienen konnten, um das Außerordentliche ordentlich durchzuführen, gehört wohl zu den fürchterlichsten Unglücksfällen der Geschichte, nicht zu deren Zufälligkeiten. Zufällig war wohl auch nicht, daß der deutsche Beamte zur Verfügung stand, der – Ausnahmen aller Art, sogar innerhalb der SS, vorausgesetzt – Gesetze, und waren es manchmal auch nur Vorschriften, durchführen würde, bis zu jener oben nur in Andeutungen zitierten Pedanterie, wenn ihm Korrektheit vorgespielt wurde. Dazu dienten die zahllosen, die fast unzähligen umfangreichen Formulare, Verordnungen, Vorschriften, die alles, alles regelten, bis zum Begehen der Wohnung, nachdem sie zwangsgeräumt war, und bis zum Verkauf der beschlagnahmten Gegenstände und Werte.

Daß man Hitlers Drohungen wohl ernst, aber nie *wörtlich* nahm, so wörtlich, wie sie ausgeführt wurden, nachdem die machtpolitischen Voraussetzungen geschaffen waren und das Recht abgeschafft war, gehört wohl zu den schrecklichen Irrtümern, die mit dem Gegensatz rational und irrational nicht ausreichend benannt sind. Hier kommt eine fürchterliche Aktualität in Adlers Dokumentation. Die Wörtlichkeit der arabischen Drohungen gegenüber Israel und den Juden. Wer hat schon damals – auch auf jüdischer Seite – Hitlers Drohungen wörtlich genommen?

Man kann aus Adlers Publikation drei Abschnitte oder Phasen herauslesen

1. Die Äußerungen Hitlers und seiner Publikationsorgane und Mitwisser bis zum Januar 1933.

2. Hetze, und falls sie sich nicht von selbst zeigte, »gelenkte« Spontaneität bis zur Kristallnacht, jetzt schon, von 33–38, auf staatliche Organe, SA und SS gestützt.
3. Nach der Kristallnacht fängt dann die »ordentliche« Abwicklung des Außerordentlichen an. Es folgte die systematische Entrechtung der Juden, ihre Aussonderung aus dem Staatsvolk.
Im Zusammenhang mit dieser Entwicklung steht der schon zitierte Euphemismus, der sich in Worten wie »Judenvermögensabgabe«, »Reichsfluchtsteuer« ausdrückt; daß die Euthanasie (an 120 000 Menschen vollzogen) in »Heilerziehungsanstalten« stattfand und durch die »Gemeinnützige Stiftung für Anstaltspflege« und die ebenfalls »Gemeinnützige Kranken Transport AG« ausgeführt und kontrolliert wurde. Um die Aufteilung des Vermögens jüdischer Ausländer oder im (inzwischen besetzten) Ausland lebender Deutschen jüdischer Herkunft zu regeln, erfand man das »Territorialprinzip«. Und da gibt es denn auch eine »Vugesta« oder »Vugestap« (Abkürzung für: Verkauf jüdischen Umzugguts Gestapo) in Wien. Noch einmal: Euphemismus ist vorauszusetzen. Das uns überkommene Vokabularium reicht nicht. Bedenkt man, daß all dies – und nicht nur die Endlösung, auch die Vernichtung und Verfolgung anderer Völker und Kulturen – durch ein Amt lief, das sich »Reichssicherheitshauptamt« nannte, dann werden Worte wie Reich, Sicherheit, Haupt, Amt, zu schwer aussprechbaren Worten.
Außerdem war das alles natürlich auch eine enorme Verwaltungsleistung. Was da geleistet und sich geleistet wurde, wie das alles funktioniert hat in vielfach verzahnten, ineinander wirkenden Formen von Ordnung, Ordentlichkeit, Pflichterfüllung, Befehlssüchtigkeit, und all das wiederum vielfach und vielfältig gemischt mit jeder Art von »Idealismus«, die – als Nebenprodukt – die krasseste materielle Ausbeutung einer Minderheit zur Folge hatte, die es wohl je gegeben hat. Alle diese Formulare, Vorschriften, Verordnungen, Anweisungen, der gesamte Briefwechsel über mitzunehmende Geldmittel, Gepäckkilogramm waren auf eine einmalige Weise abstrakt und konkret zugleich. Ihr abstrakter Zweck war es, die Verwaltung bürokratisch zu befriedigen und eine Korrektheit vorzutäuschen, die einen »ordnungsgemäßen Ablauf« zu garantieren schien. Ihr konkreter Zweck war, auch nicht eine Nagelschere unausgewertet zu lassen, und wie es am »Endziel« ablief, wissen wir. Bevor man den

Deportierten das nackte Leben nahm, nahm man ihnen auch noch ihr Haar und ihre Goldzähne.
Sollte aus der Hitlerwelle auch nur andeutungsweise eine Hitlernostalgie werden, so wäre *Der verwaltete Mensch. Studien zur Deportation der Juden aus Deutschland* das wahre Gegenmittel. Auszüge daraus gehören in die Lesebücher. Vertrauen in die Verwaltung kann erst entstehen, wenn man gelernt hat, wie Verwaltung mißbraucht werden kann, sobald nicht nur die Kontrolle wegfällt, auch das Recht abgeschafft wird, wenn die Verwaltung »aus dem instinktiven Erfühlen des Führerwillens heraus« handelt, wenn Gehorsam blind wird.
Gerade weil er in seiner Publikation keinerlei billige Verwaltungsverächtlichkeit proklamiert, hat Adlers Buch eine hohe erzieherische Bedeutung, er spricht von der Verwaltung als einer »gebannten, einer getilgten Gewalt, die nicht hervorbrechen darf, wenn sie Verwaltung bleiben soll; darum sprechen wir auch von einer geregelten, in Grenzen gebrachten Gewalt, und das ist eine Macht, die nicht herrscht und nicht regiert, sondern ausschließlich selbst beherrscht und regiert wird.«

Ignazio Silone – für die Seelsorge zu radikal
Die Neufassung des einst prophetischen und heute aktuellen Romans ›Wein und Brot‹

Rückblickend kann man die infame Manipulation erkennen, die darin lag, Ignazio Silone auf den »Antikommunisten« zu reduzieren, der er nur unter anderem ist. Daß irgendein »Anti« nie ausreicht zur Rechtfertigung einer intellektuellen Existenz, ist vorausgesetzt; daß diese Einschränkung auf Silone nie zutraf, wird hoffentlich nicht zu spät erkennbar. Wer die sozialen Verhältnisse Italiens auch nur andeutungsweise kennt und als Italiener in den zwanziger, dreißiger Jahren, bevor der Stalinismus sichtbar wurde, nicht Kommunist gewesen wäre, der müßte ja fast als anomal gelten. Was bei Silone nach meiner Meinung viel, viel tiefer sitzt, was schon in »Wein und Brot« deutlicher ist als der bloße Antikommunismus, ist nicht nur Traum oder Utopie, sondern die Vorstellung von einer »Urchristlichkeit«, die im *Abenteuer eines armen Christen* (1969), der Geschichte Papst Cölestins V. und seiner Anhänger, in vergleichbaren Figuren wie in *Wein und Brot* wieder sichtbar wurde.

Im Mittelpunkt des Romans stehen zwei Priestergestalten, ein echter, Don Benedetto, ein falscher, Don Paolo Pietro Spina; außerdem zwei Märtyrer, Luigi Murica und Cristina Colamartini. Der echte Priester ist ein alter Herr; schon als junger Priester war er für die Seelsorge zu radikal, wurde als Lehrer in ein Internat gesteckt; in dieser Maßnahme kann man Unlogik, Naivität, aber auch eine »höhere Dialektik« entdecken, denn wo wäre ein solcher Mann gefährlicher als in einem Internat, und es sind ja auch nicht die braven, netten, angepaßten Schüler, die sich als von seinem Geist erweisen, sondern es ist eben jener Pietro Spina, der Kommunist wurde, emigrierte, heimkehrt, sich wegen seiner Kritik am Stalinismus, die nicht Abkehr vom Sozialismus bedeutet, zwischen sämtliche Stühle setzt: er paßt nicht in den organisierten Untergrund, nicht in die Kleinmütigkeit der halbangepaßten Kleinbürger und natürlich noch weniger in irgendeine Variante des Faschismus.

Er wird von der faschistischen Polizei gesucht, von Freunden und Sympathisierenden versteckt, letzten Endes, als Priester verkleidet, in ein armes Abruzzendorf geschickt, wo er unter

dem Namen Don Paolo lebt. Als er kurz vor seiner erneuten Flucht endlich seinen alten Lehrer besucht und diesem gesteht: »Ich habe schon seit Jahren meinen Glauben verloren«, antwortet ihm der alte Herr: »Bei dir und vielen anderen ist das ein Mißverständnis. Es wäre nicht das erste Mal, daß der himmlische Vater genötigt wird, sich zu verbergen und andere Namen anzunehmen.« Und er fügt hinzu, was man, finde ich, allen christlich nominierten Parteien ins Stammbuch schreiben sollte: »Gleich im ersten seiner Gebote hat er uns ja gesagt, daß wir seinen Namen nicht unnötig führen sollen.« (In anderen Versionen der Bibelübersetzung steht für »unnötig« eitel, was mir – in seiner zweifachen Bedeutung – zutreffender erscheint.)
Weitere Überraschungen: Der echte Priester übt keine Seelsorge mehr aus, seine Besucher werden überwacht, seine Post kontrolliert, und außerdem spielt noch ein eigens angeheuerter Episkopalspitzel den Zuträger. Der falsche Priester wird aber von der Bevölkerung geradezu gezwungen, sich seelsorgerisch zu betätigen, wobei ihm Komisches wie Tragisches begegnet. Bei den ungläubigen Marxisten ist dabei der Takt größer als die Taktik; er weigert sich direkt, Sakramente zu spenden, übt Takt wohl auch aus Scheu vor dem Betrug, der darin läge. Und doch wirkt er wie ein Wundertäter, er heilt, hört nicht Beichten, nimmt aber Lebensbeichten entgegen, gelegentlich mit recht heiklem Inhalt, und natürlich wahrt er auch das »Beichtgeheimnis«, das man auch einfach Diskretion nennen kann.
Es geschieht das Unvermeidliche: eine mehr als seelsorgerische und doch nicht bloß erotische, wenn auch platonische Bindung an die fromme Cristina Colamartini, die den Eintritt ins Kloster aus Familiengründen hinausgeschoben hat. Im Dorf lebend, auch als »Beichtvater« erfährt Pietro Spina mehr vom Elend der kleinen und kleinsten Bauern, auch der kleinen und mittleren Grundbesitzer, als er aus den marxistischen Theorien erfahren hat. Als er entdeckt wird, flieht er, rechtzeitig gewarnt, in die verschneiten Berge, und es ist Cristina, die fromme, die inzwischen um seine Identität weiß, die ihm nacheilt, um ihn vor Schnee und Wölfen zu retten, und selbst ein Opfer der Wölfe wird. Die echte Cristina opfert sich dem falschen Priester.
Doch auch »Judas« ist da. Luigi Murica hat als bettelarmer Bauernjunge in Rom studiert, sich mit Mitgliedern einer kommunistischen Widerstandsgruppe angefreundet, wird unter Torturen

verhört, von der Polizei um ein paar Silberlinge als Informant gekauft, flieht später, da er nur »Spielmaterial« liefert, unter Druck gesetzt und Zeuge von Vergewaltigung seiner Freundin Annina durch die Polizei wird, zu seinen Eltern ins Dorf. Es ist der echte Priester, der Luigi ausgerechnet zu dem falschen Priester schickt, sozusagen als »Beichtkind«, und ausgerechnet diesem »Verräter« offenbart Pietro Spina seine Identität.
Luigi wird bald darauf verhaftet, nicht gerade gekreuzigt, sondern »nur« von den nägelbeschlagenen Stiefeln der Soldateska zertreten, nachdem man mit ihm eine passionsähnliche Verhöhnung vorgenommen hat. Er wird mit einem Nachttopf gekrönt, und man sagt dazu: »Das ist die Wahrheit.« Er bekommt einen Besen als Zepter in die Hand gedrückt mit dem Kommentar: »Das ist Brüderlichkeit.« Er wird in einen Teppich eingeschnürt, mit Fußtritten und Faustschlägen traktiert, und dabei wird ein Segen über ihn gesprochen, der da lautet: »Das ist das Reich der Arbeit.« Das geschieht keineswegs in der stalinistischen Sowjetunion, sondern im faschistischen Italien. Während der Trauerfeier in Luigis Elternhaus nimmt sein Vater Brot und Wein, und nachdem er auf Luigis Hilfe bei Saat, Ernte, Pflege hingewiesen hat, gibt er es den Gästen mit den Worten: »Nehmt und eßt: es ist sein Brot.« Und: »Trinkt: es ist sein Wein.«
Nun wird das alles den einen möglicherweise blasphemisch erscheinen, den anderen allzu symbolisch und legendenhaft. Ich finde, es ist das erstere nicht, und das zweite nur in Cristinas Tod, der melodramatisch in die Märtyrerlegende zurückführt. Es ist ein riskanter Versuch, Symbol und Wirklichkeit ineinander und übereinander zu bringen, nur in einigen Details mißglückt, im übrigen durch Ironie und Komik gerettet, und es ist aufgehoben in dem, was Don Benedetto zu Pietro Spina sagt: daß Gott sich unter den merkwürdigsten Namen und Verkleidungen verbergen kann.
Ich sehe in und hinter diesem Buch viel mehr, als irgendein mit einem »Anti« versehenes Etikett ausdrücken könnte. Der kirchlich etablierten Sakramentalität wird hier eine andere, irdische, menschliche Sakramentalität entgegengesetzt; der falsche Priester, der nicht einmal rituelle Amtsanmaßung betreiben muß, wirkt – im doppelten Sinn – wie ein echter; die Einsetzung und Austeilung von Brot und Wein als eine Speise, die mehr als Sättigung, eben außerdem jene verhöhnte Brüderlichkeit bedeutet,

und schließlich das weltliche Martyrium des innerlich und äußerlich geschundenen Luigi Murica.

Bedenkt man, daß das Buch in den dreißiger Jahren geschrieben ist, so kann man jetzt feststellen, daß es damals prophetisch war, heute aktuell ist, aktueller, als jene ahnen können, die die geistige Herkunft Silones nicht kennen oder erkennen wollen. Silone ist wohl weitgehend ein Fall bitterer, fast tragischer Verkanntheit; wahrscheinlich war er den Katholiken zu links oder nicht links genug, und außerdem war er nicht einmal in irgendeiner Mitte unterzubringen, und den bloßen nackten Antikommunisten säkularer Provenienz lag nicht viel daran, oder ihre Sensibilität war unzureichend oder zu korrupt, um zu erkennen, daß sich weit mehr in ihm verbirgt als nur der desillusionierte Mitbegründer der KPI und der enttäuschte Sozialist.

Für viele Katholiken in Spanien, Südamerika und in den USA ist Silones riskanter literarischer Versuch, Symbol und Wirklichkeit übereinander zu bringen, inzwischen zum Lebensmodell geworden, in dem weder eine christliche noch eine sozialistische Hoffnung verraten werden muß.

Es muß hinzugefügt werden, daß sich der Roman *Wein und Brot* nicht auf die vier interpretierten Personen reduzieren läßt; daß er eingepflanzt ist in die Realität Italiens, in Dörfer und Städtchen, wo der Faschismus seine Lächerlichkeit und auch seine Schrekken verbreitet; wo die Menschlichkeit und Unmenschlichkeit des Mitläufertums sich erweist, wo Brot gebacken und Wein geerntet wird, der Krieg gegen Abessinien gerade ausbricht und eine bedenkliche Euphorie hervorruft, der Pietro Spina mit nächtlich an die Wände gemalten Antikriegsparolen entgegenwirkt – nicht vergeblich, wie der angerichtete Schrecken beweist. Es gibt Begegnungen mit ehemaligen Sozialisten, mit einer halbresistenten Jugendgruppe, es gibt Glauben und viel Aberglauben.

In einem Nachwort zu der Neufassung von 1955, die der vorliegenden Übersetzung zugrunde liegt, schreibt Silone: »Mit den Jahren hat in mir die Abneigung gegen jede Art der Propaganda zugenommen. Das bleibt am Ende übrig von dem vielen Geschwätz über das Engagement eines Schriftstellers. Das einzige Engagement, das Achtung verdient, entspricht einer persönlichen Berufung.« Und schließlich: »Was den Stil betrifft, so erscheint es mir als die höchste Weisheit, beim Erzählen einfach zu sein.« Es ist nur eben leider die Einfachheit im Land des heiligen Franz eine andere als im Lande des heiligen Heinrich.

George Bernard Shaw: an Herbert Wehner

My dear Mr. Wehner,
wenn ich Ihnen so zuhöre (setzen wir voraus, daß meine teleauditive Kommunikation hervorragend organisiert ist!), wird der ehemalige Musikkritiker in mir wieder wach, und ich fange an, angesichts der neuen Töne, die Sie in die parlamentarische Rhetorik eingebracht haben, die »Neutöner« zu begreifen, und beginne gleichzeitig zu bedauern, daß ich von der Musik zur Literatur hinübergewechselt habe; in der Literatur muß man sich ja auf Worte einlassen, die ihre Vieldeutigkeit nicht verlieren, auch wenn man die vorgesehene Bedeutung immer und immer wieder einhämmert. Was habe ich mir für eine Mühe gemacht, meinen Landsleuten und Zeitgenossen *meine* Vorstellung vom Übermenschen klarzumachen: vergebens, denn immer noch und immer wieder wird die britische Version oder Vorstellung vom Übermenschen via Eton in Oxford und Cambridge ausgebrütet, und wenn da wieder einmal ein neues politisches Genie angekündigt wird und auftaucht, denke ich immer: den kennst du doch, und dann fällt mir ein, daß ich seinen Großonkel, Großvater oder den Schwiegervater seiner Großtante tatsächlich gekannt habe und sie miteinander verwechsle, weil sie sich alle zum Verwechseln ähnlich sind. Ich setze voraus, daß Sie Patriot genug sind, gefestigter Patriot, und sich nicht insgeheim einem Nationalismuskomplex erlegen fühlen, wenn Ihnen dieses in der britischen Politik immer wiederkehrende Gesicht nicht sonderlich imponiert. Um es deutlich, fast grob zu sagen: Die Briten sind keine Neutöner. Sie, mein Bester, sind einer, und ich habe schon vor einiger Zeit angefangen, mein »Deutschlandbild« erheblich zu korrigieren, und es war nicht der philosophierende Literat in mir, es war der ehemalige Musikkritiker, der aufgrund der neuen Töne in Ihrer Rhetorik hinter neuen Tönen neue Gesichter entdeckt hat. Ehrlich – wie Sie Ihre Pianissimi, Furiosi, Moderati organisieren und instrumentieren, wie Sie es verstehen, Wohlüberlegtes als Improvisation darzubieten; wie Sie durch langes und langsames, kaum verständliches Knurren und Murren Ihre Zuhörer einlullen (man sollte den rhetorischen Begriff des Lullknurrens dafür einführen) und dann plötzlich aus dieser scheinbar introvertierten Stille heraus zu husten beginnen

und dann mit dem Hammer zuschlagen und irgendeinem christlichen Schnösel eins über den glatten Schädel geben! Ist Ihnen klar, daß Sie sowohl den Preßlufthammer wie den brodelnden Kochtopf in die Musikalität der Rhetorik eingeführt haben und daß auch das, was Ihnen mißglückt, noch wohlüberlegt wirkt, sozusagen als Ausdruck einer wohltemperierten Disharmonik? Sie sollten sich an einen kleinen Essay wagen mit dem Titel: Die dramaturgische Verwendung des Hustens in der Rhetorik. Nun knurren und murren und muffeln Sie mir nicht gleich dazwischen, weil Sie vielleicht jetzt schon feststellen möchten, daß ich, der ich nicht einmal auf meine alten, schon gar nicht auf meine ältesten Tage, ein Schmeichler geworden bin, Ihnen zu schmeicheln beginne.

Geduld, Geduld, der Tadel – und zwar erheblicher – wird bald folgen. Ich brauche doch wohl einem Solisten Ihrer bewährten formalistischen Begabung nicht zu erklären, daß es ohne Inhalt gar keine Form gibt, sondern nur jene Förmlichkeiten, über die Butler und Kellner immer schon besser Bescheid wissen als die Präsidenten und die Könige. Dieses Gerede über Form und Inhalt, über Engagement etc., das sind doch Kinkerlitzchen, mit denen man die Schul- und Universitätsjugend von den Problemen ablenkt; das ist möglicherweise noch etwas für Journalisten und Conférenciers, für die große Garde der Vorkauer oder Vorschmecker, und wenn Sie sich bitte daran erinnern wollen, daß der Vorschmecker die Funktion hatte, die Vergiftung des Königs zu verhindern, so wissen Sie, was die Vorkauer und Vorschmekker heute für eine Bedeutung haben: der Poesie das Gift zu nehmen, die gefährliche Beimischung, die wir das Ingredienz X nennen wollen, die beides enthält: Zerstörung und Ordnung. Nehmen Sie es also nicht als reine Schmeichelei, wenn ich Sie einen Poeten der Rhetorik nenne, und beklagen Sie mit mir die Tatsache, daß die Vorschmecker immun geworden sind; leider fällt keiner von ihnen je tot um.

Nun, um es kürzer zu machen: über Ihre Formen bin ich auf Ihre Inhalte gekommen, nicht umgekehrt, und um es technisch auszudrücken: hinter Ihrem Husten entdeckte ich mehr »Aussage« als während einer einstündigen Rede eines im konventionellen Sinn »rhetorischen Stars«, der jene Förmlichkeiten des Nichtssagenden beherrscht.

Nun aber, nachdem ich Ihnen hoffentlich halbwegs einleuchtend die Art meines Einstiegs in Ihre politische Rolle erklärt habe, komme ich zu dem, was mich an Ihnen bekümmert. Bitte, wie ertragen Sie dieses Gerede von der neuen Mitte, das jetzt in Ihrer Partei so geläufig – ich möchte fast sagen – schon läufig geworden ist? Was liegt denn, wenn man den Begriff Mitte topographisch interpretiert, etwa in der Mitte der Städte, der alten und der neuen? Die Banken, die Kathedralen, die Versicherungsgebäude. Will Ihre Partei etwa dorthin? Außerdem ist Mitte doch nur dann ein verständlicher Begriff, wenn man an regelmäßige geometrische Figuren denkt: Kreis, Viereck, Rhombus etc. Aber – ich bitte Sie! – haben denn Staat, Gesellschaft, Wirtschaft und Kultur eine übersichtliche geometrische Figur? Sie sind nicht einmal rund, schon gar nicht kreisrund. Wie wollen Sie denn da irgendeine Mitte feststellen? Nehmen wir einmal an, die Gesellschaft, deren Mitte Sie suchen müßten, erwiese sich als unregelmäßiges Dreiundachtzigeck oder gar Einhunderteinunddreißigeck? Da läge die Mitte keineswegs in der Mitte, sondern möglicherweise links oder rechts unten. Ich nehme doch an, die Mitte – oder was die meisten Deutschen dafür hielten – war im Jahr 1933 dieser Hindenburg: Muß ich Ihnen erklären, was aus dieser Mitte geworden ist? Was in der Mitte Ihres Parlaments los ist, das wissen Sie doch. Und wenn Sie nun auf die Idee kommen sollten, diese ominöse Mitte als den Ort der Vernunft gegen mich auszuspielen, so müßte ich erst einmal fragen: *wessen* Vernunft oder *welche* Vernunft, denn ich fürchte, daß Sie dann die römische Version von Vernunft meinen, die die Vernunft von Krämern, Juristen und Obristen war, eine durchaus nützliche Vernunft, die aber ergänzt werden muß. – Und nun erlaube ich mir, mich selbst zu zitieren: »Der vernünftige Mensch paßt sich der Welt an; der unvernünftige Mensch versucht hartnäckig, die Welt sich anzupassen. Darum hängt jeder Fortschritt vom unvernünftigen Menschen ab.« Schauen Sie sich doch nur die mörderische Unvernunft an, mit der die Ölkonzerne sich die Welt passend machen, das ist der wahre Fortschritt – für den Kapitalismus, versteht sich. Diese Unvernunft ist alles gleichzeitig: logisch, amoralisch, unvernünftig bis zum Exzeß, und wenn ich mir erlauben darf, Sie daran zu erinnern, wieviel offene und verkappte Ölkriege es schon gegeben hat, so warne ich Sie vor jeder Art von Vernunft, mit der Sie diese Vernunft möglicherweise bekämpfen möchten. Dagegen hilft nur die Unvernunft derer aus Ihrer Partei, die Sie tadeln lassen. Hören Sie sich doch nur die durchaus vernünftigen Kommentare Ihrer Wirtschaftsfachleute und -journalisten an, die alle, aus ihrer idealistischen Vorschmeckermitte heraus, an die Vernunft appellieren und diesen Leuten mit Geldstrafen drohen! Das ist ungefähr so, als wenn Sie bei einer Sturmflut einen Stein ins Meer werfen und dann drohend die Faust erheben und sagen: »Du böses, böses Meer, jetzt hast du's ja zu spüren bekommen!«

Und vergessen Sie mir nicht: »Die Liebe zum Fairplay ist die Tugend des Zuschauers, nicht des Kämpfers!« Sie aber, mein Bester, sind kein Zuschauer, sondern ein Kämpfer, und ich prophezeie Ihnen, der Kampf – und nicht nur der Kampf gegen die Ölkonzerne – wird härter, als sogar Sie ahnen. Dieser auf eine so merkwürdige Weise banale wie absonderliche Vorgang, den Sie zutreffend die »Steinerei« nannten und ebenso zutreffend als den Auswuchs einer umfangreichen Verschwörung diagnostiziert haben, war nur ein Anfang, und doch haben auch Sie nicht auf die unklaren und ungeklärten Affären des Mr. Strauß verwiesen und nicht einmal hin und wieder Ihren gestrengen Zeigefinger dorthin ausgestreckt, wo – ziemlich genau in der Mitte übrigens – ein gewisser Mr. Mende sitzt. Wissen Sie nicht, daß Fairplay diesen Leuten gegenüber Selbstmord ist? Sind Sie etwa immer noch nicht entlenzt, entglobket und wissen immer noch nicht, daß die mit allen Mitteln arbeiten, nur nicht mit fairen?

Damit komme ich zu einem weiteren Punkt, der mir erhebliche Sorgen macht. Immer wieder versuchen Sie, parlamentarisch-parteipolitisch als solche definierte Christen beim Wort zu nehmen, und ärgern sich dann, wenn Ihnen der blanke Zynismus entgegenschlägt. Nun bin ich ziemlich sicher, daß in solchen Augenblicken weniger der Moralist als der Formalist in Ihnen explodiert, denn natürlich drückt sich in den Worten »christlich«, »sozial«, »demokratisch« ein moralischer Anspruch aus, und Sie hätten eben diesen Anspruch gern einmal genau definiert. Sie sind also, wenn Sie sich ärgern – und Sie sollten doch wissen, daß man auch mit seinem Ärger ökonomisch umgehen muß, ich hasse nun einmal, wie Sie wissen, Verschwendung – formal durchaus im Recht. Dann aber muß ich Sie an Ihre fünfundzwanzigjährige Erfahrung in diesem Parlament erinnern und Sie fragen: Ist Ihnen inzwischen nicht klargeworden, daß diese moralisch so anspruchsvollen Namensgebungen nicht den geringsten moralischen, sondern lediglich einen technischen Wert haben? Sie haben die Funktion etwa – sagen wir – von Schleifsteinen, auf denen die Messer gewetzt werden, das gesamte Instrumentarium, das man während der »Steinerei« verwendet hat. Sie sollten doch bemerkt haben, daß diese Mitte fast immer geschlossen aufheult – man hört es bis hierhin! –, wenn Worte wie »sozial«, »Frieden« oder »Moral« fallen. So heulte in den Erzählungen früherer Zeiten nur der Teufel auf, wenn man ihn mit Weihwasser besprengte oder das Kreuz über ihm schlug. Und wissen Sie immer noch nicht, daß ein Begriff wie Moral immer nur gegen Ihre Partei, nie gegen die verwendet werden darf? Das war doch der Hintergrund der »Steinerei«. Muß ich Sie an Heinrich den Vierten von Frankreich erinnern, der den Giftmischern, Kardinälen, Spitzeln, Huren, Messerwetzern und Messerstechern von der Liga erklären wollte, daß es ihm wirklich um Frieden ging, und um Macht nur, um Frieden zu schaffen und zu erhalten? Die Leute von der Liga wußten einfach nicht, was er meinte. Sie hielten ihn entweder für total unvernünftig oder für einen Heuchler, und weil er auch noch Weibergeschichten hatte, konnten sie ihn sogar noch als »unmoralisch« von ihren Kanzeln herab denunzieren lassen, denn sie, die ganze Regimenter von weiblichen und männlichen Huren in Marsch setzten, waren ja aufgrund des römischen Segens in jedem Fall moralisch. Sie wetzten die Messer an christlichen Schleifsteinen, und Europa bekam, was Heinrich der Vierte möglicherweise hätte verhindern können: seinen Dreißigjährigen Krieg, und Krieg war die Vernunft der Epoche.

Sie, der Sie gewisse geschichtliche Vorgänge überschauen, wissen doch, daß gegenwärtig in Ihrem Land ein Vorgang eingeleitet wird, den man nur mit der Gegenreformation vergleichen kann. Und fällt Ihnen nicht auf, daß die drei Hauptablaßprediger – man hat ja während der Gegenreformation kilometerweise Beichtstühle produziert und Ablässe wiedereingeführt –, daß diese drei nicht nur allesamt »barocke Züge« haben, sondern sich auch noch was darauf zugute halten; und sie stammen ja auch alle drei aus den südlichen Gefilden Ihres so merkwürdigen Vaterlandes, wo der Feudalismus sich am längsten gehalten hat und Beichten und Barock immer beliebt waren. Und eins wissen wir doch, diese merkwürdige Variante des Christentums, die sich Katholizismus nennt, hat ja durchs Beichten, durch ihre Ablässe

und Absolutionen die Moral nicht verbessert, sondern geradezu zerstört.
Mein lieber Herr Wehner, die Zeiten, die da kommen sollen, sind härter, als Sie ahnen, denn Ihre puritanische Redlichkeit verbietet Ihnen oder hindert Sie, das Ausmaß der Tücke zu erkennen. Wenn diese Leute Ihnen Ihre kommunistische Vergangenheit vorwerfen, dann fürchten sie ja nicht den Kommunismus als solchen (was immer das inzwischen sein mag), sondern sie fürchten in ihm und in Ihnen die protestantisch-puritanische sittliche Rigorosität, die er enthält.
Einer von den drei Neubarocken, ein besonders glattgebügelter Nachfahre des Petrus Canisius, geniert sich tatsächlich nicht, von »christlicher Verantwortung« zu sprechen. Er definiert sie natürlich nicht, aber vielleicht fragen Sie ihn einmal gelegentlich – öffentlich, versteht sich –, welche geschichtliche Manifestation von christlicher Verantwortung er anzubieten hat? Die südamerikanische, die portugiesische, spanische, griechische? Es herrscht nämlich viel christliche Verantworung in der Welt, und auch die Liga war eine der angebotenen Varianten. Zur Zeit der Gegenreformation hat man die Angst vor der Hölle gezüchtet, jetzt schürt man die Angst vor dem Verlust der Stabilität, die nicht von den Ölkonzernen, sondern durch Lohnerhöhungen gefährdet wird.
Versuchen Sie Ihren arbeitenden Landsleuten einmal klarzumachen, was aus ihnen ohne die Arbeiterbewegung geworden wäre, deren letzten, wenn auch schwächlichen Ausläufer ja Ihre Partei in diesem Parlament darstellt. Wahrscheinlich würden sie noch heute mit der Mütze in der Hand in der Tür ihres Feudal- oder Fabrikherrn stehen und sich demütig dafür bedanken, daß der Herr tatsächlich über das Kind, das er ihrer Tochter oder ihrer Frau gemacht hat, die Patenschaft übernimmt und dafür einen silbernen Tauftaler springen läßt. Und was das am meisten Beunruhigende an dieser neuen Gegenreformation ist: diesmal sind die Protestanten auf ihrer Seite! Der Erfolg der konfessionellen Mischung in dieser Partei bestand ja letzten Endes darin, daß die ligistischen Korruptionselemente die »Anständigkeit« der Protestanten, wie bläßlich und heuchlerisch sie immer gewesen sein mag, mit großem Erfolg infiziert haben. Ob man wieder kilometerweise Beichtstühle aufstellen wird? Ich nehme an, die Gitter, hinter denen die Angst versteckt und gleichzeitig gezüchtet wer-

den kann, werden diesmal die Gitter von Bank- und Sparkassenschaltern sein. Gitter aber in jedem Fall. Natürlich kann man es als Fortschritt definieren, wenn an die Stelle von Beichtstuhlgittern Bank- oder Sparkassengitter getreten sind.

Ich bedaure es sehr, daß ich Ihnen noch weiterhin mit dem einen oder anderen Wort lästig fallen muß. Was soll zum Beispiel dieses Gerede von den Radikalen? Ich setze natürlich voraus, daß es modische Formen der Radikalität gibt; diese Radikalen stammen immer aus bürgerlichen Kreisen, Radikalität ist für sie eine Form der Unterhaltung, aus der sie jederzeit aussteigen können, und es gibt natürlich überall Elemente, die sich poetisch gerieren, definieren und aufführen, aber nicht wahrhaben wollen oder zu dumm sind, um zu wissen, daß Poesie Ordnung *und* Zerstörung enthält. Über diese beiden Gruppen brauche ich mich mit Ihnen wohl nicht zu streiten, aber Radikalität als solche zu diskriminieren oder gar Radikalenerlasse zu planen – das ist nichts Geringeres als geistiger Selbstmord mit den Mitteln der politischen Heuchelei. Ist etwa Mr. Strauß nicht radikal? Sind die Ölkonzerne nicht radikal? Und ist denn nicht einer in Ihrem Parlament, der einmal die Radikalität der Banken definiert und entlarvt? Und da wollen Sie jungen Menschen verbieten, radikal zu sein? Ein Gesetz gegen Radikalität müßte konsequenterweise die Ausübung aller Künste verbieten und gleichzeitig jede Art der legalen Vollstreckung: jede Verhaftung ist ein radikaler Vorgang und jeder Gerichtsvollzieher, der in der Ausübung seines Berufes hin und wieder einen gepfändeten Gegenstand tatsächlich abholen lassen muß, ist ein Radikaler im öffentlichen Dienst. Ein Priester, der das Evangelium vorliest, ein Lehrer, der ein Drama von Kleist oder ein Gedicht von Hölderlin lesen und interpretieren läßt, ein städtischer Gärtner, der die Rosen im Garten des Oberbürgermeisters beschneidet – lauter Radikale im öffentlichen Dienst. – Schaffen Sie also die Theater ab, die Verlage, Zeitungen und Zeitschriften, lassen Sie staatlicherseits jedem Staatsbürger morgens durch einen Spezialservice drei Beruhigungstabletten verabreichen, verbrennen Sie sämtliche Bücher und Bilder, lassen Sie alle Plastiken zerhacken: dann haben Sie den Friedhof, der mit Radikalenerlassen offenbar angestrebt wird.

Verzeihen Sie mir, wenn ich eine dumme Frage stelle: Seid Ihr Deutschen etwa wahnsinnig geworden, und kann man diese

Form des Wahnsinns vielleicht mit Normenwahn bezeichnen? Wo ist je geistiges Leben ohne Radikalität entstanden, und wo ist das menschliche Leben in seinem biologischen Ursprung je ohne Radikalität möglich gewesen? Schaffen Sie also bitte gefälligst auch die Zeugung ab, die ja ein ziemlich radikaler Vorgang ist. Zerstören Sie alle Schallplatten, Noten, Tonbänder mit der Musik eines gewissen Ludwig van Beethoven und züchten Sie sich eine Rasse von Demokratierekruten, die nichts von Demokratie wissen, sondern nur »an sich« Demokraten sind. Welche politischen Zukunftsvisionen haben Politiker, die so etwas wie Radikalenerlasse erwägen? Ich nehme doch an, daß Ihr Staat Gesetze hat und daß sich halbwegs genau feststellen läßt, wer sie übertritt – jedenfalls innerhalb der Grenzen, die die Klassenjustiz seit eh und je geschaffen hat und innerhalb der Lücken, die sie für die Wohlhabenden ließ. Genügt Ihnen das nicht? Muß da noch ein jeder, jeder junge Mensch, der sich ein paar Gedanken macht, bedroht, bestraft, entmutigt werden? Der Ausdruck »*Bürgerliches* Gesetzbuch« spricht ja schon für sich. Was wollen Sie mehr? Wir wissen doch, daß das Bürgerliche Gesetzbuch keine andere Funktion hat als den Privatbesitz zu schützen, und wir wissen auch, daß Proudhon gesagt hat, Privateigentum sei Diebstahl, und daß das der Wahrheit ziemlich nahekommt. Wollen Sie Proudhon verbieten oder die künftigen Proudhons im Keim ersticken? Und haben Sie nicht gesehen, wohin law and order führen – zu Agnew und Nixon!
Und noch ein Wort, das da neuerdings fast in aller Mund ist: Europa. Wollen Sie wirklich zulassen, daß die neueste Definition Europas von Krämern und Waffenhändlern vorgenommen wird? Sie wissen doch so gut wie ich, daß die europäische Tradition in Leningrad und Prag und Warschau glaubwürdiger gepflegt wird als in diesem Brüssel, wo man Scheingefechte um Eierpreise und Milchsubventionen führt. Im Augenblick scheint Westeuropa jedenfalls lediglich an Feilschereien interessiert: Um Flugzeuge, Kopfsalat, Kartoffeln und Käse, um Maschinengewehre und Erdgas wird gefeilscht, um Aufträge, Prozente, Spesen, um und aus Ehrgeiz – wollen Sie mir bitte einmal erklären, wo da die *geistigen* Werte verborgen sind, die man ja neuerdings nicht einmal mehr heuchelt? Oder wollen Sie mir einzureden versuchen, es ginge doch ums Christentum, wozu ich Ihnen doch eingangs meine Meinung angedeutet habe? Da sich sogar

der Protestantismus an der Gegenreformation beteiligt und der Sozialismus immer mehr verkommt? Woher kommt denn die *geistige Erneuerung?* Diese Frage kann ich Ihnen nur negativ beantworten: *aus Westeuropa ganz sicher nicht,* und damit überlasse ich Ihnen alle anderen Kontinente und den übrigen Teil Europas zur Lokalisierung Ihrer Hoffnung.

Viel Gutes kann ich Ihrer Partei nicht voraussagen. Es sei denn, es geschehe ein Wunder: daß die Deutschen *sehend* würden, diesmal nicht, um die Attraktion zu sehen, die Ihre Partei darstellt, sondern den Schrecken, der von den Neobarocken ausgeht. Wenn die regieren, würden natürlich die Preise und Steuern sofort sinken und man würde den Deutschen erlauben, international so stabil zu sein, wie sie sein könnten, wären sie nicht – nun ja, Deutsche. Die Welt, mein bester Mr. Wehner, hat nun einmal Angst, und wenn Sie sich für einen Augenblick bitte aller Zimperlichkeit entkleiden wollen, die gewisse Vergleiche nun einmal hervorrufen, und sechzig Jahre zurückdenken, als die Welt den Wilhelminismus fürchtete, so werden Sie mir vielleicht zugeben, daß dieses Deutschland, sechzig Jahre später, in seinen beiden Teilen immer noch oder schon wieder beängstigend tüchtig ist, auf eine beängstigende Weise arbeitsam (und nichts als arbeitsam) – und daß man ihm, diesem Deutschland (schließen Sie die Augen oder halten Sie sich die Ohren zu, denn es kommt etwas vergleichsweise Schreckliches), natürlich niemals die Führungsrolle erlauben wird, die ihm gerechterweise zukäme; und offen gesagt: es ist auch besser so, denn unheimlich bleibt Ihr, und im Augenblick seid Ihr auch unheimliche Demokraten. Vielleicht liegt es daran, daß Ihr in Eurer Geschichte so wenig Demokratie gehabt habt, weniger als zum Beispiel Chile.

Ich hoffe, ich habe ein klein wenig zu Ihrer Erheiterung beitragen können.

Besorgt, aber nicht verzagt
Ihr
G.B.S.

PS. Sollten Sie je den Ehrgeiz verspüren, auch einmal eine internationale Organisation gründen zu wollen, so schlage ich Ihnen vor: gründen Sie ein »Weltinstitut zur Lenkung wirtschaftlicher Absurdität« und regen Sie als erste Maßnahme an, daß man die

Autos, die man nicht mehr los wird, in die Hungergebiete exportiert unter dem Slogan »Im Auto stirbt sich's leichter«.

Ihr

G.B.S.

Wo verbirgt der Weise sein Blatt?
Über Carl Amery, ›Das Königsprojekt‹

Hoffen wir, daß dieser reichgeschmückte, mit allen Düften und Farben des Abendlands ausgestattete Köder begierig geschluckt wird. Oh, wie das eingeht – und ausgeht: amüsant und in seiner Phantastik präzis wie ein Krimi. Ich dachte an Chesterton, nicht den abgeflachten Fernsehkrimiautor, sondern an den Autor des *Fliegenden Wirtshauses*, des *Helden von Notting Hill* und des *Mannes, der Donnerstag war.* Doch natürlich ist dieser Roman hier ein Amery: bösartiger als Chesterton, bösartiger vielleicht als der Autor ahnt, der gewiß seinen Spaß gehabt hat und welchen machen wollte in der ernsten, düsteren Untergangsszene. Spannend? Ja. Unterhaltend? Ja. Ja, und wer je die Verbreitung von Langeweile für literarische Pflicht gehalten hat, der mag sich geärgert fühlen.

Bevor ich erwartungs- und pflichtgemäß zu moralisieren fortfahre, gebe ich zunächst die Zeitspannen bekannt, innerhalb derer *Das Königsprojekt* spielt: zwischen 34 517 vor und 1956 nach Christi Geburt. Im Jahr 34 517 vor Christus wird (oder wurde? hinter diesem Fragezeichen verbirgt sich die Frage nach den Verrücktheiten solcher Zeitverschachtelungen) bei Ahrensburg ein unschuldiger, ziemlich törichter Schweizergardist namens Deferunderoll von einer Schar vorzeitlicher Rentierjäger unter der Führung eines gewissen Grgur (schon der Name ist einen Orden wert) aus einer kostbaren, komplizierten, abgestürzten Raum-Zeit-Maschine gepflückt und, wie es den Zeitläuften und ihren rohen Sitten entspricht, verspeist. Wie es der Heuchelei auch ältester Religion entspricht, wird die Verspeisung nicht durch Hunger, sondern rituell begründet. Das kostbare Material der Maschine dient den Jägern zu extravagantem Schmuck. Die Krimi-Frage lautet also: Wie kommt der ahnungslose Deferunderoll in solche Zeiten und solches Elend? Die Antwort ist simpel, und ich verrate wenig von diesem Krimi, wenn ich sage, er ist das Opfer falscher Justierung und innerklerikaler Intrigen.
Der Sprung in die allerallergraueste Vorzeit geschieht nur einmal, im übrigen spielt der Roman nur zwischen 1296 und 1956. Das Schicksal des Deferunderoll sei unvergessen: So schnöde

kann man umkommen, wenn man sich kirchlichen Führungskräften anvertraut und Opfer ihrer Intrigen wird! Man sollte deshalb auch falsch justierte Katholikentage nicht unterschätzen. Vorsicht also, Ihr vertrauensseligen Pfadfinder der kirchlichen Rückwärts-Vorwärts-Dialektik. Es könnte euch ergehen, wenn nicht wie Deferunderoll, so doch wie dem höchst ehrenwerten und hochgebildeten amerikanischen Katholiken Dwight Enigmatiker, Mitglied der »Knights of Vespucci«, der sich aus Pflichterfüllung, Gehorsam und Glauben in ein nicht nur sündhaftes, sondern auch noch freudloses Verhältnis mit einer Italienerin einläßt; und nicht etwa dieser dienstlich bedingte Seitensprung zerstört seine Ehe, nein, es ist diese obskure Adresse in der Via Garibaldi, wo das Geheimbüro der klerikalen Geheimorganisation, für die Dwight arbeitet, sich hinter den Empfangsräumen eines Call-Girl-Vermittlungsbüros versteckt hat. Wie soll die gutgläubige amerikanische Katholikin, Dwights Ehefrau, auch ahnen, daß es in Rom kirchliche Geheimorganisationen gibt, von denen nicht einmal der Papst etwas ahnt. Und so unterschreibt sie denn den Abschiedsbrief an ihren Dwight mit »hardly yours«, was soviel bedeutet wie: »wohl kaum noch die Deine«.

Und doch sind Deferunderoll und Enigmatinger nur Bagatellfälle. Das Ziel der Geheimorganisation CSAPF (congregatio secreta ad purificandos fontes) ist nichts Geringeres als die Eroberung der Stuart-Krone für das Haus Wittelsbach, das, wie der Autor schlüssig nachweist, Anspruch darauf hat. Die CSAPF hat seinerzeit schon vergebens versucht, unseren Doktor Martin Luther zu ermorden, dem allerdings der in die Wartburg geschleuderte Papstneffe als Teufel erschien – und auf Tintenfässer war man in Rom nicht gefaßt, so wenig, wie man im Jahre 1955 darauf gefaßt ist, daß aus dem Glen Turnock ein Lake Turnock geworden ist, ein Stausee, und das, obwohl das Stichwort GENESIS SIEBEN immer wieder auftaucht, und in Genesis sieben wird von der Sintflut berichtet. Liest man in dieser Kongregation etwa nicht mehr die Bibel?
Man glaubt, das wohl nicht nötig zu haben, weil einem die MYST zur Verfügung steht. Diese Abkürzung hat nichts mit Mystik zu tun, es sei denn, man empfinde hochkomplizierte Maschinen ohnehin als mystisch. MYST ist die Abkürzung für »ma-

china ingeniosa spacio-temporale«, eine Raum-Zeit-Überwindungsmaschine, die auf Plänen Leonardo da Vincis beruht, der wiederum von dem allerdings mythisch-mystischen Schwan inspiriert wurde, mit dem Lohengrin Elsa davonfuhr, als sie zu fragen anfing. Fragen oder nachdenken soll man eben nicht, nur gehorchen. Das Y statt des I in der Abkürzung hat man den deutschsprachigen Schweizergardisten zuliebe eingefügt, denen man ja wohl kaum zutrauen kann, sich MIST anzuvertrauen.
Nähme man an, daß der Vatikan aus einem Chaos widerstrebender Kräfte bestünde, die eben durch dieses Widerstreben zusammengehalten werden, so wäre die CSAPF ein getreues Abbild des Vatikans: Wie soll das gutgehen, wenn ein Neapolitaner wie Sbiffio Trulli, ausgestattet mit dem bösen Blick, ein nüchterner Flame wie Doensmaker und ein beschäftigungsloser Erzbischof namens Brendan Kilmaine (muß die Nationalität dieses Herrn beäugt werden, wo es in Dublin doch das berühmte Kilmainham-Gefängnis gibt?) – miteinander das »Königsprojekt« planen und im permanenten Spannungsfeld zwischen Theorie und Exekutive ausführen sollen? (In diesem Spannungsfeld geht der menschlich und technisch falsch justierte Deferunderoll vor die Hunde!) Außerdem ist Kilmaine nicht nur Kelte, sondern auch noch keltoman. Er schlägt bei der Verwirklichung des »Königsprojekts« die Wahrnehmung einer »absolut modernen Tendenz vor«, jener »zur Befreiung unterdrückter Kolonialvölker vom kapitalistischen Imperialismus«. (Als hätte er den Stimmenverlust der Labour Party zugunsten der schottischen Nationalisten bei den Wahlen im Jahre 1974 vorausgeahnt – und wenn er erst von dem Ölboom vor Schottlands Küsten gewußt hätte!) Energisch zur Ordnung gerufen, läßt Kilmaine sich nicht einschüchtern, sondern fügt hinzu, die Kelten seien nicht nur immer die treuesten Söhne Roms gewesen, sie seien immer, auch hier in Rom, verschaukelt worden. Und er sagt auch noch: »Wenn ich wählen soll zwischen der englischen Heuchelei, die Gott sagt und Kattun meint (heutzutage würde er sagen: Öl), und den tapferen schottischen Arbeiterführern, dann weiß ich, wo meine Sympathien liegen.«
Aber nein, die Kilmainsche Konzeption hat keine Chance, obwohl doch Rupprecht von Bayern als Führer einer schottisch-nationalistischen KP durchaus Chancen auf die Stuart-Krone gehabt hätte. Ein Triumvirat wird gebildet, bestehend aus

Erzbischof Kilmaine, dem schottischen Dichter McDiarmid und Rupprecht; wahrscheinlich wäre sogar das schottische Öl gerettet gewesen – aber trösten wir uns, der *Rheinische Merkur* hätte auch diese Chance zunichte gemacht; und so bleiben eben die keltischen Träume Träume, mag sich in ihrer scheinbaren Unvernunft auch noch so viel Vernunft verbergen. Dem nüchternen Doensmaker, dem intriganten Sbiffio Trulli ist die schottische Geschichte mit Culloden, den »Clearings«, der Verarmung Schottlands gleichgültig; für sie ist Politik gleich Machtpolitik, und sie verlassen sich auf ihre MYST – und auf obskure Hilfsorganisationen. Da bietet ein cleverer McLaubhraigh aus Minnesota deutschen Menschen, die viel Geld, aber keinen rechten Hintergrund haben, Ehrenmitgliedschaften in seinem Clan an, da werden Clanfeiern veranstaltet, auf denen es rauchig-rauhkeltisch zugeht, und es werden unter der Leitung der Fürstin Araktschejewa und des edlen Bodhelm von Prusskowitz bayerische Schützengilden auf die Invasion in Schottland vorbereitet. Hin und her und her und hin fliegt Hauptmann Füssli von der Schweizergarde, unter vielen Namen, in vielen Kostümen, in vielen Missionen. Er ist der eigentliche Chefpilot des MYST, und er wechselt seine Identität so oft, daß er schließlich in einer steckenbleibt, die er durch Mord erlangt hat, denn die CSAPF braucht natürlich auch Geld, und da es ja auch Gangster und eine Mafia auf dieser unseligen Erde gibt, und da plötzlich 40 000 Golddukaten gefunden werden, mischt sich unvermeidlicherweise auch Chikago mit seinen Chikago-Klavieren ein. Und natürlich haben all diese guten Sachen auch ihre Musen: die Blume des Hochlands, eine bei französischen Nonnen erzogene Gangstertochter, die Fürstin Araktschejewa, eine gewisse Heike Vulpius, Freundin eines gewissen Jimmy Krauthobler, bayerischer Jungunternehmer, Ehrenmitglied des McLaubhraigh-Clans, wo aus dem Jimmy ein Seamus wird, auf gut bayerisch »Säumaß«.
Die Invasion findet tatsächlich statt, die AJF (Allied Jacobite Forces) landen bei Osan und marschieren unter blauweißen Bayern-Rauten; nur ahnen sie nicht, daß die Filmrechte für die Invasion längst von jenem McLaubhraigh aus Minnesota verkauft worden sind, und schließlich enden sie alle in jenem zum Lake gewordenen Glen Turnock, der sie in seine Tiefen gurgelt, wo unten auch der wahre, der einzig echte Krönungsstein ruht. Nicht angenommen vom See, man könnte fast sagen, ausge-

spuckt, wird der redliche Stratege und Generalstabsoffizier Bodhelm von Prusskowitz; ob's daran liegt, daß er weder Kelte noch Katholik ist? Ist er deshalb unverdaulich?

Es ist ein verrücktes Buch. Die Neo-Puritaner mögen es für unrealistisch erklären und verdammen. Die Verteidiger der römischen Doppelmoral mögen es genießen und sich den Magen daran verderben. Bedenkt man, daß die Rationalisten, die Pächter der Vernunft, die Problem-Manager einer gewissen machtpolitischen Supervernunft sich komplizierten, historisch gewachsenen Problemen (Ulster, Zypern, Nahost, Vietnam, Chile) gegenüber dumm und hilflos verhalten, daß ihr Rationalismus als eine Art höherer Dummheit immer mehr Irrationalismus provoziert, so mag das *Königsprojekt,* dieser schottisch-römisch-bayerische Superkrimi, nicht mehr als so unrealistisch erscheinen. Schließlich beginnt allenthalben in der Welt die Unvernunft, die Aussichtslosigkeit der Befreiungsbewegungen politische Realität zu werden – und in Großbritannien erwägt man immerhin Parlamente für Schottland und Wales. Nicht einmal die MYST, diese mit der Raum-Zeit-Maschine gegebene Möglichkeit, Zeiten und Räume zu durch- und zu überspringen, ist so ganz unrealistisch; ich sehe sie nicht nur als spielerisches Vehikel für die Phantasie des Autors und nicht nur symbolisch; sie entspricht einer Wirklichkeit des Ausweichenkönnens in die Zeiten, die der katholischen Kirche eigen ist; die ist nicht nur vielseitig, sie ist immer beides: progressiv und reaktionär. Mittelalter und zwanzigstes Jahrhundert. Sie hat das alles zur Verfügung, um immer wieder das eine gegen das andere auszuspielen oder das eine oder das andere hochkommen und wieder versinken zu lassen. Und wen's trifft, wer da glaubt, es wäre die Zeit, in der er lebt, seine Zeit, geht drauf. In den Händen eines Autors ist die MYST ein wunderbares Vehikel, die Reise von den Angilolfingern bis zur CSU anzutreten: In den Händen eines riesigen Machtapparates ist die MYST mörderisch. Es gibt da ganze Passagen im *Königsprojekt* – und sie kommen immer genau dann, wenn man denkt: nun purzelt es doch zu sehr übereinander – in denen es ernst wird. Denn wenn man Zeiten durch- und überspringen kann, wenn man nicht zeitlos, sondern vielzeitig ist, kann man ja auch die richtigen Spekulationen plazieren. Letzten Endes ist Fürst Araktschejew, ein klassischer Vertreter des »einfachen Lebens«,

vierzehn Milliarden schwer, und es heißt da auf Seite 270 im *Königsprojekt*: »Mit dem schwarzen Freitag war gerechnet worden; und die neu einsetzende Rüstungsindustrie fand den Fürsten Araktschejew, in dessen Hände der größte Teil des Whyte Fooling-Vermögens gelangt war (genau jener, der Füssli im Auftrag der CSAPF über Bord geworfen hatte!), im Besitz stattlicher Pakete von Stahl, Tungsten, Wolfram; die Namen der Firmen, die solche verwalteten, waren von musterhafter Bedeutungslosigkeit. Öl in Texas, Radio-Industrie, Wintersport-Ressorts: Wo immer der Hase des wirtschaftlichen Fortschritts hinlief, stand schon ein Araktschejew-Igel in der Furche. Kein Hauch davon drang in die eitlen, ignoranten Wirtschaftsseiten der Presse, keine der ruhmreichen Quellen der Geschichte wurde mit diesem Namen gefärbt.«
Passagen dieser Art, und es gibt deren einige (hoffen wir, daß sie nicht überlesen werden), geben diesem lustigen, amüsanten, exakt gebauten, mit Phantasie und Bravour entworfenen und ausgeführten *Königsprojekt* den wahren Hintergrund. Wohl bekomm's, ihr Hasen und ihr Igel. Was las ich doch vor knapp vierzig Jahren bei Chesterton und fand es im *Königsprojekt* als Zitat wieder? »Wo verbirgt der Weise ein Blatt? Im Walde.«

Spurensicherung
Über Uwe Johnson, ›Eine Reise nach Klagenfurt‹

Besser, als es in diesem kleinen Buch geschieht, kann man Spurensicherung wohl nicht betreiben. Die Person, deren Spur hier gesucht (und gefunden) wird, heißt Ingeborg Bachmann. Uwe Johnson läßt diese Person, von der er ein Zitat an den Anfang setzt, fast ganz aus. Das Zitat lautet: »Außerdem ist sowieso jeder Nachruf zwangsläufig eine Indiskretion.« Das ist ein gutes Motto für Bio-, mehr noch für *Auto*biographien.

Die wenigen Stellen, wo Ingeborg Bachmann direkt zu Wort kommt, werden um so gewichtiger angesichts der allenthalben waltenden Diskretion; sie werden vielsagend und durch Wiederholung fast schlagend: »Man müßte überhaupt ein Fremder sein, um einen Ort wie Kl(agenfurt) länger als eine Stunde erträglich zu finden, oder immer hier leben.« Das wird zweimal zitiert, zweimal auch: »Vor allem dürfte man nicht hier aufgewachsen sein und ich sein und dann auch noch wiederkommen.«

Diese Zitate, eingefaßt, fast möchte ich sagen eingelullt, in exakte, minuziöse Beschreibungen von Klagenfurts Topographie, Geschichte, umkleidet von Auszügen aus Zeitungsberichten, Fremdenführern, Fahrplänen, wirken fast wie das berüchtigte Augsburg-Zitat aus Thomas Bernhards letztem Theaterstück, und doch sind sie weit mehr, sitzt die Ursache für ihre Bitterkeit tiefer, viel tiefer, als irgendein städtisches Fremdenverkehrsamt durch irgendwelche Gegenerklärung oder gar durch Gegenpropaganda »wiedergutzumachen« versuchen könnte.

Es ist natürlich nicht Zufall, wo einer herkommt, aber diese Art der Spurensicherung, herauszufinden, wo einer herkommt, ist richtig, wichtig, und doch wird dabei Klagenfurt so unwichtig wie Augsburg, Koblenz oder Köln. Städte, die sich durch derartige Äußerungen beleidigt fühlen, bilden sich einfach zuviel ein. Sie sind wichtig, aber nicht auf diese Weise, in der sie sich wichtig nehmen. Es gibt da ein weiteres Zitat, an dem die Stadt Klagenfurt so schuldig-unschuldig ist wie Wetzlar oder Allenstein: »Es hat einen bestimmten Moment gegeben, der hat meine Kindheit zertrümmert: der Einmarsch von Hitlers Truppen in Klagenfurt. Es war etwas so Entsetzliches, daß mit diesem Tag meine Erinnerung anfängt: durch einen zu frühen Schmerz, wie ich ihn in dieser Stärke vielleicht später überhaupt nie mehr hatte ... diese ungeheure Brutalität, die spürbar war, dieses Brüllen, Singen und Marschieren ... das Aufkommen meiner ersten Todesangst.«

Hat hier vielleicht an einem zwölfjährigen Mädchen, das Inge genannt wird, Heimatvertreibung stattgefunden? Und hat Uwe Johnson sich aufgemacht, diese verlorene Heimat auszumessen? Ich denke, beide Fragen können mit Ja beantwortet werden. Die Ausmessung ist gelungen, diese scheinbar trockene Landmesserei erweist sich als das einzig mögliche Epitaph für Ingeborg Bachmann. Und wenn Johnson dann nach glücklichen Recherchen schreibt: »In den Geschäften für Fahnen und Wimpel wurde so gedrängt, daß von Zeit zu Zeit die Sachen mit dem Hakenkreuz ausgingen«, so sehe ich darin keine Blamage für Klagenfurt allein, auch eine für Konstanz und jede andere Stadt.

Ich habe diese Zitate jetzt herausgeholt und somit herausgestellt, obwohl sie nur einen Bruchteil des Buches ausmachen, nicht gerade versteckt sind, aber doch mit äußerster Diskretion an- und untergebracht. Der größere Teil des Buches besteht aus Material über Klagenfurt und Kommentierung dieses Materials. Was daran und darin ironisch oder satirisch erscheint, ist nicht von Uwe Johnson, es ist das Material selbst, das sich nach fast vierzig Jahren so darstellt; es ist schon gespenstisch, es ist ein Geisterbuch – die Zwölfjährige, die da Singen hört, »bis alles in Scherben fällt«, und die als Siebzehn-, Achtzehnjährige die Scherben fallen sieht, die von Folterungen hört, von Liquidierungen.

O nein, die Heimat ist nicht wiederhergestellt, und nicht nur die physisch Vertriebenen sind aus ihr vertrieben. Dieses Problem hat gewiß für Österreicher andere Dimensionen als für Deutsche. Johnson verletzt auch innerhalb dieser Dimensionen die heiklen Gefühle nicht. Er referiert, er fügt Material zusammen, er zitiert (nicht nur Ingeborg Bachmann), er hat Stadt- und Fahrpläne studiert, einen Friedhof besucht. Er hat die Spuren einer Heimatvertriebenen gesichert. Die Adjektive »diskret«, »delikat« charakterisieren dieses Buch nicht ausreichend, es ist mehr: von einer unbeschreiblichen Höflichkeit, ein hochgradig geglückter Annäherungsversuch, es könnte ein Modell sein für Biographien – besser noch: auch für Autobiographien.

Boris Birger

Ich kann mir nicht anmaßen, die gegenwärtige Malerei in der Sowjetunion umfassend zu kennen. Ich bin sicher, daß sie ebenso viele, wahrscheinlich mehr Aspekte und Variationen hat als die Malerei anderer Länder. Gewiß ist auch, daß die offizielle, die vorgezeigte Malerei der Sowjetunion nicht einmal andeutungsweise den Reichtum der sowjetischen Malerei zeigt. Unter den sowjetischen Malern, deren Werk ich kennenlernte, ist Boris Birger eine herausragende Erscheinung. Es ist absurd und beweist, wie gewaltsam Traditionen in der Sowjetunion nicht nur unterbrochen worden sind, auch, wie das Entstehen einer eigenständig sowjetischen Tradition verhindert wird, wenn man Boris Birger als »dekadent«, »modernistisch« etc. einstuft, sein gesamtes Werk regelrecht verleugnet. Denn Birger, so scheint mir, steht ganz und gar in der Tradition der europäischen Malerei. Als ich das erste seiner Bilder sah, dachte ich an Rembrandt, an die malerische Materialisation des Lichts bei Rembrandt, und es ist gewiß kein Zufall, daß Boris Birger über Rembrandt geschrieben hat. Und wer etwas genauer auf Birgers Bilder schaut, genauer als ein dogmatisches, mit Vorurteilen justiertes Auge es zuläßt, stellt fest, daß er auch in der russischen Tradition, etwa Lewitans, steht.

Am Beispiel Birgers läßt sich ablesen, wie verstellt und verkehrt das Verhältnis der sowjetischen Kunstpolitik und -theorie zu einem so vieldeutigen und mißbräuchlichen Begriff wie »Realismus« ist. Selbst wenn man diesen Begriff (den man besser eines Tages ganz aus dem Verkehr ziehen sollte!) im konventionellen Sinn der klassischen Kunstgeschichte anwendet, ist Boris Birger – das beweisen seine zahlreichen Porträts, vor allem das großartige von Frau Mandelstam – durchaus »Realist«, und das ist er ebenfalls in einem weiterentwickelten, höheren Sinn, denn was er an »Wirklichkeit« schafft, ist weitaus mehr, als was er an »Wirklichkeit« nimmt. Das beweisen auch seine Bilder aus den frühen und mittleren sechziger Jahren, ich meine die mit geringen malerischen Mitteln verwirklichten »Lichtecken«, wie ich sie nenne, die mich an Samuel Beckett erinnerten, den ich selbstverständlich auch zu den »Realisten« zähle. Und ich denke an das große und großartige Licht, das über Boris Birgers Land-

schaften (Don Quichote und Sancho Pansa) fällt – und aus diesen Landschaften heraus.
Für die meisten sowjetischen Maler der Gegenwart trifft wohl zu, was auch für die gegenwärtige, sowjetische Literatur und Poesie zutrifft: zuviel wird verleugnet, in eine peinliche Illegalität gezwungen, was vorzuzeigen der Sowjetunion durchaus zur Ehre gereichen und sie aus Vorurteilen befreien könnte, die sie leider immer wieder selbst durch ihre Kulturpolitik bestätigt; indem sie einen Autor wie Woinowitsch »diszipliniert« und einen Maler wie Boris Birger verleugnet.
Als ich die ersten Bilder von Boris Birger sah, vor zwölf Jahren in einem winzigen düsteren Atelier in einer Moskauer Vorstadt, fiel mir als erstes das Licht auf, das aus seinen Bildern herausstrahlt, in ihnen auf eine geheimnisvolle Weise entstanden, still, ohne Effekthascherei, aus rötlichen, gelblichbräunlichen Tönen, fiel es in die von Boris damals gemalten »Ecken« – und es kam aus ihnen heraus auf mich zu. Später sah ich seine Porträts, vor allem das großartige von Frau Mandelstam, ein Porträt, von dem ich sicher bin, daß es in die Geschichte der sowjetischen Malerei eingehen wird, ich sah Akte, die stark, aber völlig »uneffektvoll« beleuchtete Hochebene, über die Don Quichote und Sancho Pansa reiten.
In den Bildern von Boris Birger ist der widersprüchliche und mißbräuchliche Begriff »Realismus« neu gefaßt, neu – mit dem Pinsel und im Geist des Malers – definiert. Mehr als diese permanente Neu-Definition von »Wirklichkeit« können Malerei (und natürlich Poesie und Literatur) nicht schaffen. Gefundene und geschaffene Wirklichkeit vereinen, das ist, wenn dann dieser verschlissene Begriff überhaupt einen Sinn haben kann: fortschrittlich. Boris Birger leugnet die Tradition nicht, weder die russische noch die westeuropäische, und ist doch gegenwärtig.

Ende der zwanziger Jahre, als ich zehn oder elf Jahre alt war, stellte mein Vater einen Gehilfen ein, der eines Mordes wegen im Zuchthaus gesessen hatte und begnadigt worden war. Wir fragten meinen Vater dann manchmal beim Essen oder wenn wir abends beieinandersaßen: »Was macht denn dein Mörder? Wen hat er denn heute umgebracht?« Ich habe erst sehr viel später verstanden, warum mein Vater, der keineswegs humorlos war, dann böse wurde und sich diese Scherze verbat. Er sagte etwa: »Ja, dieser Mensch hat einen Mord begangen, aber ich finde es nicht gerecht, daß ihr ihn Mörder nennt. Er hat gebüßt, er hat ein neues Leben angefangen, und ich möchte auf keinen Fall riskieren, daß er erfährt, wie ihr hier über ihn scherzt. Weder ist ein Mord auch nur annähernd scherzhaft, noch sind es zehn Jahre Zuchthaus. Im übrigen ist er ein sehr einsamer Mensch.« War der Mörder etwa kein Mörder und durfte man ihn nicht so nennen? Kann es falsch Zeugnis sein, über jemand die Wahrheit zu sagen?

Zu den schrecklichsten Menschen zähle ich die, die immer Wahrheiten sagen, meistens unangenehme, manchmal vernichtende Wahrheiten, die fast immer unumstößliche Fakten sind; es ist dann die nackte, die ungeschminkte Wahrheit – und doch auf eine Weise verlogen, die nicht nachweisbar ist. Diese Menschen sind keine Lügner, sie sind Wahrheitenverbreiter mit richtender Funktion. Sie sagen die Wahrheit und sind doch Verleumder. Ohne erkennbaren Sinn, außerhalb jeden Zusammenhangs, aus heiterem Himmel gesagt, kann ein unumstößlicher Fakt schlimmer wirken als eine Lüge. Menschen dieser Art würden etwa auf einem Empfang zu jemanden gehen und ihm sagen: »Sie wissen doch sicher, daß Ihre Frau Sie mit dem Sowieso betrogen hat«, und eine solche Wahrheit kann eine Ehe vernichten, einen Selbstmord verursachen, eine Katastrophe bewirken.

Die Frage ist, wer ein *Recht* auf die Wahrheit hat und wer berechtigt ist, sie zu sagen. Das biblische Gebot: »Du sollst nicht falsch Zeugnis geben wider Deinen Nächsten« gilt für die Aussage vor Gericht und nicht für irgendwelche selbsternannten Sittenrichter. Es ist eine der klügsten Bestimmungen des jüdischen Gesetzes, daß derjenige, der die Anklage erhoben oder die Anzeige erstattet hatte, nach der Überführung des Angeklagten als erster mit der Vollstreckung des Todesurteils beginnen mußte, er mußte »den ersten Stein werfen«. Es spricht für die Menschlichkeit dieser Bestimmung, daß ihretwegen so wenige Todesurteile wirklich ausgeführt wurden. »Wer ohne Sünde ist, werfe den ersten Stein.« Man darf sich also jeden, der für irgendeine Form der Todesstrafe eintritt, als Henker vorstellen.

Ich denke, es gibt kaum einen schwereren Beruf als den eines Richters, mag er nun in einer mietrechtlichen, eherechtlichen oder in einer Strafsache die Wahrheit finden müssen, und ich finde, daß es kaum etwas Schrecklicheres gibt als selbsternannte Richter, die ungefragt Schwächen, Vergehen und Unreinheiten ihrer Mitmenschen offenbar machen und bereinigen wollen. Natürlich kann man außerhalb der ordentlichen Gerichtsbarkeit und nicht nur auf Schiedsämtern Konflikte zu lösen versuchen. Man kann Freunde um Rat fragen, um Hilfe bei Entscheidungen bitten, man kann sogar »Vernehmungen« vornehmen, wenn man von den beiden Parteien autorisiert und darum gebeten wird, und eine solche beratende, nie exekutive Funktion kann möglicherweise hilfreich sein. Welcher Mensch, der auch nur annähernd diese Bezeichnung verdient, wird nicht das Dilemma zwischen »Falsch Zeugnis« und Diskretion erleben? Menschen sind ja nicht nur schuldig oder unschuldig, sie sind ja nicht nur beides nie ganz, sie haben auch ihre Geheimnisse, komplizierte, heikle, die nicht immer bloß Heimlichkeiten sind. Ein Romanschriftsteller braucht einige hundert Seiten, um einen von außen gesehen manchmal nebensächlichen Konflikt halbwegs zutreffend darzustellen.

Der in jedem Fall überlastete Richter kann sich große Umwege, zeitraubende Differenzierungen in den meisten Fällen nicht leisten; für ihn gibt es, wenn es um die »Wahrheitsfindung« geht, auch keine Diskretion, und es wird die Ehebrecherin zur Ehebrecherin, der Dieb zum Dieb, der Mörder zum Mörder. Unser umfangreich-verzwicktes und verwickeltes Rechts- und Vollstreckungssystem erlaubt nicht, daß der, der die Anzeige erstattet oder die Klage eingereicht hat, »den ersten Stein« werfen muß. Wahrscheinlich wären unsere Gerichte nicht so überbelastet und unsere Gefängnisse nicht überfüllt. Erschnüffelte Wahrheiten, auch wenn sie unumstößliche Fakten sind, gehören in die Labyrinthe der Diskretion, sie sollten gegen niemand ver-

wendet werden, auch nicht gegen den politischen oder geschäftlichen Gegner.
Keins der zehn Gebote halte ich für so aktuell wie das achte. Bei der Wahrheitsfindung, die mögliche Übertretung der anderen Gebote betreffend, kommt ja das falsche oder richtige Zeugnis immer zur Geltung: wer überführt den Ehebrecher, den Dieb, den Mörder? Das Zeugnis, falsch oder richtig.
Die berühmten und berüchtigten, meist sehr unbeliebten »Moralisten«, die man im Alten Testament »Propheten« nannte, haben ja nie eine private, immer eine öffentliche Funktion. Ich erinnere an die Begegnung Jesu, der ja in der jüdischen Tradition als Prophet auftrat und wohl auch galt, mit der Ehebrecherin; wie milde, wie menschlich er mit ihr verfuhr, derselbe, der das »ehebrecherische Geschlecht« (Generation) beschimpfte. Man kann also öffentlich als Moralist gelten, ohne auch nur einen einzigen Menschen zu verdammen, oder durch Wahrheiten, die niemanden etwas angehen, zu denunzieren. Wir wollen doch nicht vergessen, daß auch Denunzianten nicht immer Lügner sind: sie brauchen in vielen Fällen gar nicht zu lügen. Wenn jemand zur Gestapo ging und von seinem Nachbarn behauptete: »Der hat im Luftschutzkeller auf unseren Führer geschimpft«, dann hat er in den meisten Fällen die Wahrheit gesagt, und es war eine Wahrheit mit mörderischen Folgen.
Es gilt wohl für das achte Gebot, was für alle Gesetze und Gebote gilt: »Der Sabbath ist um des Menschen willen da, nicht der Mensch um des Sabbaths willen.« Und schließlich gibt es nicht nur die Alternative: Wahrheit sagen oder lügen, es gibt auch Verschwiegenheit und Schweigen. Laut drei der vier Evangelien hat Jesus vor Gericht auf die meisten Fragen mit Schweigen geantwortet. Ich weiß nicht, ob dieses Schweigen vor Gericht je ausgiebig kommentiert worden ist. War es Verachtung jeglicher menschlicher Gerichtsbarkeit, war es etwas wie der Hochmut des »ersten Menschen«, des Menschgewordenen – war es Verachtung möglicherweise der Unzulänglichkeit der menschlichen Sprache oder Erkenntnis der Sprachdifferenz zwischen Angeklagtem und Gericht? Dieses Schweigen Jesu vor Gericht bleibt geheimnisvoll und aufschlußreich zugleich; es könnte gedeutet werden mit »Was wißt Ihr schon« oder »Es ist zwecklos« und es könnte gedeutet werden als ein Wissen, das über Zeit und Recht, Verrechtlichung und Gerücht erhaben ist. Und der da schwieg,

wußte, daß es um Leben und Tod ging. Ist dieser Angeklagte, der Jesus hieß, möglicherweise *der* Angeklagte und Verdächtige schlechthin, des Aufruhrs, des Umsturzes, der Verführung, des Verrats, der Häresie verdächtig?
Warum schwieg er? Könnte es sein, daß man die Poesie der überlieferten Texte, Aussprüche – weder damals verstand noch je verstanden oder gar sehr gut verstanden, aber in einem Katalog von Verrechtlichungen versteckt oder begraben hat? Es war kein falsch Zeugnis, als man ihm vorhielt, er habe gesagt, er könne den Tempel einreißen und in drei Tagen wieder aufbauen, aber konnte er ahnen, daß man das wörtlich im Sinne von »realistisch« nehmen würde? Mit Mörtel, Kelle und Stein? Ist möglicherweise falsch oder richtig Zeugnis eine Frage der Wörtlichkeitsauslegung, und ist es Zufall, daß es eine Zeitlang zur Tradition einiger Gruppen der deutschen Arbeiterbewegung gehörte, grundsätzlich vor Gericht zu schweigen?
Ich denke zurück an den Mörder, den wir auf Bitten meines Vaters nicht »Mörder« nennen sollten. Vielleicht hätte mein Vater keine Einwände erhoben, wenn wir gelegentlich gesagt hätten: »der Mann, der einmal einen Mord begangen hat«. Man mag diesen Unterschied für allzu spitzfindig halten, und doch – ich denke, daß es eine Art Verewigung bedeutet, wenn man die Tat – den Mord – personalisiert, indem man Täter nach verbüßter Strafe immer noch »Mörder« nennt, und das mag dann für alle Straftaten und Fehltritte gelten.
Offenbar gilt die Wörtlichkeit bestimmter Ausdrücke nicht für alle gleich. Bis auf den heutigen Tag z. B. ist es üblich, zwei sozialdemokratische Politiker, Willy Brandt und Herbert Wehner, mit abfälligem, gelegentlich verleumderischem Unterton »Emigranten« zu nennen. Nun waren sie wirklich Emigranten, und der eine von ihnen, Willy Brandt, kam als norwegischer Major (man sagt gern: »in norwegischer Uniform!«) nach Deutschland zurück. Nun gab es ja nicht nur »linke Emigranten«, es gab auch rechte, konservative, und ich weiß nicht, ob man etwa den verstorbenen Freiherrn von und zu Guttenberg, der auch emigriert war, jemals Emigrant oder »Emigrant« genannt hat. Und es gibt da einen politisch-literarisch-moralischen Sonntagsprediger, der mir hier nicht in seinen Predigten interessant vorkommt, sondern auf Grund der Tatsache, daß er ebenfalls Emigrant war und in amerikanischer Uniform als Befreier (keine Anführungsstri-

che, denn ich habe Respekt vor dem Schicksal, nicht vor den Sonntagspredigten!) zurückkam; sein Name: Hans Habe. Hat man ihm je vorgeworfen, daß er als Emigrant »in feindlicher Uniform« zurückkehrte? Es wird also ein und dasselbe Wort beim einen abfällig, beim anderen, wenn überhaupt, fast als Ehrentitel verwendet. Bei Willy Brandt und Herbert Wehner wird die Erwähnung eines unumstößlichen, historisch erwiesenen, niemals bestrittenen biographischen Details zum »falsch Zeugnis wider deinen Nächsten«, bei Herrn von Guttenberg und Hans Habe nicht.

Ist die Wörtlichkeit des Wortes Emigrant beim einen von geringerer, beim anderen von höherer Qualität, und ist die »Wahrheit« oder die Wahrheit Interessen unterworfen? In diesem Falle ist sie eindeutig innenpolitischen Interessen unterworfen, und es bleibt merkwürdig genug, daß die verleumderische Wirkung beim einen garantiert eintrifft, beim anderen garantiert *nicht*, und weder der eine noch der andere der *nicht* Diffamierten nimmt oder nahm Gelegenheit, sich für den einen oder anderen politischen Gegner die mißbrauchte Wörtlichkeit des Wortes Emigrant zu verbitten. Nun war Herbert Wehner Kommunist, als er emigrierte, und Willy Brandt nach den Aussagen seiner Verleumder war es *fast.* Ich halte es nicht für auch nur andeutungsweise ehrenrührig, Kommunist oder *fast* Kommunist zu sein oder Emigrant zu sein oder gewesen zu sein. Nachdem man den konservativen, liberalen und sozialdemokratischen Widerstand gegen Hitler gewürdigt hat, fängt man ja jetzt erst in der Bundesrepublik an, den kommunistischen Widerstand in schüchternen Ansätzen zu würdigen, nachdem man ihn fast dreißig Jahre lang verleugnet hat. Und immer noch und immer wieder gilt Kommunist als Verleumdung oder Schimpfwort, angewandt auf solche, die sich zum Kommunismus bekennen und andere, die weit davon entfernt sind, sich selbst so zu definieren. Was wird aus der Wahrheit, wenn ein Wort, das seiner Natur und Herkunft nach nicht schimpflich ist, mit so viel Schimpf beworfen worden ist, daß es fast nicht mehr zu reinigen ist?

Ich erinnere mich, in Einheiten der Deutschen Wehrmacht, die aus extrem nicht-katholischen Gefilden stammten, als Katholik und »Katholik« mit äußerstem Mißtrauen, gelegentlich fast als Aussätziger, betrachtet worden zu sein, und ich erinnere mich des ebenso peinlichen Gegenteils: einer gewissen Schulterklop-

ferei, die einer totalen Vereinnahmung gleichkam; ich erinnere mich der gegenseitigen Beschimpfung per Konfession aus meiner Kindheit, und das galt für Protestanten und Katholiken wie für atheistisch definierte Sozialisten, und als die Schlimmsten galten in dem Milieu, aus dem ich stamme, die Liberalen. Eine zutreffende statistische Eigenschaft wurde zum »falsch Zeugnis wider den Nächsten«, diskriminierend wurde, was unabhängig von persönlicher Schuld oder Unschuld einem einfach so mitgegeben war. Ich habe Scheu vor Benennungen, wenn ich auch zugeben muß, daß ich manchmal gegen diese Scheu verstoße. Inzwischen sind die Worte Professor und Student schon fast diskriminierend, sie übernehmen, wie die Worte Kommunist oder Reaktionär, die Rolle, die in meiner Kindheit die Konfessionsbezeichnungen hatten. Eine Dame, die in gewissen Kreisen zugeben würde, daß sie gern kocht, würde fast schon »falsch Zeugnis« wider sich selbst ablegen, mit diesem harmlosen und unverdächtigen Bekenntnis würde sie eine ganze Kette von Schimpf und Vorurteilen in Bewegung setzen, und anderswo würde sie – was ihr ebensowenig liegen mag, denn Kochen oder Nichtkochen sind für sie so wenig wie blonde, lange oder kurze Haare eine Ideologie – mit diesem Bekenntnis ebenso peinliche Sympathien hervorrufen, möglicherweise als Frau, die »sich offen zu ihrem Frauentum bekennt« – was sie gar nicht vorhatte: sie wollte ja nur sagen, daß sie gern kocht.
Worte und Wörtlichkeiten müssen befreit werden, bevor sie als Zeugnis verwendet werden können. Man muß das Gestrüpp um sie herum weghacken, alles, was um sie herum angewachsen und in diesem Gestrüpp abgeladen worden ist. Von etwas so Plumpem und gewöhnlich schwer Nachweisbarem wie etwa einem Meineid zu sprechen oder von einer glatten Lüge, erschien mir nicht so dringlich. Sie wirken wie Überfälle, gegen die man sich nicht wehren kann. Ihre Folgen, ob sie innerhalb eines ordentlichen Gerichtsverfahrens oder privat ausgesprochen werden, sind fürchterlich: Menschen werden krank davon und können daran zugrunde gehen; in den meisten Fällen ist man dem Meineid oder der Lüge wehrlos ausgeliefert. Diese Art »Falsch Zeugnis wider Deinen Nächsten« kann höchstens Gegenstand eines Romans oder einer Erzählung sein; auch erfundene Verleumdungen gegen die man ebenso wehrlos ist, sind zu eindeutig »falsch Zeugnis«. Ich denke manchmal an den Mörder, der wirk-

lich einen Mord begangen hatte, den wir aber nicht »Mörder« nennen sollten, und noch öfter denke ich an meinen Vater, der uns erklärte, warum wir einen Mörder nicht Mörder nennen sollten.

Über Miklós Haraszti, ›Stücklohn‹

Auf den ersten Blick erscheint *Stücklohn* wie eine längst fällige notwendige Ergänzung zu unserer Literatur der Arbeitswelt, eine Ergänzung aus einem sozialistischen Land, überfällig, weil die offizielle Literatur über Arbeiter und ihre Welt mit ihrer euphorisch funktionierenden Kritik (der Korrupte ist dann in den meisten Fällen ein eingeschleuster Saboteur vom CIA) wenig Einblick verschaffte. Das so wenig »Erhebende« an *Stücklohn* ist, daß diese Analysen und Berichte letzten Endes in der niederschmetternden Banalität münden: »niemand bekommt etwas geschenkt«. Und wenn man das ganze Gerede über Osteuropas Bitten um westliches »Know-how« einmal analysiert, dann steht dahinter nicht viel mehr als der dringende Wunsch zu erfahren, wie man aus den Arbeitern – durch geschicktes »Management« – mehr herausholen kann als bisher. Es ist ja schon ein offenes Geheimnis, daß einem sowjetischen Funktionär natürlich viel mehr an einem Gespräch mit einem erfahrenen Manager liegt als an einem Gespräch mit irgendeinem westlichen Sozio- oder Ideologen, sei er nun Kommunist, »Kommunist«, liberal, rechts oder links. Wenn man voraussetzen darf, daß die geringere Effektivität der Industriearbeit (und Verwaltungsarbeit) in den sozialistischen Ländern nicht nur aus möglicherweise absurden Planungsfehlern und Überbürokratisierung resultiert, auch aus der weit geringeren Arbeitsleistung, also menschlicher Faktor ist, dann kann man sich ausrechnen, daß jener Teil der Entspannung, der darin besteht, daß ein sowjetischer oder ungarischer Industriefunktionär sich mit einem westlichen Effektivisten am Datscha-Kamin bei Moskau oder am Plattensee freundschaftlich unterhält, daß dieser Teil der »Entspannungspolitik« für die Arbeiter in diesen Ländern nicht der erfreulichere Teil ist.

In Miklós Harasztis *Stücklohn* geht es um die Effektivität von Fabrikarbeit und ihre Auswirkungen auf die Arbeiter. Auch in dieser Fabrik bekommt »niemand etwas geschenkt«. Im Gegenteil: Auch dort gibt es den Leistungslohn, gibt es das absurde Dreieck Stücklohn-Stundenlohn-Ersatzlohn, und der Stücklohn wird für jedes Stück ständig herab-, also die erwartete Stückleistung heraufgesetzt. Und »zu den Verlusten ohne Ersatzlohn gehört auch die Zeit, die ich – oft ohne Erfolg – darauf verschwende, Ersatzlohn zu verlangen.« Es bleibt beim grausamen Wettlauf zwischen Hase und Igel: der Igel ist immer schon da, grinst oder schimpft, und er hat nur ein Gesicht, aber viele Namen: Chef, Werkmeister, Hallenleiter, Kalkulator. Die Arbeiter sprechen von ihnen als von »Die«, »Sie«, »Ihnen«, und das erinnert verblüffend an den Wallraff-Engelmann-Titel *Ihr da oben, wir da unten.* Und wenn die Chefs dann von »Wir« sprechen, dann wird's gefährlich, weil es dann unweigerlich heißt: »Wir müssen Opfer bringen«, womit gemeint ist »Ihr müßt Opfer bringen«, und das erinnert wiederum verblüffend an die pathetischen Opferreden westlicher Industriekapitäne.

Harasztis Buch ist weit mehr als eine Reportage (was schon genug wäre). Es setzt sich aus verschiedenen Elementen zusammen, und einige davon fehlen in der hiesigen Literatur der Arbeitswelt. Es ist zunächst eine exakte soziographisch-soziologische Analyse der Techniken und Termini der Arbeit in einer Metallfabrik und der Beziehung dieser Techniken, Termini, Kategorien zu jenem heiligen Etwas, um dessentwillen Arbeiter arbeiten müssen: den Lohn, ihr Leben. Es werden in dieser Analyse alle Details, alle Neben-, Um-, Auswege (auch der »gerade Weg« dorthin, versteht sich) auf dem mühsamen Weg zwischen Arbeit und Lohntüte ausgemessen. Einleuchtend wird die Analyse dadurch, daß es sich gleichzeitig um einen Erfahrungsbericht handelt: hier steht und stand jemand, ausgestattet mit den Mitteln soziographischer Analyse und Auswertung, an den Fräsmaschinen.

Eine dritte Ebene wird sichtbar durch eine – nicht fiktive, aber abstrakte Komponente, die desto abstrakter wird, je konkreter das Erlebte und Erfahrene ist. Wenn man bestimmte Arbeitsvorgänge exakt beschreibt, heben sie sich von selbst ins Abstrakte. Wenn man heute etwa bestimmte Partien der Heeresdienstvorschrift der Deutschen Wehrmacht *zitiert,* gerät man in Verdacht, Kafka zu kopieren (etwa die Grußvorschriften: im Gehen, im Stehen, im Liegen, auf dem Fahrrad, Pferd, im Auto etc.). Beschreibt man bestimmte bürokratische Rituale in Amtsstuben, etwa das Hinundherrücken und Spitzen von Bleistiften, das Abnehmen, Säubern, Aufsetzen von Brillen – oder die etlichen tausend Bewegungen eines Kellners, der in einem überfüllten Lokal bedient, so wird das, obwohl es doch nur exakt ist: abstrakt und komisch. So sehr, daß einer, dessen Arbeitswelt da beschrieben wird, diese Beschreibung kaum als »realistisch« anerkennen würde.

Doch bei Haraszti kommt noch etwas hinzu, glücklicherweise am Schluß des Buches, so daß es nicht verlorengehen kann: eine utopisch ästhetisch-soziale Dimension, die sich aus der »Schwarzarbeit« entwickelt und in dem verblüffenden Satz mündet: »Die meisten Freundschaften fingen mit gemeinsamer Schwarzarbeit an.« Der Anfang dieser Passage ist fast euphorisch: »Wir (die Schwarzarbeiter) gewinnen die Macht über die Maschine, die Freiheit von der Maschine zurück, die Fachkenntnis wird dem *Schönheitssinn* (Betonung von mir!) untergeordnet. Trotz der Bedeutungslosigkeit des Gegenstandes ist die Formgebung künstlerisch. Das wird dadurch gesteigert, daß der Schwarzarbeiter (um den Vorwurf des Stehlens zu entkräften) selten mit teurem, dekorativem, halbfertigem Material arbeitet; er bemüht sich, aus Abfällen, unnützen Eisenstücken, aus Überflüssigem etwas zu formen: er will möglichst viel Schönheit im Produkt seiner Arbeit verwirklichen. Wenn die Schwarzarbeit der Stücklöhner nicht nur die Arbeit von einigen herausgeschundenen Minuten wäre, zu der wir oft erst nach Wochen zurückkehren können, wenn sie also nicht von verschwindender Quantität wäre, könnten wir diese Bestrebungen sogar als Stilrichtungen bezeichnen: die erstere (die normale Stücklohnarbeit) als »›Funktionalismus‹, die letztere (die Schwarzarbeit) als ›Sezession‹.«

Hier werden also Begriffe der *Kunst*geschichte in die Arbeitswelt übertragen. Man stelle sich einmal vor, irgendwo würde irgendein Gewerkschaftsfunktionär den Slogan ausgeben: »Nur in der ›Schwarzarbeit‹ verwirklichst Du Dich selbst, Genosse!« und er würde diesen Slogan auch auf gewerkschaftseigene Betriebe anwenden! Da wären sich Regierung und Opposition (vollkommen gleichgültig, wer da gerade zufällig die Regierung oder die Opposition stellt) im Handumdrehen einig, daß solchen Parolen der Prozeß gemacht werden müßte: nicht entfremdete Arbeit, Humor, Schönheit, Spaß gibt es nur nach Feierabend; wenn das die Effektivität gefährdet, ist das »Anarchie«. Darin sind sich westliche wie östliche und fernöstliche Technokraten gewiß rasch einig. Käme man da gar mit dem ominösen Wort »Poesie«, so wären sich nicht nur Ost, West, Fernost, auch Rechts und Links rasch einig. Sollte etwa Arbeit nur in Form von »Schwarzarbeit« Freude, Spaß machen? Und was wird dann aus diesem Heiligen, dem Lohn? »Sie (meine Kollegen) würden jeden für bekloppt halten, der am Zahltag seiner Familie damit käme, daß er zwar kaum Geld, aber die technologischen Vorschriften eingehalten und die Norm erfüllt hat.« Es gibt da nämlich Sprüche, die einem verflucht bekannt vorkommen: »Die Genossen werden verstehen, daß wir nur verteilen können, was wir produziert haben, das ist klar und verständlich«. Und hier wird es wieder sichtbar und hörbar, das verdächtige »Wir« von »denen«, und die Hasen beginnen zu rennen, und die Igel spielen »Bäumchen wechsel dich«; obwohl die Hasen in der Überzahl sind, machen die Igel das Rennen.

Wenig wird über das Privatleben eines solchen Stücklöhners gesagt, für den die so erfreuliche »Schwarzarbeit« eben doch nur ein gelegentlicher Seitensprung bleibt. Immerhin: »Ein liebloser Geschlechtsverkehr, der Rhythmus leitet mich, ich *weiß*, was ich spüre und was ich spüren werde, aber ich *spüre* es nicht.«

Schließlich spricht Haraszti in der Weiterentwicklung des Gedankens der »Schwarzarbeit« von der »Errichtung von Luftschlössern« in dieser Wüste. Wären die Sachverständigen der Produktion nicht gleichzeitig auch die Verteiler unseres Lohnes, die Kommandanten der Disziplin und der Leistung, so würde das ›Zeitalter der Großen Schwarzarbeit‹ anbrechen.« Und dieses Zitat wiederum knüpft an ein bitteres vorhergehendes an, auf die Passivität seiner Kollegen gemünzt: »Wir gleichen den Eingeborenen aus der ersten Zeit der Kolonisation, die ihre Schätze, ihren Boden, sich selbst, alles, was sie besaßen, für wertlose Kinkerlitzchen hergaben und sich erst dann unbezahlt fühlten, als sie für irgendeine Leistung den üblichen Ramsch nicht bekamen.«

Einer der Vorwürfe, die man Haraszti, dem damals vierundzwanzigjährigen, im Jahre 1969 gemacht hat: »uferlose Demokratie und revolutionäres Asketentum«. Setzt man für »uferlose Demokratie« die hiesige wachsende Abneigung schon gegen das Wort Demokratisierung, setzt man für »revolutionäres Asketentum« Konsumverzicht, ein ebenfalls lange verteufeltes Wort, so weiß man, wo Haraszti hingehört: er ist kein »kapitalistischer Agent«, er ist hier wie dort unwillkommen, er weiß zu genau, wie die Hasen hinter dem Stücklohn herrennen, wie »Sie« und »Die«, die immer »Wir« sagen, dafür sorgen, daß keinem etwas

geschenkt wird. Haraszti weiß, daß dieses »Know-how« der Technokraten auch eine Folge der »Entspannung« sein kann und daß der Trost, die Fabrik gehöre ja den Arbeitern, für sie nur »leeres Geschwätz« ist.
Daß »Die« ein solches Buch nicht mögen, »die da oben« und »die da drüben«, ist selbstverständlich, ihre Schwäche und Schwächlichkeit zeigt sich dann vor Gericht, wo sie dann allerdings ihre *Macht* demonstrieren und mit Erfolg anwenden. Es besteht kein Anlaß, hierzulande über den Prozeß gegen Haraszti und seine Freunde mit einem »Aha« zu triumphieren.

Die neuen Probleme der Frau Saubermann

Herr Saubermann ahnt noch nicht, daß er längst zum Schmutzfink degradiert ist. Mit männlicher Naivität nimmt er sich morgens sein frisch gewaschenes und gebügeltes Hemd aus dem Schrank, in der Annahme, daß sein Hemd den Ansprüchen genüge, weil es sauber ist. Frau Saubermann sieht ihm mit skeptischer Wehmut zu, wie er das Hemd in die Hose stopft, seine Krawatte bindet und, fröhlich den Autoschlüssel schwenkend, zu seinem Wagen schreitet. Frau Saubermann weiß, daß ihres Gatten Hemd zwar sauber, aber gewiß nicht rein ist, und sie weiß auch, daß Sauberkeit längst etwas für Schmutzfinken geworden ist. Wer ist schon nur noch sauber? Als kleines Mädchen hat sie wahrscheinlich noch gebetet: »Ich bin klein, mein Herz ist rein, soll niemand drin wohnen als Jesus allein.« Sie wäre nie auf die Idee gekommen zu beten: Mein Herz ist sauber.
Das waren noch Zeiten, als nur Frau Saubermanns Gewissen neben der Waschmaschine stand; als nur ihre Moral gefordert wurde. Jetzt ist die Metaphysik in die Trommel der Waschmaschine vorgedrungen, abstrakte Theologie der Engelsreinheit, nicht mehr bloß die greifbar-grobe irdische Sauberkeitsideologie. Natürlich, denkt Frau Saubermann, war Jesus wahrscheinlich (oder möglicherweise) rein, aber an seiner Sauberkeit hegt sie Zweifel. Sie ahnt unlösbare Konflikte, und da sie schwer lösbare Konflikte genug hat (ökonomische und moralische), bangt ihr vor der Metaphysik in der Waschmaschine. Ist das Hemd ihres Mannes rein? Soll Jesus im Hemd ihres Mannes Wohnung nehmen, dieser Reine, der wahrscheinlich so unsauber war?
Denkt sie erst an eine andere, ihr liebenswerte Erscheinung des Abendlandes, einen gewissen Franz von Assisi, wird ihr ganz bang: Auch der war – gewiß in der zweiten Hälfte seines Lebens – rein, aber wenn sie so darüber nachdenkt, wo er sich herumgetrieben hat, zweifelt sie an seiner Sauberkeit. Sind etwa Sauberkeit und Reinheit gar Gegensätze, und was soll sie machen, wenn ihr Mann, dieser naive Bankbeamte, eines Tages dahinterkommt, daß sein Hemd nicht mehr den metaphysischen Ansprüchen der Waschmittelreklame genügt? Hocken da etwa arbeitslos gewordene Theologen, sauber, aber unrein, oder rein, aber unsauber, als Werbetexter in der Anankastenindustrie?

Frau Saubermann ist den Tränen ziemlich nahe. Sauberkeit ließe sich noch halbwegs nachprüfen, aber wer mißt Reinheit, wer stellt fest, wie nahe man diesem hehren Ziel ist, das einst nur Engeln vorbehalten war?
Inzwischen hat ihr Mann, dieser Naivling, längst sein Auto bestiegen, es angelassen, das Fenster heruntergekurbelt, er hat ihr zugewinkt, hat gehupt, bevor er um die Straßenecke biegt, dieser fröhliche und friedliche Zeitgenosse, der kein schmutziges, aber ein schmutzigmachendes Gewerbe ausübt: er ist nämlich im Devisenterminhandel, muß dauernd die nicht so ganz sauberen Telefonhörer an Kopf und Kragen halten, manchmal ist er – wie Laokoon von Schlangen – von sehr unsauberen Telefonkabeln umschnürt, und so macht er sich auf die redlichste Weise schmutzig, auch wenn seine Weste rein bleibt. Und ein solcher Mensch soll sich redlichen Herzens auf die Badewanne und die Sauberkeitsreserven der Wäschekommode freuen.
Wie aber, wenn man nicht mehr nur von ihm verlangt, was unter Gentlemen permanent vorausgesetzt ist: die symbolisch reine Weste, sondern wirkliche Reinheit? Und wird er nicht an Sauberkeit einbüßen, was er an Reinheit gewinnt? Wird man da eines Tages die Absolution der Wäsche einführen und logischerweise die Exkommunikation etwa der Unterhosen?
Frau Saubermann jedenfalls, diese adrette Frau, die uns allen längst ans Herz gewachsen ist, fühlt sich schmutzig. Weil sie nur sauber und noch nicht rein ist. Die gute, die hübsche, diese nette, so sympathische Frau hat längst ihren Tränen freien Lauf gelassen; und es ist nicht nur Reue, die da aus ihren Augen fließt, es ist Verzweiflung, es gibt ja nicht nur den unschuldigen Herrn Saubermann, sie hat auch Kinder, zwei, und das fürchterliche Problem mit diesen Kindern, einem reizenden Buben und fast noch reizenderen Mädchen, ist: Sie machen sich nicht schmutzig genug! Denn weder Sauberkeit noch Reinheit der Wäsche sind demonstrierbar, wenn nicht Schmutz oder gar Dreck da ist, und so herrlich schmutzig, wie die Fernsehwaschmittel-Werbekinder da vor ihrer Fernsehwaschmittel-Werbemutter stehen, so herrlich schmutzig sind ihre Kinder nie! Kein Boden, keine Kasserolle, keine Kinderwange, kein Trikot, kein Teppich ist bei ihr je auf so unnatürliche Weise schmutzig geworden, wie es ihr da vorgeführt wird. Selbst wenn ihre Kinder sich in Pfützen wälzten oder auf Fußböden spielten, über die man vorher Schweine-

herden gejagt hat, sie würden vielleicht schmutziger als die einer lachenden Fernsehwaschmaschinenmutter vorgeführten Prachtrangen, aber auf *diese Weise* schmutzig würden sie nie.

Offenbar hat auch der Schmutz seine Natur, seine Struktur, und möge der Himmel einstürzen – auch der Schmutz hat seine natürliche Ehre und seine Würde. Selbst wenn sich einer die Suppe in den Schoß kippt oder ihm die Sauciere ausrutscht: Weder Hose noch Tischtuch oder Hemd werden auf so unnatürliche Weise schmutzig.

Frau Saubermann hat ihre Tränen getrocknet und ist längst in gefährliche Meditationen versunken: Ist denn nicht einmal mehr der Schmutz ehrlich und anständig, müssen da Kinderwange, Bubentrikot, Kasserolle, Spülbecken und Trikot künstlich bedreckt werden, damit man ihr vorführen kann, was Sauberkeit, was Reinheit bedeutet? Gibt es denn – verdammt noch mal – keine *echt* schmutzigen Kinder mehr?

Bahnt sich bei Frau Saubermann eine Bewußtseinsänderung an? Vorsicht! Hegt sie anarchistische Gedanken, wenn sie sich vorstellt, wie diese künstlich beschmutzten Fernsehkinder von den über diesen Dreck hocherfreuten Fernsehmüttern geradezu gestrippt und deren Klamotten mit künstlicher Wonne in die Anankastentrommel geworfen werden? Früher, denkt Frau Saubermann, riefen unsere Mütter uns nach: »Mach dich nicht so schmutzig.« Heute, denkt sie, müßte ich eigentlich meinen Kindern nachrufen: »Kommt mir nur ja recht dreckig nach Hause.«

Mein lieber Gustav Korlén,

um Dir zum Geburtstag (ist es tatsächlich der 60.?) mit der erforderlichen deutschen Tiefe zu gratulieren und zu danken, müßte ich in eine Kiste greifen, die mir verdächtig ist: die Veteranentruhe. Ich müßte dann ungefähr so anfangen: »Weißt du noch, als ich im Oktober 1956 zum ersten Mal und als einer der ersten deutschen Nachkriegsautoren nach Schweden kam . . .?«, und dann müßte ich fortfahren und berichten, wie heikel das war, für Euch, für mich, und wie es dann doch gut ausging, sich Freundschaft bildete und anhielt. Und wie mich ein Beamter der westdeutschen Botschaft warnte, ich möge doch in Schweden nicht zuviel Metaphysik an- und unterzubringen versuchen, Du aber – ohne von dieser Warnung zu wissen, mich geradezu aufgefordertest, einige Passagen aus dem entstehenden *Irischen Tagebuch* zu lesen, die man als ziemlich »metaphysisch« bezeichnen kann. Ich lüpfe den Deckel der Veteranentruhe nur so eben, laß ihn dann wieder zufallen und warte noch ein wenig.
Was ich Dir heute gern schenken möchte, ist eine ziemlich unscheinbare philologische Blume, die Du Dir als Ordinarius und Seminarleiter vielleicht ins Knopfloch stecken kannst.
Zum schöneren, vielleicht sogar schönsten Teil meiner Korrespondenz gehört die, die ich als Übersetzter und – gemeinsam mit Annemarie – Übersetzer führe. Leider bin ich bis vor wenigen Jahren sehr unordentlich mit dieser Korrespondenz verfahren, ich habe sie nicht gesammelt, erst seit kurzem einen Schnellhefter dafür angelegt, aus Faulheit übrigens, denn die Fragen wiederholen sich natürlich, und was ich dem einen schon einmal ausführlich erklärt habe (zum Beispiel etwas so Exotisch-Erotisches wie »Weiberfastnacht«), kann auch dem anderen in der gleichen Version dienlich sein. Ein besonderes Problem für Übersetzer sind Tier- und Pflanzennamen. Was dabei international gleich ist, ist die lateinische Bezeichnung, man muß also erst in einem entsprechenden englischen Fachlexikon die lateinische Bezeichnung suchen, dann im deutschen Fachlexikon alle zur Wahl stehenden Bezeichnungen absuchen, bis man Übereinstimmung mit der internationalen lateinischen Bezeichnung gefunden hat. Das ist manchmal mühsam, macht aber viel Freude, weil doch jedes Ding den Namen haben sollte, der ihm zusteht.

Neulich hatte ich nicht als Übersetzer, sondern als Übersetzter ziemlich Schwierigkeiten mit einer Blume, die bei uns »langer Heinrich« heißt. Es entstand ein lebhafter Briefwechsel zwischen Vancouver, B.C., wo meine englische Übersetzerin Leila Vennewitz wohnt, und Köln, aber selbst nachdem ich die Blume eingehend beschrieben hatte (es handelt sich um eine Art aufgeschossener Marguerite!), schüttelten kanadische Gärtner und Botaniker immer noch den Kopf: diesen Langstieler kannten sie nicht. Schon drohte Verzweiflung, oder mindestens Resignation, und da die Blume als solche im Zusammenhang nicht so wichtig war, waren wir beide bereit, einer Umbenennung zuzustimmen und so konventionell wie unproblematisch Blumen wie Rosen oder Nelken als Stellvertreter zu autorisieren. Im letzten Augenblick griff ich zum einzig wahren Instrumentarium, das ich bis dahin vergessen hatte: dem Wörterbuch der Brüder Grimm, und tatsächlich, da waren ziemlich viele Heinriche, die mich alle recht nachdenklich machten. Nicht nur der »eigentliche« Heinrich, der als »knökern«, »isern« und »holten« Hinnerk oder Hinrek, später als »sanfter Heinrich« auftritt, dann aber stellte ich fest, daß der Heinrich als Pflanzenname weitaus mehr Variationen hat denn als Vorname, und zwar »aus den Vorstellungen von elben und kobolden, die gern Heinz oder Heinrich heiszen, was hernach auf teufel und hexen übergieng. solchen dämonischen wesen schrieb man die heilkraft des krautes zu.« (Klein- und Großschreibung, scheinbare Schreibfehler nicht von mir, sondern von den Brüdern G., bearbeitet von Moritz Heyne, Leipzig 1877).

Und dann kamen sie alle daher:

1. der große Heinrich (den ich mit dem langen identifizierte) inula helenium. alantwurz.
2. der gute Heinrich, chenopedium bonus Henricus, der gemeine gänsefusz. der gute und stolze Heinrich, sonsten auch schmieriger Mangold oder Schmerbel genannt – auch Kühwurz, Sauerampfer
3. der stolze Heinrich – auch Kreuzwurz
4. der böse Heinrich – erbsenwürger, sommerwurz
5. roter Heinrich, wilder sauerampfer
6. wilder Heinrich, auch rapunzel – schweizerisch: wilde heimele.

Nun, der Korrektheit wegen muß ich noch hinzufügen, daß die

Zitate nicht vollständig sind, schon deshalb, weil ich Dir von diesen Heinrichen gar keinen anbieten will, sondern eine viel hübschere Blume. Denn es stellte sich heraus, daß auch die lat. Bezeichnung »inula helenium« nicht weiterhalf, und wir einigten uns auf eine Ersatzblume, von der ich bisher nur den englischen Namen weiß »Blackeyed Susan«. Die also, eine schwarzäugige Susanne, schick ich Dir zum Geburtstag.
Und grüße Dich und die Deinen sehr herzlich, auch von Annemarie.

Dein alter Heinrich

Eine Bombe der Ruhe
Über Andrej Sinjawskij, ›Stimme aus dem Chor‹

Über dem peinlichen Streit um die Dissidenten, Emigranten, die vertriebenen Autoren, die von gewissen Leuten hier wie eine Beute vorgezeigt und herumgereicht werden, vergißt man leicht, daß sie selbst immer wieder die Oberflächlichkeit des westlichen Publicity-Geschäfts betonen. Schon ermüdet Gott sei Dank die Maschinerie der politischen Skalpjäger, und für die Autoren fängt die Arbeit an. Was wird aus ihnen als Autoren? Werden, die drüben in der Sowjetunion auf ihren Untergang lauern, recht behalten? Werden die Skalpjäger ihr unverantwortliches Vernichtungswerk mit Erfolg fortsetzen? Wer von diesen interessiert sich ernsthaft für Literatur? Es wäre interessant, einmal eine Art Verhör anzustellen, was sie, die da lauthals triumphieren, wirklich gelesen haben, von Solschenizyn, Nekrassow, Maximow, Sinjawskij. Maximow sollte einmal den einen oder anderen Publizisten, Moderator oder Journalisten fragen, ob er *Die sieben Tage der Schöpfung* oder *Quarantäne* gelesen hat? Lieben die Skalpjäger Rußland wirklich so sehr, und wissen sie etwa, daß in Maximows *Quarantäne* unter anderem eine – wie mir scheint – lebensgefährlich mystifizierende, symbolische Darstellung Stalins als notwendiger Gottesgeißel zu finden ist, und im Nachwort der Satz: »Die geistige Konzeption des Romans ergibt sich ganz und gar aus der prophetischen Hypothese der Slawophilen über die besondere Bestimmung Rußlands in der Weltgeschichte«?

Es steht mir nicht zu, über diesen Satz zu richten oder auch nur zu streiten. Ich frage mich nur, ob es irgendeinen kalten, heißen oder lauen Krieger, irgendeinen ganz rechten oder rechtsliberalen Politiker auf dieser Welt gibt, der politisch in dieses Bekenntnis mit einstimmen möchte. Der Wunsch nach Erlösung ist stark in der Sowjetunion, aber ob man dort auch nur einen finden könnte, der durch die oberflächlich politisch polemisierenden »Erlöser« hier erlöst werden möchte? Ich zweifle daran.

Was man den Autoren wünschen möchte, ist die – bei aller Unterdrückung, Verfolgung, Belästigung – ungeheure Ruhe, die unsagbare, wunderbare, heilsame und heilende Ruhe, wie sie etwa aus Sinjawskijs Buch *Stimme aus dem Chor* spricht, das

jetzt in Swetlana Geiers Übersetzung bei Zsolnay in Wien erschienen ist. Dies ist kein Buch, das man lesen muß wie einen Roman, es ist ein Buch zum Blättern: vor und zurück und wieder vor und zurück. Es hat keine andere Handlung als diese Ruhe, und seit wann ist Ruhe – außer vielleicht bei Stifter – Handlung?
Das Buch ist wie eine Postille, und es wäre zu wünschen, daß auch die kalterhitzten Krieger einmal hineinschauten. Es ist Sinjawskijs Frau Maria gewidmet: »Es besteht fast zur Gänze aus den Briefen, die ich in den Jahren meiner Haft 1966–1971 an sie gesandt habe.« Es besteht außerdem aus Meditationen über Kunst, Literatur, Religion, Geschichte, enthält (wahrscheinlich, weil Mitteilungen dieser Art für Briefschreiber und Empfänger zu gefährlich gewesen wären) kaum Andeutungen über die Haftbedingungen. Was sollten die Zensoren auch Gefährliches finden in kurzen, konzentrierten Essays über die Entwicklung des Romans, den Unterschied zwischen russischer und westeuropäischer Architektur, den Sinjawskij mit höchster Sensibilität an Hand des Materialunterschieds zwischen Holz und Stein behandelt? An Meditationen über das Runde in der russischen Architektur und das Spitze (Aggressive) etwa in der Gotik? Über das Innere russischer Kirchen, die nicht, wie die westeuropäischen, »Unendlichkeit, nicht Kosmos, nicht Sphärenharmonie, sondern vor allem Wärme, Schutz, Behagen« bieten? Wer möchte da nicht etwas mitbekommen von diesem »russischen Gott«, der »am Herzen unter dem Hemd wohnt«? Der das »spitze« Abendland (zu dem man selbst gehört, wie man bei der Lektüre feststellt) dauernd quälende Dualismus Form–Inhalt wird hier nicht nur an Literatur und Kunst abgehandelt, sondern auch an einer Definition von Dieben, die natürlich auch ihren künstlerischen Ehrgeiz haben. Betrachtungen über das Wesen der Kunst bestimmen den Charakter des Buches: »Deshalb wirken die Definitionen von Berufsästhetikern, die über Kunst zu Gericht sitzen und genau wissen, was sie ist (als wäre es je gelungen, als wäre es überhaupt möglich, das zu wissen!) beinahe tödlich.« Ein anderes Mal heißt es: »Kunst, das ist ein Ort der Begegnung. Des Autors mit dem Gegenstand seiner Liebe, des Geistes mit der Materie, der Wahrheit mit der Phantasie . . . Die wahre Kunst deckt vielleicht immer ein Unvermögen, einen Mangel an Meisterschaft auf. Jedenfalls zeigt sich in den genialen

Werken immer etwas, das an ganz elementare Ignoranz grenzt.«
Ach, würden die kalten Krieger sich doch ein wenig an diesem Buch wärmen! Und auch ein wenig von der Tiefe dieses Humors profitieren. »Ein Pole, Katholik, zum Aufseher: ›Laß mich in Ruhe, damit ich an meinem Feiertag nicht fluchen muß‹. Ein anderer Häftling: ›Im Laden alles, was das Herz begehrt, es fehlt bloß das Wasser des Lebens. Und – dein Geld‹.«
Was Graham Greene formuliert hat, stellt der Häftling Sinjawskij in der Sowjetunion, auf Grund der Sensibilität, mit der er Literatur aufnimmt und interpretiert, fest: daß mit den Anti-Smog-Bestimmungen, mit der Entnebelung Londons, diesem unbezweifelbaren Fortschritt, natürlich der englischen Literatur ein wichtiges Element genommen ist. Wie viele geheime Rendezvous deckte der Nebel, wieviel Stimmung brachte er. Und wie verändert sich die Londoner Kriminalität, wenn der feuchte Nebel nicht mehr da ist?
Man möchte dauernd zitieren, wo doch, wie bei einem Roman, die Pflichtübung »Inhaltsangabe« nicht geleistet werden kann. Welche Unterschiede in der Religiosität werden da sichtbar. Während man hier das erst kürzlich verkündete Dogma der leiblichen Himmelfahrt als peinlich empfand – in Rußland die große Anzahl von Mariae-Himmelfahrtskathedralen. Die Wichtigkeit der Stellung eines Kommas, dargestellt an den Worten, die Christus am Kreuz zu dem reumütigen Verbrecher sagt: »Ich sage dir heute, du wirst mit mir im Paradiese sein«, oder: »Ich sage dir, heute wirst du . . .« In dieser unterschiedlichen Stellung eines Kommas liegt für den Verbrecher der Unterschied von heute bis zum Jüngsten Tag.
Es ist gleichgültig, ob man Sinjawskijs Ansichten teilt oder ob man, die extreme Situation bedenkend, in denen sie gedacht und notiert sind, »Reduzierungen« vornehmen möchte – sie sind geeignet, westliche Selbstgefälligkeiten ins Wanken zu bringen. »Als die Frau ihrem Mann sagt (sie sprachen über einen Geflüchteten): Wenn du ihn anzeigst, gehe ich von dir weg, da haben wir verstanden, daß das Gute groß ist und uns unsichtbar regiert, im Mantel des Bösen, um sein Geheimnis zu bewahren.« Wenn man schon Sinjawskij gern »vorzeigen« möchte, zeige man bitte auch diesen Satz vor, in einer Welt, die die gesamte Bevölkerung in die Exekutive einbeziehen möchte.

Dieser – ich nenne es so – spirituell bedingte »Materialismus« ist immer greifbar, immer sinnlich: über einen Brief, »dieses Papier, das Du anfassen wirst«; und die Offerte einer Frau im Lager: »Laß mich dein Hemd waschen«, womit mehr gesagt ist als eine Liebeserklärung.

Sinjawskijs Erinnerungen an seine Kindheit, in der Nähe eines Kunstmuseums, und was dieses Museum für ihn bedeutete, Erinnerungen an die Eltern, Meditationen über »den ewigen Drang der russischen Autoren, ein Evangelium statt eines Romans« zu schreiben, und immer wieder über Bedeutung und Gewichtigkeit Mandelstams. Was wurde da im Lager alles gelesen oder wie über Gelesenes meditiert: Poe und Stevenson, die Klassiker ohnehin, aber auch die Geschichte der Langobarden von Paulus Diakonus, Band III, Betrachtungen über das Keltische, seine Märchen, Mythen, Grotesken, Verrücktheiten und deren Eingang in die christliche Kunst. Und auch das sollten wir »Spitzen« uns merken: »Das Wort ist für uns so gewichtig (geistig), daß es eine materielle Kraft darstellt und Schutz und Zensur (! Ausrufungszeichen vom Rezensenten) braucht. Wir sind Konservative, weil wir Nihilisten sind, und das eine verwandelt sich in das andere und löst es in der Geschichte ab.«

In diesem Buch wird von Politik fast gar nicht gesprochen. Mag das auch daran liegen, daß diese Briefe aus dem Lager geschickt oder geschmuggelt wurden: es erhöht die Ruhe, die aus dem Buch kommt. In unserer Welt, die ja nicht unruhig, sondern nur ruhelos ist, in der man im Zickzack lebt, im permanenten Zerhacken von Wirklichkeiten und von einer Sensation in die andere hetzt, wirkt dieses Buch wie eine Bombe der Ruhe. Es könnte zur Beruhigung beitragen.

Die Lektüre der Anmerkungen ist eine Ergänzung besonderer Art. Sie sind nicht nur als Hinweise und Erklärungen notwendig, sondern als Katalog der Gelehrsamkeit des Autors. Es gibt da eine Anmerkung über das russische Wort »Pokrow«: »Das Wort ›Pokrow‹ (Mariä Schutz und Fürbitte, 1. Oktober) hat im Russischen viele Bedeutungen: Decke, Schleier, Altardecke, Dach, Obdach, Zuflucht, Schutz, Schirm, Leichentuch, Throndecke, und entspricht der Vorstellung vom ›Schutzmantel‹ des heiligen Joseph oder dem der Maria (Adoptions- und Legitimationskinder heißen ›Mantelkinder‹)«. Das ist sehr schön erklärt. Und da kalte Krieger wohl immer frieren müssen, da sie ja in einer Art Tiefkühltruhe hocken, in der die Finger so steif werden, daß man ein Buch kaum noch durchblättern, geschweige denn lesen kann, so wünsche ich ihnen ehrlich, einen solchen »Pokrow« – und keinesfalls in der Bedeutung Leichentuch.

Gesprochener Atem

Ein Sammelband und ein Geburtstagsgruß

Über Hans Peter Keller, ›Extrakt um 18 Uhr‹

Zu den »Bewisperern von Nüssen«, wie Benn eine bestimmte Kategorie von Lyrikern genannt hat, gehört Hans Peter Keller wahrlich nicht. Nichts gegen Nüsse, und warum sollten sie nicht manchmal auch bewispert werden. An Hans Peter Kellers letzten Publikationen, wie sie sich spiegeln in dem Sammelband *Extrakt um* 18 *Uhr* entsteht die Frage, ob er überhaupt noch in die Kategorie der Lyriker gehört, wenn man sich darunter Herkömmliches vorstellt. Oder hat er – gemeinsam mit anderen Zeitgenossen, etwa Lec und Popa, die ja nicht zufällig in seine Nachbarschaft gehören – die Kategorie Lyrik erweitert? Wortreich und emphatisch war er nie, und doch immer poetisch, auch dort, wo er in Kurzprosa überging. Kellers Entwicklung führte ihn immer weiter von der wortkargen Poesie seiner ersten Publikationen fort, deren Ende man ungefähr ums Jahr 1958 ansetzen kann, als es in der *Wankenden Stunde* hieß:

»Immer geliebt das unverschnittene Licht – und folgen dem Brechungswinkel. Daß ich mein Zimmer seh, wie es ist, wenn ich nicht da bin!«

Das ist fast malerisch, im niederländischen Sinn: Wer wird nicht, wenn er das liest, weit, weit weg versetzt und blickt dorthin zurück, wo er längst nicht mehr ist. Und wenige Jahre später: *Jeder lebt von sich getrennt* (1960):

»Es scheint, Gefühl wird
heut anders getragen und nicht
auf der Hand: eher in der Tasche.«

Ich habe diese Zitate und die folgenden willkürlich – wie könnte man anders, wenn man ein Werk nicht zwingen will – herausgegriffen, und es zeigt sich in dieser willkürlichen Auswahl, daß H. P. Keller immer karger wird, auf bitteren Aphorismus und kurze satirische »Prosa« hingeht. In *Gesundheitspflege* (1965) heißt es dann:

»Weil er alt und gebrechlich und ihm
die Lüge schwer wird
übt er
Aufrichtigkeit.«

1966: »Laß dich gehen, aber zieh Stiefel an./Im Ernstfall wird der Spaß fällig.«
Und ebenfalls 1966: »Kein Transport von Träumen: zu teuer die Holzwolle./Kein Bedarf die Hände zu waschen in der sehr abgegriffenen Unschuld.«
Licht, Auge, Blick kehren immer wieder, und es scheint mir, als wäre das »unverschnittene Licht«, unter dem Kellers Gedichte und Aphorismen entstanden sind und entstehen, ein Hinweis auf eine im kulturhistorischen, nicht im politischen Sinn niederländisch-niederrheinische Landschaft, deren deutsche Variation noch nicht so recht wahrgenommen worden ist. »Am Strick baumelnd – auch eine Art Heilgymnastik, leichtfüßig« – das erinnert mich an Breughel und Bosch, die ja auch unter diesem unverschnittenen Licht, diesem Rembrandt-Himmel gearbeitet haben. In dieser Landschaft sind Schwermut, Bitterkeit und Humor, Düsterkeit und Licht keine Gegensätze, sie gehören zueinander, sie sind einander nicht »böse«, und ein »Moralist« ist nie nur ein Moralist. Er mag entlarven, liefert aber sein eigenes Geständnis immer mit. »Im Ernstfall wird der Spaß fällig.« Das nennt man anderswo gleich »makaber« oder »frivol«. »Marschmusik hat was Belebendes. Wäre man gelähmt! Seufzen die Toten« (1971). Man denke an die Sprichwortdarstellungen von Breughel und die »Verrücktheit« des Hieronymus Bosch. »Und sie erkannten, daß sie nackt waren. An dem Stoff hat die Mode was zu spinnen, Jahr für Jahr – wie doch ein Fehltritt beschwingt.« Die »Erbsünde« als permanenter Motor der Textilindustrie!
Es ist nicht einmal mehr einsilbig, nur noch halbsilbig, und könnte allzu leicht überlesen werden, was da 1971 zu lesen ist: »Satire, Liebeserklärung.« In einem seiner besten Essays hat Theodor Haekker einmal geschrieben, daß Satiriker und Lyriker nah beieinander wohnen: Man sollte das noch einmal prüfen und ernsthaft bedenken, daß die Trennung literarischer Kategorien oder Ausdrucksformen – etwa die in Poesie und Prosa – nie gestimmt hat, daß es keine »Spezialisten« in der Literatur gibt, auch wenn der eine nur »Poesie« und der andere nur »Prosa« schreibt. Keller hat mit der Halbsilbe »Satire, Liebeserklärung!« fast ein Geständnis abgelegt, mit dem all das, was nur als »bitter«, als »böse« verstanden werden könnte, sich selbst ins rechte, in dieses «unverschnittene Licht« stellt, und so mögen denn auch

die betreffenden und betroffenen Damen und Herren diese Halbsilbe als eine Art Schlüssel benutzen, wenn sie lesen: »Das Wort zum Sonntag. Die beste aller möglichen Welten. Ob auch ihr Hersteller am siebten Tag sich langweilte.«
In dem Buch *Mein Standpunkt* bezeichnet H. P. Keller seine Gedichte als »ausgesprochenen Atem«, und er fügt hinzu: »Wer schläft, atmet bekanntlich anders als einer, der wach ist, einer im Sessel anders als jemand, der schuftet, der Zwanzigjährige anders als der mit Achtzig, die Munterkeit anders als die Brust von Kummer, Askese anders als Fettsucht, ein Schock anders, Spiel und Sport und Rekord anders, aber auch der Bronchialkatarrh gehört hierher, der Husten, das Gelächter mit seinen Explosionen die introvertierten Synkopen des Kicherns.«
Am Niederrhein und in den Niederlanden ist einen erheblichen Teil des Jahres über der Atem sichtbar: wenn's – wie so oft – neblig, wenn's – wie so oft – feucht ist. Als Kinder haben wir manchmal versucht, mit unserem sichtbaren, so vergänglichen und doch so permanenten Atem in die Luft zu malen oder zu schreiben: völlig sinnlos, weil da nicht einmal die Schleife eines H auch nur den Bruchteil einer Sekunde »Dauer« hatte und keinerlei »Kontrolle« möglich war, und man konnte bestenfalls an den Kopfbewegungen etwas so Anmaßendes wie »Interpretation« riskieren. H. P. Keller ist es gelungen, den Atem sichtbar, sogar lesbar zu machen: Ich entdecke in seinen Gedichten und Aphorismen den Atem des Niederrheins (heutzutage, da – angeblich – die Winter immer schwächer werden und der Nebel durch Smog ersetzt wird, ist es ja auch mit dem Atem nicht mehr so wie einst). Das Niederrheinisch-Niederländische hat eben beides: das im herkömmlichen Sinne Lyrische – und diese verfluchte Nüchternheit unter »unbeschnittenem Licht«, wo baumelnde Gehenkte »leichtfüßig Heilgymnastik treiben« und die Toten unter belebender Marschmusik sich wünschen, Gelähmte zu sein. »Kein Transport von Träumen – zu teuer die Holzwolle.« Norbert Mennemeier hat »um einige Ecken herum« bei Keller die »rheinische Narrenbütt« entdeckt. Ja. Gewiß ist, »um einige Ecken« herum ist die Bütt da; ich frage mich nur, ob Keller mit dem, was so landläufig als »rheinisch« gilt, noch gedeckt ist. Die Bütten in Kleve oder Nijmwegen sind anders bestückt als in Köln, und es gibt da bei den Leuten vom Niederrhein eine gewisse Empfindlichkeit, wenn man sie zu nah an Köln heranrückt.

Allein die Tatsache, daß ein Verlag einem Dichter achtzehn Jahre und acht Buchpublikationen lang die Treue gehalten hat, wäre nicht nur der Erwähnung, sondern auch einer Laudatio wert, selbst wenn der Dichter am 11. März nicht sechzig, sondern neunundfünfzig Jahre alt würde. Es lebt ja einer, der so schreibt wie H. P. Keller, nicht von Bleistift und Papier allein: Er muß auch einen Verleger haben.
Es hat kürzlich im Landtag des Landes Nordrhein-Westfalen schlimme Vorwürfe der CDU-Opposition gegenüber der SPD/FDP-Regierungskoalition gegeben, und es ging da – man höre und reibe sich in kulturpolitischem Erstaunen sämtliche Augen – nicht um Schul-, nicht um Wirtschaftspolitik und nicht um die schlimmen Jusos und Judos – es ging um die Archive, Manuskripte, Nachlässe rheinisch-westfälischer Dichter und Denker. Und dieser edle Streit fand ausgerechnet in Düsseldorf statt, wo man dem einigermaßen bekannten rheinischen Dichter und Denker Heinrich Heine immer noch und wieder die Ehre verweigert, nach ihm eine Universität zu benennen.
Nun, hier gibt es einen rheinischen Dichter und Denker, an dem man den kulturpolitischen Aufstand proben könnte, bevor seine Manuskripte in Japan oder Australien mehr Interesse finden als hier.

Handwerker sehe ich, aber keine Menschen
Über Karin Struck, ›Die Mutter‹

Klassenliebe, das erste Buch von Karin Struck, war ein notwendiges Buch, bitteres Protokoll einer Befreiung aus ideologischem Zwang, Ausbruch des zur Funktion und zum Alibi gewordenen »Arbeiterkindes«. Nach diesem ersten, notwendigerweise noch fast privaten Buch ist Karin Struck mit ihrem neuen, umfangreichen Roman nicht nur – was schon viel wäre – ein paar Schritte, sie ist einen guten Sprung weitergekommen.

Sie ist eine ernste, fast zu ernste Arbeiterin mit zwei Hauptberufen: Mutter und Schriftstellerin. Sie hat sich einen Stoff und einen Titel gewählt, bei dem einige Mißverständnisse auf der Hand und vor der Tür liegen. Man stelle sich vor, ein Roman, betitelt *Die Mutter,* und nicht von einem sentimentalen Zurück-zu-den-Müttern-Mann, sondern von einer jungen Frau, Jahrgang 1947, selbst Mutter, geschrieben, und erscheint auch noch in diesem peinlichen »Jahr der Frau«, in dem man bisher wenig Kluges über Emanzipation gehört hat; erscheint in einem Augenblick, wo die Barrikaden gegen das Karlsruher Urteil – hier oder da – schon errichtet werden.

Und in diesem Roman werden Mutter und Mütterlichkeit nicht denunziert, nicht abgelehnt, sondern, wenn auch mit vielen schwermütigen Reserven, gepriesen; und auch noch Heimat, sogar Volk, und außerdem noch die Erde. Wohin soll das führen, wo doch jeder – mit Abscheu oder Genugtuung – sofort an »Blut und Boden« denkt. Doch Vorsicht: Wer mit Genugtuung an die dürftige Blut-und-Boden-Lehre der Nazis denkt, bleibt in deren Kümmerlichkeit, und wer in bloßem Abscheu-Reflex an sie denkt, bleibt eben in dieser bloßen Reflex-Dürftigkeit.

Karin Struck holt etwas nach und auf, sie setzt sich mit etwas auseinander, das ihr und ihrer Generation in der ebenfalls auf bloße Reflexe reduzierten Rechts-Links-Auseinandersetzung zwischen demagogischer Heimatvertriebenenpolitik und Heimatverachtung vorenthalten wurde. Und da wird auch noch in einer Phase, in der jedermann über die Übervölkerung der Erde jammert, in diesem Roman verkündet, die Erde müsse bevölkert werden. Denn die Erde ist ja »nicht der letzte Dreck«. Doch – noch einmal – Vorsicht, ihr Schwarzen und ihr Roten, ihr Gel-

ben, Blauen und Grünen: So leicht ist Nora Hanfland, diese rebellische Heldin in Karin Strucks Roman, nicht unterzubringen und schon gar nicht unterzukriegen. Kühn wird da behauptet: »Die Mutter ist der wichtigste Mensch.« Und: »Die Zeit ist gekommen für eine offene Herrschaft der Mütter, für ein neues Mutterrecht.« Und Karlsruhe würde nicht arbeitslos.
Karin Struck geht das Thema und seine Probleme unbekümmert und mit einer Strenge an, die keinem so recht bekommen und in keine Propaganda passen wird. Der Aufbau des Romans ist folgerichtig. Die Kapitel heißen: »Briefe der Mutter«, »Die Kinderreichen«, »Beziehungslosigkeit«, »In der Fabrik«, »Judith«, »Die Heimat«. Im ersten Kapitel tritt die Heldin aus sich heraus, auf der Suche nach derjenigen, aus der sie herausgetreten ist: ihrer Mutter. Hartnäckiges Forschen, Briefwechsel, Fragen, Briefwechsel, Rückfragen, wobei viel »herauskommt«: über Eltern, Geschwister, Großeltern, Zeitgeschichte, Sozialgeschichte, Details über Bauernarbeit, Bauernschicksal, Vertriebenheit, Lebensbedingungen in Pommern vor dem Krieg, während des Krieges, danach.
Das zweite Kapitel »Die Kinderreichen« ist der notwendige Rundblick auf andere, die viel geboren haben und unter vielen geboren wurden; viele Recherchen, Reflexionen, haarsträubende Details über unsere notorisch kinderfeindliche Welt und Umwelt, die ja praktisch alle Kinderreichen, wenn sie nicht zufällig Millionäre sind, bestraft und in Asozialität drängt.
Solche Details – ganz gleich, wie das Urteil nun ausfallen wird und welche der »Parteien« nun gegen wen Barrikaden zu errichten gedenkt – sollten die Pro- und Kontra-Karlsruher doch nachdenklich machen. Für diejenigen, die da so viel und mit so viel Pathos vom »Schutz des Lebens« sprechen, die gleichzeitig aber keine Profiteinschränkungen hinnehmen wollen, ist in diesem Kapitel wie im ganzen Roman wenig Schmeichelhaftes zu holen.
Das dritte Kapitel »Beziehungslosigkeit« ergibt sich aus dem ersten und zweiten, nach der »verlorenen Mutter« und der unausweichlichen Asozialität der Kinderreichen. Dieses dritte Kapitel ist voller Angst, laut, leise, es ist voller Sehnsucht nach totaler Kommunikation, voller Widersprüche, nicht nur bei anderen, auch bei der Heldin. Denn auch sie ist natürlich nicht reine und permanente Liebe, auch sie ist, was sie an ihrer Umwelt ständig

feststellt: gereizt, übermüdet. Gerechter Zorn, ungerechter Zorn, Prophetinnen-Zorn. Und nach »Blut und Boden«, nach Heimat, Erde, Erdbevölkerung, Volk, wird ein weiteres Tabu angegangen: die Objektivität. »Ein Vierteljahrhundert in der Objektivität herumgestoßen. –Vielleicht war das Kindergebären das erste Beteiligtsein, die erste Anschauung, die erste Erfahrung, die Erfahrung ging von Kopf bis Fuß. Sie war leibhaftig.« Auf der Suche nach der verlorenen Zeit, der verlorenen Mutter, die gefundene Leibhaftigkeit.

Totale, fast absolute Beziehungslosigkeit dann in der »Fabrik«, die in diesem Kapitel nicht irgendeine, sondern *die* Produktionsstätte ist, eine Entbindungsklinik, in der ja immerhin – oder sollte dieses »Produkt« so ganz und gar nebensächlich und »emotionsfrei« sein? – Menschen geboren werden. In dieser vollautomatisierten Gebärfabrik werden ausgerechnet die sich selbst und ihrem »Produkt« entfremdet, die »ungeteilte Zuwendung« geben sollten, die eben nicht »Bezugsperson, sondern Mutter« sein sollen.

Und da wird – nicht nur einmal – ein Professor zitiert, der gesagt hat: »Die Gebärmutter ist ein vollkommen überflüssiger Muskel.« In dieser Fabrik findet die aufmerksam forschende Nora in den Kreißsaalpapieren eine Quittung der Behringwerke AG: »Fünfundfünfzig Plazenten erhalten. Abholdatum achter März 1974. Unterschrift des Abholers.« Wird man – satirisch-frivole Vorstellung des Rezensenten – demnächst nur noch Gebärende zulassen, damit die kosmetische Industrie weiterhin mit garantiert echten Plazenten versorgt werden kann? Und wird man eines Tages (fortgesetzte Frivolität des Rezensenten!), wenn die nachwuchsfreudigen Völker dieser Erde allzu gehorsam ihre Geburten kontrollieren, ihnen wieder nahelegen, nun aber wieder mehr Kinder zu zeugen, weil die Kosmetikafabriken reuevoll feststellen, daß letzten Endes doch nichts über eine echte Plazenta geht?

Doch es gibt da auf dem Weg nach Karlsruhe nicht nur das Bibelzitat, das da sagt »Wachset und mehret euch«, es gibt da noch eins, von dem in kirchlichen Kreisen weniger gesprochen wird: »Selig die Unfruchtbaren und die Leiber, die nicht geboren, und die Brüste, die nicht gesäugt haben.« Nora Hanfland kennt beide Zitate, und beide Zitate sind ständig anwesend in diesem Roman und ständig konfrontiert mit dem Motto, einem Hölderlin-Zitat: *Unfreundlich ist und schwer zu gewinnen die Verschlossene, der ich entkommen, die Mutter.*

Schwermut, Erinnerung, Sehnsucht, auch im fünften Kapitel »Judith«. Sie ist für Nora eine Art Zwillingsschwester, an der sie sich selbst zu erfahren und zu erkennen versucht, mit der sie erfolgreicher als mit anderen kommuniziert. »Ein Buch führt uns zusammen: ›Nachdenken über Christa T.‹« Im letzten Kapitel »Die Heimat« ist nicht nur die geographische Heimat Pommern gemeint, die man per Bus, Bahn, Taxi, die man wandernd und schwimmend »erfährt«, das Kapitel ist nicht nur befaßt mit Spurensicherungen und Suche nach verlorenen Zeiten.

Gemeint ist auch die Mutter als Urheimat, auch Nora, selbst Mutter und fast schon verlorene Heimat ihrer eigenen Kinder. Mehr noch: Volk, und bevor die Blut-und-Boden- und Anti-Blut-und-Boden-Neurotiker um sich schlagen, sei rasch festgestellt: Mit Volk ist nichts Völkisches gemeint, sondern ein anderes und besseres Wort für Klasse oder gar Arbeiterklasse.

»Man muß die Menschen lieben«, sagte Nora, und Heinrich, ihr Gefährte sagt: »Dem Volk etwas sein.« Heinrich, dieser erstaunlich gütige Mensch, der Noras Härte und Unerbittlichkeit ausgleicht, schließt niemanden aus. Oder sollte einer sagen: Man muß die Bevölkerung lieben? Und es heißt ja um Himmels willen nicht: das *deutsche* Volk, das Wort schließt, auf die Bundesrepublik bezogen, Türken und Jugoslawen, alle Ausländer natürlich mit ein.

Bei diesem Roman mit seinen Anschauungen, seinem radikal neuen Ansatz, liegen nicht nur Mißverständnisse auf der Hand, auch seine Gefahren. Wenn auch Mütterlichkeit nicht aufs Biologische beschränkt wird (es wird sogar von mütterlichen Männern gesprochen – und da wären die väterlichen Frauen fällig!), wenn ich da lese: »Sie (Nora) könnte die Leute totschießen, die bei Hertie Konserven einkaufen«, frage ich mich, ob da gleich geschossen werden muß. Wer kann sich dieses »natürliche Leben« schon leisten, und wenn man dem Volk etwas sein will (schön ausgedrückt!), muß man dem Volk Alternativen bieten, wohin denn sollen die Zigmillionen Großstädter zum Einkaufen?

Weiteres Zitat: »Nora haßt das Fernsehen und die Illustrierten, ihre Autoren und Intendanten, daß sie so viel Wertloses dem Volk vorsetzen: daß sie meine Mutter berieseln, zuschütten, ihre

Seele verstopfen, ihre Phantasie, ihren Wirklichkeitssinn, ihr Gefühl für sich selber, wieviel menschenehrfürchtiger alles gemacht werden müßte.« Wiederum ein sehr schönes Wort: menschenehrfürchtig, und es trifft diesen lackierten Zynismus genau, der einem da so häufig vorgesetzt wird, und das, was sich so die »Medienpolitik« nennt, ist schon zum Gruseln.
Die ständige Angst vor Vertreibung beherrscht dieses Buch und seine Heldin, die natürlich auch sich selbst dauernd treibt und vertreibt. Nora sieht Befreiung, sogar Herrschaft der Frauen in ihrer Anerkennung als Mütter, Anerkennung des Mutterberufes, der Befreiung der Mutter aus der Klasse »ungelernter Leichtlohnarbeiterinnen« in die Klasse der anerkannten und herrschenden Schwerarbeiterinnen, denen man noch drei Jahre nach der Geburt eines Kindes den Lohn fortzahlen müßte. Nora, diese schwermütige Rebellin, würde nicht nur Schwangere in einem Kabinett dulden, sie würde ein Kabinett der Schwangeren vorschlagen. »Handwerker sehe ich«, zitiert sie mehrmals, »aber keine Menschen.« Ja. Vom Handwerk der Mutter weiß man zu wenig, und es ist eine der Stärken des Buches, daß es viele Lebensläufe enthält, von Hebammen, Ärzten, Bauern – und Müttern, deren Beruf ja kein Handwerk ist, sondern: »Mutterliebe ist Kunst.« Nicht Frauen-, sondern Mutterpolitik wird betrieben, und es wurde höchste Zeit, daß Schwangerschaft und Geburt einmal exakt ohne Zimperlichkeit und Sentimentalität beschrieben wurden, wie es in diesem Buch geschieht, der Alltag einer »gewöhnlichen Mutter« und ein Waschtag.
Der Roman enthält viele, vielleicht zu viele Ausdrucksformen: Erzählung, Hymne, Bekenntnis, Klage, Anklage, Meditation, Analyse, Polemik, Recherche und Utopie. Es ist ein schweres Buch, auch schwerwiegend, es ist lückenlos, pausenlos, biblisch, es ist ein Wendepunkt, eine Tendenzwende ganz besonderer Art, nicht vergleichbar mit den oberflächlichen Reflexen der bisher propagierten Tendenzwende; es ist ein schwermütiges Buch, was keineswegs bedeutet: freudlos; aber immer ernst; ein extrem deutsches Buch, auf eine imponierende und beängstigende Weise.
Karin Struck schreibt da im zweiten Kapitel: »Schreiben ist ein Versuch, das Spielen wieder zu lernen, die ernsthafteste und menschlichste Tätigkeit, die Nora sich vorstellen kann.« Das Wort »ernsthafteste« würde ich gern streichen, das Wort

»menschlichste« gern betonen. Vielleicht kann man nur ernst sein, wenn man den Ernst hin und wieder vergißt. Von Spiel enthält der Roman noch wenig. Der nächste könnte spielerischer sein, mir scheint, es wäre an der Zeit, Heinrich nach vorne zu holen, diese bisher im Hintergrund wirkende Gestalt, die das schwere Gebäude trägt.

Man spürt auch zu deutlich die Angst von Karin Struck, dieser Roman könnte als unpolitisch mißverstanden werden. Er ist politisch genug. Manchmal blitzt es in lakonischen Sätzen besonders deutlich auf: »Kinderreichtum ist Sünde«, oder: »Heimat war nur ein Schimpfwort.« Und es wäre schon wert, darüber nachzudenken, wieso wir Erde und Dreck so häufig gleichsetzen, ob man sich an Erde wirklich dreckig machen kann, während man allen möglichen chemischen Dreck für sauber, rein und reinigend erklärt. Was man Umweltschutz genannt hat, ist doch nichts anderes als der Wunsch nach Erhaltung des Bodens, den man auch Erde nennen kann, und Erde ist »nicht der letzte Dreck«.

Das meiste ist mir fremd geblieben
Ernst Jünger zum 80. Geburtstag

Es fällt mir nicht leicht, über Ernst Jünger zu schreiben. Ich bin mit mir selbst nie über ihn einig geworden. Diese Uneinigkeit betrifft nicht einmal Ernst Jüngers moralische, sie betrifft eher seine ästhetische Dimension.

Ernst Jünger wäre für mich ein Anlaß, über ein Thema zu meditieren, das ich »Die Ungerechtigkeit des Lesens« nennen würde. Wie wichtig, entscheidend sogar ist es, in welchem Augenblick, in welcher Stimmung, in welcher Autoren- oder Bücher-Gesellschaft man einen Autor kennenlernt. In einer Zeit, in der ich von zwei so absolut gegensätzlichen Autoren wie Dostojewski und Chesterton fast ganz besetzt war, las ich als erstes Buch von Ernst Jünger *Auf den Marmorklippen.* Für dieses Buch war einfach kein Platz mehr frei – es geriet in einen Augenblick der Lese-Ungerechtigkeit, in ungerechte Gesellschaft und auf ungerechten Boden. Jahre davor war ich von Léon Bloy und Georges Bernanos besetzt gewesen. Hinzu kommt, daß ich natürlich von Herkunft, Erziehung und Neigung nicht gerade auf Ernst Jünger vorbereitet war.

Und doch hätte es da einen günstigen Einstieg gegeben: Ich hörte die Namen Ernst und Friedrich Georg Jünger zum ersten Mal von Gerhard Nebel, der einmal vertretungsweise für einige Wochen unser Deutsch- und Boxlehrer war. An die Lehrer des Gymnasiums, das ich ein Jahr nach Nebels stürmischen Auftritten absolvierte, erinnere ich mich mit großer Dankbarkeit, auch an Gerhard Nebel. Ich war in beiden Fächern, die Nebel gab, keine Glanznummer, im Boxen noch weniger als im Deutschen, aber Nebel hatte meine volle Sympathie. Er trug uns damals Gedichte von Friedrich Georg Jünger vor, machte uns auf Ernst Jünger aufmerksam und erklärte uns ziemlich offen, daß die Einführung des Boxens auf deutschen Schulen einem anglophobisch-anglophil gemischten Minderwertigkeitsgefühl der Nazis entsprungen sei. Es gab da zwei rabaukenhafte Nazis unter unseren Lehrern, die beide nicht in unserer Klasse unterrichteten; die anderen Lehrer waren schlimmstenfalls Hindenburgianer, die meisten waren beides nicht: weder Nazis noch deutschnational.

Nebel war schwer zu plazieren. Diese Mischung aus höchster Sensibilität mit einer gewissen Rauhbeinigkeit, etwas Poltrig-Liebenswürdig-Bärenhaftes; dazu war er »strafversetzt«; es wurde geflüstert, er sei Kommunist – zumindest gewesen. Unsere Lehrer ließen uns viel freundliches Entgegenkommen spüren, sie wußten wohl besser, was wir nur ahnten: daß der Krieg bald kommen würde. Gerhard Nebel paßte so gar nicht in diese stille, katholische Schule, die passiven Widerstand ausstrahlte – und ein oder zwei Jahre später von den Nazis aufgelöst wurde –, und doch, das spürte ich, Nebel »gehörte dazu«.
Ernst Jünger hatte also gute Empfehlungen, aber erst im Jahre 1939, wenige Monate oder gar Wochen vor Kriegsausbruch, las ich dann die *Marmorklippen.* Das Erscheinen dieses Buches war eine Sensation, es galt als das Buch des Widerstandes. Es wurde in unserer Familie diskutiert, ein Freund, begeisterter Jüngerianer, interpretierte es mir, aber ich sprang nicht recht ein und nicht an ... ich war besetzt, vielleicht sogar besessen und wohl ungerecht.
Natürlich erkannte ich den Mut des Autors, aber seine Mystik und seine Symbolik erschienen mir als zu weit hergeholt, die Sprache als zu künstlich-gepflegt. Gegen Bloy und Bernanos, Dostojewski hielt er nicht stand – und da ich gleichzeitig von der katholisierten Eleganz Chestertons beeindruckt war, erschienen mir die *Marmorklippen* als zu »deutsch«. Der Ernst Jünger der *Marmorklippen* war mir zu weihevoll, auch zu sehr für Eingeweihte, nicht der moralische Einstieg mißlang, der literarisch-stilistische. Natürlich wußte ich auch, daß dieses Buch in unserer Situation und für diese wichtiger war als meine Lieblingslektüre, und doch: Die erste Annäherung mißlang.
Dem Jünger des *Abenteuerlichen Herzens,* das ich während des Krieges las, kam ich schon näher, aber erst später, wohl 1943, als ich in einem Lazarett *In Stahlgewittern* las, fand ich zu meinem eigenen Erstaunen Zugang. Es wurde mir an diesem Buch der Unterschied zwischen dem Soldatischen und dem Militärisch-Militaristischen bewußt gemacht, und gerade weil diese Welt der Stahlgewitter, des Heroischen, der Aktion mir so vollkommen fremd war (und ist), verstand ich zum ersten Mal, was am »Fronterlebnis«, das ich bisher nur in der kleinbürgerlichen Angeber-Anekdote kannte (nicht von meinem Vater!), über das Politisch-Geschichtliche hinaus einen Autor wie Ernst Jünger faszi-

niert haben mußte. Auf dem Umweg übers Exotische konnte ich »verstehen«.

Extremer Zivilist, der ich bin und schon damals – auch in Uniform – so deutlich war, daß alle intelligenten Berufssoldaten mich kopfschüttelnd aufgaben, habe ich mich mit Berufssoldaten immer besser verstanden als mit den übereifrigen Reservisten vom meist peinlichen deutschen Oberlehrertyp. Und da ich außerdem nicht nur antipreußisch erzogen und antipreußisch gediehen bin, kann ich mir jetzt, wo es sie nicht mehr gibt, erlauben, die Qualitäten des Preußischen zu erkennen, und so verstehe ich natürlich Ernst Jüngers Klage über den Verfall der deutschen Armee, wenn ich auch keineswegs in diese Klage einstimme.

Ich weiß nicht, ob Ernst Jünger wirklich, wie das Gerücht geht, an der Heeresdienstvorschrift mitgearbeitet hat (wahrscheinlich würden komplizierte kybernetische Instrumente und Berechnungen, mit denen man jetzt Scholochows Nicht-Autorschaft beweisen will, auf die alte Heeresdienstvorschrift angewendet, dienlich sein!), aber wenn Ernst Jünger Mitautor ist, so habe ich den Autor Jünger natürlich auch in diesem Text gespürt und erfahren, denn, was immer sie sonst gewesen sein mag: Präzis war sie, die Heeresdienstvorschrift, deren Inhalt mir aufs äußerste mißfiel, deren formalistischen Rang ich aber erkennen konnte. Der von Literaten konstruierte, von Bürgern leidenschaftlich aufgenommene – wie ich finde – künstliche Gegensatz von der reinen und der engagierten Literatur ist ja auch in Ernst Jünger aufgehoben.

Ich ziehe den subtilen Jäger und Kriegsbuchautor Ernst Jünger dem Erzähler vor. Das Symbolisch-Lehrhafte, mit dem etwas demonstriert werden soll, ist mir auch bei Bert Brecht weniger zugänglich als seine Gedichte. Am Erzähler Jünger fällt mir auf, daß er – als Erzähler, nicht als Person! – so selten mit Frauen umgehen kann; es kommt da manchmal etwas peinlich »Kasinohaftes« hinein.

Was mich an Ernst Jünger in Erstaunen versetzt, ist die (möglicherweise nur scheinbare) Unberührtheit. In manchen langen und offenen Gesprächen mit jungen Leutnants während des Krieges ist mir klargeworden, welche Bedeutung Ernst Jünger für eine, wahrscheinlich für zwei Generationen von Offizieren gehabt hat. Er war ihr Prophet, er war ihr Magier, er war ihr

Meister vom Stuhl, und ich hatte – gerade weil mir ihre Denkweise und ihre Existenz so fremd waren – viel Sympathie, die manchmal nahe an Freundschaft herankam, für diese Todeskandidaten.

Das meiste an Ernst Jüngers Werk ist mir fremd geblieben: das Zelebrative, Weihevolle, Eingeweihte. Als mich neulich jemand, wohl provokativ, fragte, was ich denn mit Ernst Jünger gemeinsam haben könnte, fielen mir einige (zunächst bloß statistisch) gemeinsame Merkmale ein: Wir sind beide Deutsche, beide deutsche Autoren, wir haben beide am Zweiten Weltkrieg teilgenommen, wir lesen – wie ich, was Ernst Jünger betrifft, den *Strahlungen* entnahm – beide regelmäßig die Bibel, und – etwas für einen Zivilisten wie mich absurd Lächerliches, für einen Soldaten aber Wichtiges – sogar die Waffengattung haben wir gemeinsam gehabt, und es gibt da »Begegnungen«, die ich in den »Strahlungen« entdeckte: als junger Soldat, der sich, wann immer er konnte, Dienstreisen nach Paris erschlich, kaufte ich die mir noch unbekannten Werke und Tagebücher von Léon Bloy, die ich mir in Cafés und Wartesälen entzifferte – zur gleichen Zeit, als auch Ernst Jünger in Paris Bloy las.

Judasbild und Judenbild: Die Verteufelung der anderen
Über Walter Jens, ›Der Fall Judas‹

Es ist schon merkwürdig, daß dem Petrus die dreimalige Verleugnung eher den fast liebenswürdigen Kredit menschlicher Schwäche eingebracht hat; dreimal – und in welcher Situation des Hohnes und der Verlassenheit! – krähte der Hahn, es weinte einer bitterlich und wurde später der erste Papst. Der andere, Judas, warf die Silberlinge in den Tempel, bekannte, er habe unschuldig' Blut verraten, verzweifelte und beging Selbstmord.
Man muß, glaube ich, wenn man über den Fall Judas liest, den Fall Petrus immer in Ergänzung dazu denken, die beiden »Karrieren« gegeneinanderhalten, dazu denken muß man auch, daß Petrus, obwohl doch eindeutig Jude wie alle Jünger und Apostel, nie als »typisch jüdisch« interpretiert und dargestellt wurde. Der Jude, nicht ein Jude, blieb doch Judas: immer die Hand am Geldbeutel, geldgierig, ein Verräter; und es gehört wohl in diesen Themenkreis, daß im landläufigen Passionsspiel die Händler-, die Geldwechslerszene fast immer im Mittelpunkt steht, als wären die Händler und Geldwechsler nicht an allen Pilgerorten präsent, in Lourdes und Fatima, Rom, Kevelaer und anderswo.
Es war höchste Zeit, daß einer sich des Falles Judas einmal annahm. Walter Jens tut es auf eine einleuchtende Weise. Er läßt den Franziskaner Berthold B. einen Seligsprechungsprozeß für Judas beantragen, und ausgerechnet in Jerusalem. Der Fall, der zunächst hoffnungslos erscheint, wird dann korrekt nach kanonischem Recht durchgeführt. Der Patriarch von Jerusalem nimmt den Antrag an, der Prior des Augustinerklosters in Jerusalem übernimmt das Amt des Glaubensanwalts. Es wird verhandelt, Zeugenaussagen werden gesammelt, theologische Gutachten. Und nach zwei Jahren wird das umfangreiche Konvolut ordnungsgemäß nach Rom überstellt, wo der Protonotar zunächst die Ordnungsmäßigkeit der Unterlagen prüft und dann der Prokurator der Ritenkongregation, Kirchenjurist und Lizentiat der Theologie, Ettore P., seines Referentenamtes waltet, Berthold B. als bestellter Postulator Wohnung nimmt.
Die vielen Feinheiten, auch Spitzfindigkeiten theologischer, ar-

chäologischer, philologischer und psychologischer Art wiederzugeben, die Walter Jens in bester (und hier einzig angebrachter) Rhetorik anführt, dazu fehlt hier der Raum. Die Plädoyers und Schriftsätze von Berthold B., des Patriarchen von Jerusalem, der zusammenfassende Bericht von Ettore P., der die Nullierung des Verfahrens beantragt, die eingeflochtenen und eingestreuten exegetischen Passagen, die geschichtliche und politische Bedingtheit der Gutachten (etwa der südamerikanischen Theologen), das Problem Prädestination *und/oder* freier Wille. Das Jesuswort »Was du tun willst, tu schnell«, das Versprechen der zwölf Throne im Himmel.

Tat Judas nicht das für die Erlösung Notwendige, war er ein National- oder ein Sozialrevolutionär? Nicht nur die Pros in ihrer Subtilität scheitern, auch die Kontras erweisen sich als überflüssig, denn abgeschmettert wird der Antrag, weil man an der Überlieferung festhalten muß, und der Befürworter der uneingeschränkten Tradition schämt sich nicht, sogar die bildende Kunst mit ihrer Judasüberlieferung in seinen Dienst zu nehmen; gleichzeitig wird die Poetik, die es da wagt, Übersetzungsfehler zu reklamieren (behauptet sie doch, das griechische »paradidonai« sei mit »überliefern« richtig, mit »verraten« falsch übersetzt!), verworfen, verworfen wird auch der Verdacht, der gute Johannes habe seinen Text manipuliert, habe Anti-Judas-Propaganda betrieben.

Überhaupt: diese Neuerer, die da an Texten herumdeuteln, deren Auslegung feststeht und die durch die bildende Kunst bestätigt sind. Als ob es auf den einen oder anderen Übersetzungsfehler ankomme, wenn es darauf ankommt, nicht nur das *Judasbild*, auch das *Judenbild* in seiner eingängigen und tief eingegangenen Teuflischkeit zu erhalten. Judas ein Mensch? Gar ein Mensch wie du und ich? Und er sollte etwa noch an der *felix culpa* teilhaben, die da in der Osternacht mit wahrer Wollust gepriesen wird? Nein, der Antrag ist abzulehnen, und nicht nur das, man muß sich vorbehalten, gegen Zeugen und Richter in diesem Verfahren wegen erwiesener Ketzerei vorzugehen. Ehre sei Gott.

Doch dieser Ettore P., konservativ korrekt, Jurist, gläubig, sieht sich zwei Jahre später selbst verketzert, laisiert, zum Ettore P. Pedronelli degradiert, den der verstörte, längst zum Judas gestempelte Berthold B., der Hohn, Verfolgung, Verteufelung erfährt, noch einmal aufsucht. Und nun nimmt Ettore Pedronelli

die – man muß schon sagen – Judasnachfolge auf und auch den »Fall Judas«. Konservativ, gläubig, Jurist ist er geblieben.
Der Fall Judas, mit nicht nur geschliffenen und gescheiten, mit leidenschaftlichen Plädoyers aufgenommen, wird schließlich, nachdem er zum Fall Berthold B. geworden war, zum Fall Ettore P., der ebenfalls des Hohns, der Verleumdung gewiß sein darf, in diesem undurchdringlichen und undurchsichtigen Labyrinth von Taktik, jenem als Zeitlosigkeit getarnten oder ausgegebenen unermeßlichen Reichtum an Zeit, der Leidenschaft tötet oder ins Irrenhaus treibt, in diesem unbewegten und unbewegbaren, permanenten Aktenchaos, an dem jeder Zeitarme, jeder Sterbliche also, scheitern muß.
In diesem kurzen, gedrängten Buch (in dem sich, wie ich finde, ein Theaterstück oder eine Oper verbirgt) hat Walter Jens nicht nur den längst fälligen Fall Judas aufgenommen, nicht nur die bild- und textgeschichtliche Entstehung des Antisemitismus; noch einmal und wieder die Verteufelung und Verketzerung des »Anderen«, des Negers, des Dissidenten, des Verräters, des Abtrünnigen, der nichts weiter getan als seine Pflicht oder auch nur seine »Pflicht«. O felix culpa!

Was las Hindenburg?
Fragen nach dem Lesen von Peter Brückners Untersuchung, ›Sigmund Freuds Privatlektüre‹

Die Frage, was Lektüre an- und ausrichtet, was Bücher bedeuten und bewirken, ist noch zu sehr *Markt*forschung geblieben, angehängt an Auflagenhöhe, Beliebtheit, Bekanntheit, an Moden und Trends der aktuellen Szene; ein Buch, das zwei Jahre alt ist, hat kaum noch eine Chance, besprochen, bekanntgemacht zu werden, und was geschieht mit Büchern, die zwanzig, vierzig, hundert und mehr Jahre alt sind: Stendhal oder Sterne etwa, die ja in einigen Ausgaben zu haben sind und wohl gelesen werden? Ich erinnere mich des Romans *Und keiner weint mir nach* von Siegfried Sommer, in dem einem jungen Arbeiter von einer Bibliothekarin Jack Londons *Martin Eden,* empfohlen wird: und dieser Roman wird bestimmend für sein Leben. Im Zusammenhang mit der aktualisierten Diskussion über Gewalt wäre es auch wichtig, einmal die Quellen der Gewalt in unserem herkömmlichen Bildungsgut zu erforschen: im Alten Testament, der Odyssee, der Aeneis, dem Nibelungenlied, dem Bellum Gallicum und im *Asterix* als einer Art Anti-Bellum-Gallicum. Ich erinnere mich des Slogans: »Das Buch, ein Schwert des Geistes.« So gewaltlos klang das auch nicht.

»*Privat*lektüre«, wie sie Peter Brückner an einem Geist wie Sigmund Freud erforscht, ist doch für die meisten Menschen jede Lektüre, aber man bedenke dann, welche Bedeutung etwa Hitlers (Privat)-Lektüre nach 1923 für die Weltgeschichte bekommen hat. Was las Hindenburg? Oder Lyndon B. Johnson? Wahrscheinlich waren beide nicht unbedingt Büchernarren, wie Sigmund Freud es von Jugend auf war, der schon als Siebzehnjähriger sein Konto beim Buchhändler dauernd überzog. Der »Historiker der menschlichen Seele«, wie Alfred Döblin laut Brückner Freud genannt hat, war, was sein eigenes Leben anging, »von einer geradezu aggressiven Diskretion« (L. Marcuse).

In dieser gelehrten Arbeit von Peter Brückner, deren Wissenschaftlichkeit mit ihren zahlreichen Hinweisen und umfangreichen Quellenangaben ich keineswegs gerecht werden kann, wird unter anderem Joseph Conrad zitiert: »Von allen toten Objek-

ten, von allen Schöpfungen der Menschheit stehen uns Bücher am nächsten, denn sie enthalten unsere Gedanken, unseren Ehrgeiz, unsere Empörungen, unsere Illusionen, unseren Glauben an die Wahrheit und unsere beharrliche Neigung zum Irrtum.«
Trifft das zu, traf das je zu, trifft es *noch* zu, und auf wen? Haben Kino, Fernsehen und Funk den Leser wirklich in den Zuschauer und Hörer verwandelt? Man weiß da einiges über Lesequantitäten, über Lesequalitäten weiß man fast nichts; nicht alles, was geschieht, geschieht ja auf dem Markt.
Die Schwierigkeit bei der Beurteilung von Freuds Privatlektüre (und dieser Schwierigkeit ist sich Peter Brückner bewußt) ist die Frage, ob man die professionelle Lektüre – etwa die Dostojewskis, die ja wohl *auch* Privatlektüre war – und die private – etwa Sternes und Dickens' – wirklich voneinander trennen kann. Ist alles, was nicht direkt in Forschungsarbeiten ausgewertet wurde, wirklich privat geblieben, oder nicht doch, vielleicht nur »irgendwie«, in die Arbeit eingegangen? In die Existenz doch gewiß. Ich stelle diese Frage, die ich nicht beantworten kann, als ein *Leser*, dessen Beruf das Schreiben ist und der noch lange nicht über alles schreibt, was er liest. In diesen beiden Eigenschaften – als Leser und Schreiber – finde ich Peter Brückners Buch aufschlußreich, anregend und wichtig, und denke mir, daß man die Erforschung von (Privat)Lektüre ausdehnen sollte auf Politiker, Arbeiter, Angestellte, Pfarrer, Lehrer, Akademiker. Man weiß zu wenig von denen, die lesen, weiß zu wenig von ihrer Phantasie, die oft die des Autors übertreffen mag. Immerhin schrieb Freud selbst: »Phantasieren und arbeiten fällt für mich zusammen, ich amüsiere mich bei nichts anderem«, und Peter Brückner kommentiert klug: »So ist selbst bei einem Manne seiner Arbeitsamkeit nicht auszuschließen, daß im einen oder anderen Fall (von Lektüre) der Hang zum Buch zwei widerstrebende Tendenzen versöhnt hat: die Neigung zur Faulheit und den Widerwillen gegen Beschäftigungslosigkeit.«
Es fällt auf, daß unter den von Freud privat bevorzugten Autoren, die Peter Brückner ausfindig gemacht hat, überwiegend Briten sind, mit der Ausnahme des Dänen Jens P. Jacobsen, des Niederländers Multatuli (Dekker) und des großen Cervantes. Aus dem englischen 17. Jahrhundert John Milton, aus dem 18. John Fielding und Laurence Sterne, aus dem 19. William Thakkeray, Charles Dickens und George Eliot (Mary Ann Evans) –

Nord- oder Nordwesteuropäer (außer Cervantes) alle und alle aus reformierten Ländern, in denen die neue Kirchlichkeit schon erheblich bröckelte und das Bürgertum im Kampf um seine Freiheiten schon erheblich weiter war, als es das in Deutschland zu Freuds Lebzeiten erhoffen durfte. Bleibt der einzige Katholik (oder sollte man »Katholik« sagen?) Cervantes. Was sie alle gemeinsam haben: Kritik an ihrer Gesellschaft, Rebellion gegen sie, Reformationsdrang, Empörung gegen Heuchelei und Nostalgiekritik am »Überbau« – bundesrepublikanisch aktuell ausgedrückt: lauter ziemlich radikale Autoren, nicht sonderlich »positiv«, und das Erstaunliche ist: obwohl alle mehr oder weniger »zeitgebunden«, doch »zeitlos«, oder müßte man sagen: weil zeitgebunden zeitlos? In zwei sehr sensiblen und kenntnisreichen Exkursen über die englische Gesellschaft und Literatur im achtzehnten und neunzehnten Jahrhundert, Hinweisen auf die politisch-sozialen Hintergründe Hollands gibt Brückner den notwendigen Einblick in das Zeitgenössische. Inzwischen sind Romane schneller »historisch« als noch im neunzehnten Jahrhundert, und man müßte schon fast einem Roman, der in den fünfziger Jahren unseres Jahrhunderts erschien, wenn man ihn heute interpretieren wollte, den entsprechenden Hintergrund mitgeben. Um Brückner intensiver und seiner Arbeit gerecht werden zu können, müßte man alle diese Autoren noch einmal lesen und sie in der notwendigen Zeitverschiebung sehen: was bedeuten sie zu ihren Lebzeiten, was zu Zeiten Freuds, was bedeuteten sie heute, und man müßte die Frage prüfen, wie Zeitgenossenschaft sich über Jahrhunderte erhalten kann, wo sich doch die Zeiten so sehr »ändern«, und wieviel ewige Wahrheit enthält so ein Autor, der im Zeitgeist und gegen ihn geschrieben hat? »Man tut gut daran, die Phantasie der Kinder reinzuhalten, aber diese Reinheit wird nicht bewahrt durch Unwissenheit«, schrieb Multatuli, der als Wüstling, als »liederliches Genie« galt und doch von sich selbst schreiben konnte: »In ganz bürgerlichem Sinn genommen, meine ich, daß es wenig Philister gibt, die so brav leben wie ich.«

Liegt nicht auch in diesem Widerspruch zwischen Werk und Leben Freuds Scheu, seine »geradezu aggressive Diskretion«, gegenüber Biographien begründet, in der Scham vor platter Identifikation von Autor und Werk, Leben und Phantasie? Brückner hat diese Diskretion überall gewahrt, nirgendwo wird er zudringlich, interpretiert, aber unterstellt nicht. Man entdeckt mit ihm gemeinsam nicht nur einen neuen, den Leser Freud, auch die Autoren, vor allem Multatuli, der hierzulande nicht greifbar zu sein scheint, und Jens P. Jacobsen, der in *Niels Lyhne* schrieb: »Der ungeheure Liebesstrom, der jetzt zu Gott emporsteigt, an den man glaubt, wird sich, wenn der Himmel leer ist, über die Erde ergießen.« Ist in einem solchen Satz nicht eine ganze Theologie der sechziger und siebziger Jahre unseres Jahrhunderts vorhergesehen oder vorweggenommen, und liegt nicht in solchen Sätzen die Rechtfertigung von Literatur, nicht als Ersatz für jenes direkte Leben und die direkten Aktionen, um die Freud noch das »Gesindel« beneidet hat; könnte es nicht umgekehrt sein oder werden: daß die »Gebildeten« sich dem »Gesindel« verständlich machen und das Gesindel den Gebildeten hilft, zu leben? Bilden sich nicht diese beiden »Klassen«, jede für sich, zu viel ein? Freud ergänzt das Zitat aus *Niels Lyhne* auf seine Weise: »Die Erde ist ein kleiner Planet, eignet sich nicht zum Himmel. Wir können dem, der uns folgen will, keinen vollen Ersatz versprechen für das, was er aufgibt. Ein schmerzliches Stück Verzicht ist unvermeidlich«.

War Freud ein großer Verzichter, war er der »Puritaner«, für den ihn einige Interpreten halten, und war – das wäre die an Peter Brückners Buch zu stellende Frage, die Brückner selbst in seiner Schlußbemerkung stellt – für Freud Lesen »Ersatz« für Leben, das er nicht leben konnte, um das er eben gelegentlich das »Gesindel« beneidete? Könnte man vielleicht mit einer Gegenfrage antworten: Versagt sich das »Gesindel« nicht etwas, wenn es nicht liest, oder wird ihm nicht Leben versagt, wenn man ihm das Lesen (übers Buchstabieren hinaus!) versagt? Frage und Gegenfrage sind wichtig, weil sich in der Kunstfeindlichkeit eines Teils der Linken nach meinem Verständnis fast etwas wie Lebensfeindlichkeit zeigt oder verbirgt. Stimmt das noch: »Der Glückliche phantasiert nie, nur der Unbefriedigte«, und stimmt Balzacs Bemerkung, die Brückner zitiert, noch »Chaque femme avec laquelle on couche est un roman qu'on n'ecrit pas«? Man müßte die Leser, diese immer noch unbekannten Wesen, fragen, und was die Autoren betrifft, so habe ich manchmal den Eindruck, daß Balzacs Spruch bei einigen von ihnen in der Umkehrung gilt »Chaque femme avec laquelle on couche c'est un roman qu'on ecrit«. Doch wichtiger im Zusammenhang mit all diesen

Problemen, die Brückners Buch aufwirft, sind die Leser, ihre Lektüre, was sie anrichtet, was sie bewirkt, wohin sie sie führt. Gewiß geschieht das Wichtigere weitab vom Markt. – Was las Adenauer, was liest die englische Königin?

Vilma Sturm

Während ich nachdenke, worüber Vilma Sturm schreibt – und sie schreibt nur über Themen und Gegenstände, die sie genau erforscht hat, fällt mir ein, daß es leichter ist, festzustellen, worüber sie nicht geschrieben hat: etwa über Militärgeschichte und -politik. Vielleicht sollte sie es gelegentlich tun, und wenn sie es täte, sie würde mindestens beim Kriege zwischen Rom und Karthago anfangen, Militärpolitik zu studieren und anläßlich der Schlacht bei Cannae, Strategie zu erkennen, und sie würde versuchen, beiden Problemen oder Themen gerecht zu werden. Jeder Sache, über die sie schreibt, gerecht zu werden, das ist ihre Last und ihr Verdienst; sie ist eine der wenigen Schreibenden, auf die viele Bezeichnungen zutreffen und keine ausschließlich: Autorin, Journalistin, Kritikerin, Reporterin, und wenn einer manchmal die leichte Hand zu spüren glaubt und das Wort »feuilletonistisch« anwenden möchte, nicht im freundlichsten Sinn: gerade das, eine Feuilletonistin ist sie nicht, obwohl ihr Schicksal ist, fast ausschließlich im Feuilleton und im feuilletonistischen Reiseblatt zu schreiben. Gerade der Leichtsinn, der zum Teil den Feuilletonisten ausmacht, den hat sie nicht, und sie ist doch, überzeugt und mit Leidenschaft, Rheinländerin, wenn auch noch mehr zum Niederländischen hin zu Hause als die Kölner, und was sie außerdem ist, ist so selbstverständlich, daß ich's kaum auszusprechen, hinzuschreiben wage: katholisch – was immer das genau sein mag, aber sie ist's, und sie ist's »richtig« – nicht »unreflektiert«, aber auch gar nicht very sophisticated. Sie ist eine Gründliche und nimmt wohl manches schwerer als notwendig, und mögen die, die die Rheinländer für leichtfertig und leichtsinnig halten, sich den Kopf darüber zerbrechen. Ob Schottlands Rhododendronwälder oder der theologisch, soziologisch und milieubedingte Kummer irgendeines Kaplans, es geht ihr nahe, und vielleicht wäre sie sogar geeignet, Bischofskummer zu ergründen.

Wir Deutschen haben eine peinliche Art, Probleme und Komplexe, die durchaus der Betrachtung und Analyse wert sind, mit peinlichen, manchmal fast tödlichen Namen zu benennen: Vergangenheitsbewältigung anstelle von etwa »Erinnerung an erlebte Geschichte«, und wo wir möglicherweise einfach sagen müßten, daß wir uns die Elemente Erde, Wasser, Feuer, Luft erhalten sollten, da nennen wir das scheußlicherweise »Umweltschutz«, damit wieder eine Schublade gefüllt ist und eine Klappe fallen gelassen werden kann. Was mit »Umweltschutz« (oder noch schlimmer: Umweltschützer) benannt und schubladisiert ist, das ist von Anfang an Vilma Sturms Sache gewesen, und sie hat eine intensive Methode, einer, jeder Sache gerecht zu werden: Quellenstudium im doppelten Sinne: nachlesen, lesen, sich informieren und dann einer Sache nachgehen per pedes oder nachfahren per veloziped: ja, sie erwandert und erfährt die Flüsse und Wälder, die Städte und Parks, atmend, gehend, laufend erforscht sie sie. Das begann wahrscheinlich jugendbewegt, hat sich in Jugend und Bewegung fortgesetzt, ist fortgeschritten (im Sinne von Schreiten), hat sich entwickelt (im Sinne von: aus den Windeln kommen, entwickelt werden und sein) –, und sie schreitet fort: unentwegt, so scheint mir, ohne blind »fortschrittlich« zu sein.

Der gläubige Ungläubige
›Briefe von und an Ludwig Marcuse‹

Es wäre notwendig, viel, fast möchte ich sagen alles, aus diesem Briefband zu zitieren, mehr jedenfalls, als in dieser kurzen Anzeige möglich ist. Und wenn ich nun ein Zitat auswähle, dann, weil ich es nicht nur wichtig, sondern bezeichnend finde, möglicherweise sogar für einen Leitfaden ansehe, an den sich Heimkehrende halten könnten. Der fünfundfünfzigjährige Ludwig Marcuse sieht nach sechzehn Jahren Emigration im Juli 1949 zum erstenmal seine Heimatstadt Berlin wieder und schreibt darüber an seine Freunde in Amerika, an die späteren Herausgeber dieses Buches: »Ich fühle mich nirgends so einsam wie in der Stadt, in der ich geboren bin.« Und an anderer Stelle dieses entscheidenden Briefes: »Nichts angetroffen, was zu meiner Vergangenheit gehört. Kein Gefühl gehabt außer Seekrankheit. Weshalb fühle ich mich nicht zurückversetzt? Gestaltpsychologisch zu erklären. Das Hansaviertel z. B. ähnelt so wenig dem Viertel, in dem ich lebte, wie Gustel F. dem Mädchen, mit dem ich Tanzstunde hatte.« Und es folgt der Satz, der nicht nur für Ludwig Marcuse, nicht nur für alle Heimkehrenden, vielleicht auch für Heimatvertriebene aller politischen Schattierungen gelten könnte: »Die Erinnerung hält fest, die Wirklichkeit ist nicht festzuhalten.«

Man könnte diesen Satz, der eine ganze Poetik oder Ästhetik enthält, ergänzen: die festgehaltene Wirklichkeit eines Augenblicks, einer Situation, wird zur Erinnerung, zum Memorandum, und in diesem Sinne wären diese Briefe von und an Ludwig Marcuse Memoranden der Erinnerung an etwas, das Emigration hieß, das man aber Vertreibung nennen müßte. Dreißig Jahre Zeitgeschichte, von 1933 bis 1971, deckt diese Sammlung, und sie enthält, wie jede vergleichbare andere Briefsammlung, eine Geschichte der Emigration, und nicht nur der des Ludwig Marcuse, denn hier werden Brief*wechsel* publiziert, etwa mit der Familie Mann, von und an Hermann Kesten, Alfred Döblin, Robert Neumann. Es werden Schicksale – und nicht nur in Andeutungen – sichtbar, Verstrickungen, Streit, die alltäglichen Kleinigkeiten eines Vertriebenenschicksals in all seinen Empfindsamkeiten, Empfindlichkeiten und auch Kleinlichkeiten, wie sie sich aus dieser besonderen Vertriebenheit ergeben, denn es waren ja Wissenschaftler, Künstler, Intellektuelle, Schriftsteller, die auf eine besonders tiefe Weise mit einem Land verbunden, an es gebunden waren: durch die Sprache. Es gab da ein Deutschland außerhalb des Deutschen Reiches, das man dreißig Jahre nach Kriegsende erst in Ansätzen wahrzunehmen beginnt. Trotz einigen sehr verdienstvollen wissenschaftlichen Publikationen, trotz einigen Kongressen ist dreißig Jahre nach Kriegsende und mehr als vierzig Jahre nach ihrem Beginn noch nicht in angemessener Tiefe und entsprechendem Umfang wahrgenommen worden, was diese Vertreibung angerichtet hat: bei denen, die Deutschland verlassen mußten – und in diesem Deutschland, das sie verlassen mußten. Wahrscheinlich wird man sich noch im Jahre 2200 in althergebrachter Weise darüber streiten, ob das Ende des Nazireichs im Mai 1945 als Niederlage, als Zusammenbruch, als Kapitulation, als verlorener Krieg oder als Befreiung zu verzeichnen sei. Anläßlich des dreißigsten Jahrestages hörte und sah man einiges über das Kriegsende, über die Emigranten sprach man nicht. Deutsche Emigranten – es würde sich lohnen, einmal eine Befragung durchzuführen, was sich die Bundesbürger darunter vorstellen. Waren sie alle Kommunisten, Juden, oder beides? Thomas Mann, Erich von Kahler, Hans Habe oder Bertolt Brecht? Welche Vorstellung mag da herrschen, wenn man Willy Brandt die Emigration vorwerfen und sie bei dem verstorbenen Freiherrn von und zu Guttenberg unerwähnt lassen konnte? Und es wäre wohl auch an der Zeit, darüber nachzudenken, warum so wenige Emigranten wieder in Deutschland seßhaft werden mochten und warum mehr in der späteren DDR als in der späteren Bundesrepublik. Und wenn alle, die in die spätere DDR zurückkehrten, Kommunisten oder Sozialisten gewesen wären, warum kamen dann nicht mehr Nichtkommunisten, Liberale und Konservative in die spätere Bundesrepublik Deutschland? Ist da etwas versäumt oder einfach nicht wahrgenommen worden?

Ich glaube, es ist mehr als versäumte Wahrnehmung, es war das Problem und die Tragik des Nichtwiedererkennens und Nichtwiedererkanntwerdens, wie es am Beispiel Alfred Döblins vielleicht zu erläutern wäre, mit dem Ludwig Marcuse einen umfangreichen Briefwechsel geführt hat. Döblin kehrte schon früh, im Jahr 1945, zurück, lebte in Baden-Baden, später in Mainz, gab eine literarische Zeitschrift heraus – er fühlte sich nicht angenommen nach der Wandlung, die er während der Emigration durchgemacht hatte, und wäre doch – wäre – einer der großen Autoren gewesen, auf die das Etikett »christlich« hätte angewendet werden können und die es angenommen hätten; er wurde nicht erkannt, nicht angenommen, und das in einem Land, einem Staat, einer Gesellschaft, die sich christlich bezeichnen.

Ludwig Marcuse kam im Jahr 1949 zum erstenmal in die Bundesrepublik, über Paris, Zürich näherte er sich – wie mir scheint – zögernd jenem Land, in dem wir damals ahnungslos lebten. Er geriet auf eine hektisch-konfuse kulturelle Szenerie; nicht mißtrauisch, aber skeptisch beschreibt er sie. Im Jahr 1962 kehrte er endgültig zurück, wohnte bis zu seinem Tode im Jahre 1971 hier, und da er streit*bar* – man verwechselt das auf unserer zahmen Szene leicht mit streitsüchtig –, belebte er in Diskussionen, Vorträgen, Artikeln, mit seinen Büchern und – wie diese Publikation erweist – mit seinen Briefen die festgefahrene literarische Szene. Er war keiner Gruppe, keiner Clique zugehörig, war nie als Claqueur zu mißbrauchen. Dieser intensiv gläubige Ungläubige, der sich selbst als ›bejahrten Philosophiestudenten‹ bezeichnete, vollzog immer wieder in seiner Philosophie, in seinen Artikeln und Büchern etwas, was man Kulturrevolution am eigenen Leib nennen könnte, und so blieb er auf die einzig mögliche Weise jung: indem er sich über sein Alter nichts vormachte; er war bereit, und beweist es in seinen Briefen, sich selbst immer wieder zu überprüfen, an sich selbst die Zeit, in der er lebte; und so ist denn auch sein wichtigstes Kennzeichen leidenschaftliche Zeitgenossenschaft. Gewiß hat er sich wie alle leidenschaftlichen Zeitgenossen nie Gedanken darüber gemacht, was von ihm ›überleben‹ würde, und gerade deshalb wohl wird seine Frische und auch seine gelegentliche Frechheit Dauer haben, und nicht nur das: auch manche seiner Mitteilungen: etwa die über die Umstände, unter denen Ernst Toller starb; der einmalig liebenswürdig-ironische Brief, in dem er Alma Mahler Werfels Materialismus-Mißverständnis zurechtzurücken sucht. Ludwig Marcuse war nicht nur ein großartiger Briefschreiber, er war – und das eine ist die Ergänzung des anderen – auch ein glücklicher Briefempfänger: offenbar spürten alle, die ihm schrieben, auch wenn er sie nicht schonte oder geschont hatte, seine Herzlichkeit

hindurch. In seiner Existenz gab es diese Trennung zwischen Emotion und Erkenntnis nicht; nicht die neutrale oder neutralistische Vorsicht, mit der man Freundschaft verweigern kann. Ludwig Marcuse nahm Partei, und darin gleicht er seinem frequentesten Briefpartner, Hermann Kesten, einem großen, raschen, liebenswürdigen Briefschreiber und -sammler.
Wahrscheinlich sind Publikationen dieser Art ein verlegerisches Risiko; sie gehören zu dem Kulturgut, das gerettet werden muß, wenn man sich eines Tages daranmachen wird, den Bruch und Zusammenbruch, der durch die Emigration gekennzeichnet ist, zu erforschen. Briefbände dieser Art, vom Herausgeber Harald von Hofe durch einen sorgfältigen Apparat mit vielen Anmerkungen ergänzt, sollten subventioniert werden: und nicht nur Briefbände von bekannten oder berühmten Persönlichkeiten, auch solche von namenlosen und unbekannten.

Zeit des Zögerns – Der Zar und die Anarchisten
Über Jurij Trifonow, ›Die Zeit der Ungeduld‹

Eine Zigeunerin in Paris hatte dem Zaren Alexander II. prophezeit, sieben Attentate würde er überleben. Das sechste fand im Februar 1880 statt und bestätigte die Wahrsagerin: Es war dem Tischler Stepan Chalturin gelungen, sage und schreibe 150 Kilogramm Dynamit in das Winterpalais zu schmuggeln, und der Zar hatte diese fürchterliche Explosion überlebt. Chalturin entkam, während die Zündschnur noch schwelte; Wachsoldaten und Personal entkamen nicht. Und obwohl die Zeichen ungünstig standen (er hatte am Abend vorher beim Whist sein eigenes Bild vom Tisch gestoßen), ließ Alexander II. sich schon wenige Wochen später, am 1. März 1880, ausfahren, um eine Parade abzunehmen und bei seiner Lieblingskusine Tee zu trinken. Wie konnte er ahnen, daß im siebten Attentat das achte enthalten war? (Ein Zwillingsattentat, das als Drilling geplant war, denn als neuntes Attentat war Scheljabows Dolchstoß in Reserve gewesen, doch war Scheljabow im letzten Augenblick verhaftet worden.) So entging der Zar dem siebten Anschlag, Ryssakows Schuß, und erlag dem achten, Grinewitzkijs Bombe, die wenige Sekunden später geworfen wurde.

Vorbereitungen und Ausführungen des geglückten Anschlags und einiger mißglückter Attentate bilden den Handlungsfaden dieses erstaunlichen Buches von Jurij Trifonow, *Die Zeit der Ungeduld.*

Trifonow begibt sich in die spannungsgeladene Tradition russischer »Langatmigkeit« und wird doch weder konventionell noch spekulativ. Man muß den Glücksfall der Übersetzung von Alexander Kaempfe hinzuzählen, wenn man sich fragt: was ist das für ein Land, für ein Volk, eine Sprache, die nicht nur den Stoff für einen solchen Roman vor der Tür liegen haben, sondern wo ein solcher Roman auch noch geschrieben wird? Wir sollten uns, denke ich, auf einiges gefaßt machen, nicht nur von Trifonow oder Woinowitsch. In Trifonows Roman wird vom Autor weder gerichtet noch hingerichtet; Trifonow hält sich an keinerlei Klischee, weder ideologisch noch in seinen Formalitäten. Er bietet keine Revolutionärs-Ikonographie und hält sich an kein gängiges Kritiker-Klischee, nach dem ein Roman in eine bestimmte Kate-

gorie zu gehören hat. Er nimmt das offenbar unerschöpfliche Phänomen »russische Nihilisten und Anarchisten im 19. Jahrhundert« auf, und diese historisch erfaßbare (und erfaßte), sehr heterogene Gruppe wird, obwohl sie reichlich in Aktionen und deren Vorbereitung verwickelt ist, dennoch eher in ihren Gesprächen und Zusammenkünften erfaßt, in den geglückten Augenblicken der Solidarität, deren Zerbröckelung und Wiederherstellung durch die beiden erstaunlichen und doch nicht hagiographisch hingestellten Männer Andrej Scheljabow und den »Hausmeister« Alexander Michailow. Und nicht nur beim Zaren, auch bei ihnen spielen trotz Planung, ideologischer Auffrischung immer wieder das »Schicksal« und diese unfaßbare »Zigeunerin« hinein. Obwohl viel geschieht und viel getan wird, erscheint mir die Handlung sparsam; vorherrschend ist die von innen und von außen betriebene Auflösung der Gruppe. Trifonow hat in diesem Roman verschiedene Romantypen, den historischen, psychologischen, den lyrischen und den Kriminalroman in- und aufeinandergebracht; diese Romantypen sind miteinander verwoben.
Endlose theoretische Auseinandersetzungen, Rivalitäten, Eitelkeiten, Eifersüchteleien, Torheiten, Liebenswürdigkeiten – und doch letzten Endes der Ernst des gemeinsam gefaßten Entschlusses, den Zaren zu ermorden; und diese Tat, die der Befreiung dienen, den Aufstand auslösen sollte, wird doch nur zum Signal für eine Tendenzwende: An Stelle des immerhin andeutungsweise liberalen Loris-Melikow kommt mit Alexander III. der oberste aller Reaktionäre, Konstantin Pobedonoszew, an die Macht, und schon kurz vor dem Mord werden auf der Straße »verdächtig aussehende Brillenträger und Langhaarige verhaftet«.
Nicht nur Spitzel, auch Verräter – auf beiden Seiten. Eine der wichtigsten Figuren ist der unscheinbare, fast unbedarfte Kleinbürger Nikolai Kletotschnikow. Er wird als Informant der Revolutionäre in den Geheimdienst eingeschleust, bleibt der treueste Anhänger der Verschwörer, hält bis zum bitteren Ende durch; seine Motive werden nie so recht klar. Dieser ein bißchen wehleidige Kleinbürger hält sich jedenfalls besser als der intellektuell brillante, eitle und ebenso fulminante Aktivist Grischka Goldenberg, der den Generalgouverneur Kropotkin ermordet hat – und auf den ersten besten Lockspitzel und die plumpen

Anbiederungen des Staatsanwalts hereinfällt. Während der unfreiwillige Verrat Goldenbergs schon schwelt, hält das Ziel – die Ermordung des Zaren – die Gruppe ein letztes Mal zusammen – und die Utopie: »Der letzte Mord – welch eine Versuchung. Und dann beginnt das Reich der Vernunft. Die Gerechtigkeit triumphiert.«
Der Ungeduld der Attentäter entspricht dieses »Zögern von fast mystischer Gewalt« auf seiten des Zaren und seiner Berater, die längst fällige Reformen immer wieder verschieben. Am Vorabend seines Todes unterschreibt der Zar den Ukas über die Wahlmänner! Und während der »Zeit des Zögerns« die immer präsente, kaum definierbare Mischung aus Gewalt, Polizeistaat, Angst, Chaos und Schlamperei. »Die Angst war zu einer Besonderheit von Petersburg geworden, genau wie das feuchte Klima.« Und Chalturin berichtet über das Schloß: »Überhaupt geht es im Schloß schlampig und chaotisch zu. Für uns ist das natürlich von Vorteil, aber man kann nur staunen, von welchen Schlafmützen der Schloßhaushalt geleitet wird.«
Düsterkeit über der Zarenfamilie. Nicht einmal die Liebschaften gedeihen zur Fröhlichkeit. Die einst so jugendlich-liebenswürdige hessische Prinzessin, die Zarin, ist verkümmert – dann kommt auch noch Verwandtenbesuch! Diese dem Zaren verhaßte »hessische Säuernis« auf den Gesichtern der mäkligen Besucher. Und immer schwelt da was: Unglück, Unheil – oder Zündschnüre.
Verglichen mit der düsteren Zarenfamilie sind die Verschwörer fast fröhlich. Nicht angewiesen auf Zigeunerinnen, Chaos, Schlamperei und Ahnungen, wissen sie, was ihnen bevorsteht. »Gelassen«, so berichtet die Stimme Frolenkos, »sprach Scheljabow davon, wie man ihn aufhängen wird, er beschrieb sogar die Hinrichtung.« Sie feiern Feste, singen, trinken, tanzen, ihre Rededuelle entbehren keineswegs der formalistischen Lust, ihre Flugblätter sind brillant formuliert, ihre Druckereien, die immer wieder auffliegen, werden immer wieder als erste neu und rasch eingerichtet. Aus konspirativen Treffs werden Landpartien. Da gibt es eine behutsam durch den Roman transportierte, mit zärtlicher Kühle beschriebene Liebesbeziehung zwischen der »blutjungen Generalstochter« und leidenschaftlichen Verschwörerin Sonja Petrowskaja und Andrej Scheljabow. Nach einer poetischen Beschreibung des kargen Zimmers, in dem die beiden sich

treffen: »In diesem Zimmer war eine Liebe, die kein Gestern und kein Morgen kannte, keine Hoffnung, keinen Tagesanbruch. Von allen und jedem gereinigt fiel sie vom Himmel herab wie Schnee. Ihr Los war das Los des Schnees: zu vergehen.«
Nicht nur Unglück, Unheil und Zündschnüre schwelen, auch die Folgen jenes Verrats aus Eitelkeit, den Grischka erst mündlich, in Geschwätzigkeit, später schriftlich und ausführlich begeht. Zu spät erkennt er seinen Fehler – und begeht Selbstmord. Das Unheil läuft nicht nur auf den Zaren, auf diesen 1. März 1880 zu, auch auf die Verschwörer, denen Kletotschnikow schon nicht mehr helfen kann. Die »Zündschnüre« laufen parallel, und die Explosion trifft den Zaren nur um Stunden früher. Nach der Verhaftung tritt eine neue Sorte von Verräter auf, der sie alle durch ein Loch in der Wand identifiziert und ihre Rollen, ihre Tätigkeiten preisgibt: Es ist der famose Iwan (Wanjetschka) Odladskij, dieser lustige, allseits beliebte junge Bombenbastler und Laufjunge, der, offiziell zum Tode verurteilt, von 1880 bis zum Februar 1917, 37 Jahre lang, ein Gehalt vom Polizeidepartement bezieht und erst 1925 als »Kronzeuge« entlarvt wird; aus dem lustigen Wanjetschka ist ein Greis mit leeren, kalten Augen geworden. Schließlich die dritte Sorte von »Kronzeuge«, der neunzehnjährige Nikolai Ryssakow, dem Trifonow Stimme verleiht: »Natürlich konnte ich nichts erzählen und keinerlei Geheimnisse aufdecken. Nur ein Geheimnis hatte ich von Grund auf begriffen: das Geheimnis des Hungers. Ich hungerte sozusagen auf allen Ebenen. Mich plagte der gewöhnliche Hunger nach einem Stück Fleisch, der Hunger nach einem zusätzlichen Rubel, damit ich mir ein Paar Schuhe kaufen konnte, der Hunger nach Menschen, der Hunger nach Frauen. Sogar noch fünf Minuten vor der Hinrichtung holte Dobrochinskij (derselbe Staatsanwalt, dem Grisoka G. auf den Leim gegangen war) irgend was aus mir raus. Und ich glaubte und glaubte weiter. Man hatte mir schon das Hemd übergezogen und die Schlinge um den Hals gelegt, und ich glaubte immer noch, daß man mir gleich die Begnadigung verkünden würde. Aber der Henker schlägt mir die Bank unter den Füßen weg, und ich klammere mich mit den Füßen an die Bank – und ich klammere und klammere und klammere mich an, denn ich hoffe bis zur allerletzten Sekunde!«
Es folgt noch das Verhör Scheljabows, der sich zum »Wesen der Lehre Jesu Christi bekennt«: »Dieses Wesen nimmt unter mei-

nen sittlichen Begründungen einen Ehrenplatz ein.« Und das entspricht nun gewiß nicht der ideologisch klassenreinen Verschwörerhagiographie. Außerdem nimmt Scheljabow, für den dieses Verhör und der damit verbundene Auftritt vor Presse und Öffentlichkeit zum revolutionären Kampf gehört, jede Gelegenheit wahr, Propaganda zu machen – und Angst zu schüren vor einer (fiktiven) riesigen Verschwörergruppe.

Eins weiß man am Ende und wüßte es auch ohne jede Geschichtskenntnis: Das Unheil, die Düsterkeit und die Zündschnüre werden weiterschwelen bis zu jenem traurigen Zögerer »Nicky« am Ende dieses unglückseligen Reichs. Eine überraschende Wirkung dieses Romans von Trifonow: was man aus der inzwischen abgelaufenen Geschichte ja weiß, wird zurückverwandelt in Ahnung; die zwingende Formalität des Romans versetzt einen zurück in das Jahr 1880, in dem man ahnt, was man ansonsten »nur« weiß. Geschichtliches Datenwissen wird weggestaut im formalen Ineinander verschiedener Romantypen, bei dem der historische Roman nur den Rahmen bildet, in dem die Zeitlosigkeit des Problems aufgehoben ist. Wichtige Nebenerkenntnis, die man dem sehr nützlichen Personenregister verdankt: dem Strang entronnene Revolutionärinnen werden steinalt, die Jakimowa wurde sechsundachtzig, Vera Figner, die ebenfalls im Roman auftritt, neunzig.

Der Mythos Gatt oder: Zuviel gesucht
Über Erik Neutsch, ›Auf der Suche nach Gatt‹

In diesem Roman des DDR-Schriftstellers Erik Neutsch wird nicht nur Gatt gesucht: es werden viele und viel wird gesucht: zuviel, wie mir scheint. Es lohnt sich schon, an der Suche nach Gatt teilzunehmen. Ein von Härte und Ausbeutung geprägter junger Mann, fast noch ein Junge, kehrt aus dem Krieg heim, sucht eine Neue Zeit, ein Neues Leben, eine Neue Gesellschaft. Das ist schon ein Thema, in West und Ost und Süd und Nord.
Gatt arbeitet im Kupferbergbau, wie sein Vater und sein Großvater. Es ist wohl kein Zufall, vom Autor sogar vorsichtig ein bißchen draufzugelenkt: man soll sich Gatt mit einer Lutherphysiognomie vorstellen und auch mit dessen Hartnäckigkeit. Er wird Arbeiterkorrespondent einer Zeitung, schließlich deren Redakteur; doch die neue Gesellschaft nimmt ihn nicht so recht an; man beweist ihm deutlich sein »Bildungsdefizit«, nicht nur, was die »Kommata« betrifft: man korrigiert nicht nur seine Kommata, auch seine Artikel werden verändert. Demütigung, Herablassung. Gatt liest, lernt, verbissen und mit Erfolg. Eines Tages entlarvt er die, die ihn am meisten gedemütigt haben, als korrupt, sie haben Informationen über Schiebungen unterdrückt, sich bestechen lassen.
Eins ist gewiß: Gatt ist kein Opportunist und auch kein bloßer Fanatiker. »Ich, ein Arbeiterkind, elternlos und aus dem Berg gekrochen, wollte wissen, wie es sich anderswo lebt.« Er lernt Ruth Schneider – braunblonde Arzttochter aus der Mittelklasse, die ihn immer mit »Hallo, Arbeiterklasse« begrüßt – schon früh kennen, liebt sie, heiratet sie. Ruths Vater, bürgerlicher Zyniker, schon auf dem Sprung in die andere deutsche Republik, beobachtet amüsiert, herablassend diesen begabten und hartnäckigen Proleten. Gatt kämpft, gibt nicht auf.
An Ruth aber wird er scheitern. Deren Chef begeht unter Mitnahme wichtiger Produktionsunterlagen Republikflucht (ich lasse die Anführungsstriche weg, weil mir scheint, man könnte ja Republikflucht nicht nur als Flucht aus einer, sondern in eine Republik deuten). Ruth gerät in Verdacht, ihm geholfen zu haben; mit zwei, drei Sätzen könnte sie ihre Unschuld beweisen, doch sie schweigt, schweigt bis zum allerletzten Augenblick,

wohl um Gatt und seine Freundschaft auf die Probe zu stellen. Als sie endlich rehabilitiert ist, ist es zu spät. Gatt hat ihr wenn auch nicht direkt mißtraut, so doch auch nicht voll vertraut. Nicht nur die Ehe geht kaputt, Gatt wird schwer lungenkrank, liegt lange einsam in Sanatorien, will niemanden sehen, die Rückkehr in die Redaktion mißlingt; erbittert und verbissen konfrontiert er sich da mit einem Neuen, Hartung, »Hörsaalmarxist« und Karrieretyp, der auch noch für die Olympiade in Rom trainiert. (Später wird sich herausstellen, daß er aus Rom nur eine den Spesengeldern abgesparte schicke »West«-Uhr mitgebracht hat und sehr rasch zum marxistischen Spießer mutiert.)
Doch auch Weißbecher, Altkommunist, Emigrant, verfolgt und leidgeprüft, der nicht nur mit den »Kommata«, auch mit schwierigeren Bildungselementen vertraut ist, ganz Erzieher, gütig, hilfreich und hilfsbereit, hat versagt, als er Gatt hätte raten müssen, Ruth zu vertrauen. Weißbecher ist kein Opportunist, kein »Hörsaalmarxist«, kein Technokrat; nur: wie das bei Intellektuellen manchmal so ist: im Widerstand tapfer gewesen, ist er jetzt nicht gerade widerstands- und kritiklos, sondern, sagen wir, ein bißchen zu vorsichtig. Peinlich ist der Name dessen, der wirklich »ex machina« auftritt, um für Ruth zu bürgen: Gabriel. Den ganzen Roman über bis zu dem (für ihn wahrscheinlich bitteren) Ende bleibt er blaß, schemenhaft, lieb, gut, eben so wie man sich so einen Engel vorstellt. Peinlich auch die Gegenüberstellung: Gatt und Gabriel. Gabriel heiratet Ruth, hat zwei Kinder mit ihr, verhilft ihr zum Studium, sie wird Chirurgin (als Tochter eines Arztes?) und doch am Ende, nachdem Gatt sie und sie Gatt wiedergefunden hat, scheint es fast so, als zöge sie den Gatt dem Gabriel vor.
Es ist nicht einzusehen, daß dieser »Inhalt«, der hier nur verkürzt wiedergegeben wird, so mühsam aus dem Roman herausrecherchiert werden mußte. Gatt ist fast ein Mythos, eine Art Moby Dick, aber um einen Moby Dick unterzubringen, sind die Räumlichkeiten, ist auch die zur Verfügung stehende geographische Geräumigkeit zu klein. Moby Dick standen die Weltmeere zur Verfügung. Die DDR – und erst recht die nähere und weitere Umgebung von Mansfeld – sind keine Kontinente, und so wirkt diese mühsame Suche nach Gatt und anderen eher wie ein Vexierbild denn wie ein weiträumiges Labyrinth.

Die Chance des Kriminalromans, die in jeder Suche nach einer Person liegt, hat Neutsch nicht wahrgenommen oder nicht wahrgemacht. Der Roman entbehrt der notwendigen Spannung, innerlich und äußerlich, er hat nicht den Reiz lyrischer Klage oder des inneren Monologs und nicht den Reiz kriminalistischer Recherchen; die Interruptionen wirken willkürlich und sind ärgerlich. Ich hätte gern viel mehr über Gatt gewußt. Wenn Gatt und Gabriel schon eine, wie mir scheint, ziemlich aufdringliche Symbolik nahelegen, ist es dann erlaubt, in der Ehe, der ganzen Beziehung zwischen Ruth und Gatt eine symbolische Symbiose zwischen Arbeiter- und Mittelklasse zu sehen?
Der Roman hat zuviel »Inhalt« für so viel Formspielerei, zuviel ökonomisch-politische Ideologie, wo es genügt hätte, die inneren (und einleuchtenden) Spannungen zwischen Ruth, Gatt, Weißbecher, Gabriel und den heraufkommenden Marxismusspießern an einem simplen *plot*, an der gegebenen Situation auszudrücken. Für den *insider* ist es, wenn auch mühsam erlesen, interessant, wie hier versucht wird, aus der Flächen-Hagiographie in die mythologische Dimension vorzudringen; ein ehrenwertes, doch mißglücktes Experiment.
Überflüssig sind einige kleine historische Verlogenheiten, die, wenn auch nur zeilenweise eingestreut, Gatt und seinen Autor nicht überzeugender machen. Was bringt es uns (den Deutschen) denn ein, wenn die Hungerödeme in sowjetischen Lagern hier in platter Replik einfach zu solchen werden, die man in amerikanischen Lagern erworben hat? Der Hunger und die Härte in amerikanischen Massenlagern sind noch nicht beschrieben, vielleicht waren sie sogar grausamer, weil sie im Angesicht des Überflusses stattfanden. Es bringt auch den Deutschen (in beiden Staaten) wenig ein, wenn der 17. Juni zu einem rein faschistischen Kommandounternehmen wird, und wenn da steht: »Die sowjetischen Truppen werden mit Blumen empfangen«, so ist das einfach peinlicher Opportunismus, der auch der Roten Armee peinlich sein müßte; mag's auch das eine oder andere Mal geschehen sein (ich wüßte dann gern, wo und von wem; es mag ja auch sein, daß hier und da Engländer, Franzosen und Amerikaner mit Blumen empfangen worden sind, auch in diesen Fällen wüßte ich gern, wo und von wem).
Was einfach *historisch* nicht stimmt: daß die Deutschen die alliierten Armeen »mit Blumen« empfangen hätten. Es gehörte viel

Mut dazu, *irgendeiner* der einrückenden Armeen mit Blumen entgegenzugehen. In den meisten Fällen empfing man sie geduckt, und es ist manch einer be- und erschossen worden, der es auch nur riskierte, eine weiße Fahne zu zeigen.

Getarntes Dasein
Über Karl Korn, ›Lange Lehrzeit‹

Die Spannung ließ nicht nach: Ich habe das Buch verschlungen und warte gespannt auf die Fortsetzung; die *Lange Lehrzeit* endet 1941, als Karl Korn dreiunddreißig war, mit seinem Eintritt in die Wehrmacht. Welche Lehren werden da zwischen 1941 und 1945 gemacht und gezogen? Welche Erfahrungen nach 1945 und bis 1974 gemacht? Auch daran möchte ich teilnehmen.
Die *Rheingauer Jahre* waren ein fast uneingeschränkt fröhliches Bekenntnis zu einer Landschaft, die kulturgeschichtlich und geologisch als gesegnet gelten kann. Das neue Buch von Karl Korn: *Lange Lehrzeit – Ein deutsches Leben*; beginnt wie eine notwendige Fortsetzung. Wie heil war die Welt, in der Karl Korn aufwuchs?
Da gibt es natürlich die ökonomischen Knappheiten, wie sie in einem Lehrerhaushalt vor 1914 unvermeidlich waren, doch es herrscht, von kleineren Spannungen abgesehen, Familiensolidarität, fast Übereinstimmung; das Leben wird angepackt und gepackt. Liebevoll und kritisch zugleich sind die Rückblicke auf das Dorf Ransel, die Heimat des Vaters; Wanderungen dorthin, wo die »Kronbas« – man kann schon sagen fast »amtiert«. Die Heimat der Mutter, das Städtchen Rüdesheim am Rhein. Ein starker Rückhalt im Bäuerlichen, der bei den Stadtbewohnern Korn sich ins nützlich Gärtnerische verwandelt, ein offenes Bekenntnis zum Schrebergarten und zur Tatsache, »daß ich von früh an den Widerspruch gewisser linker Neigungen mit erzkonservativen Grundprägungen zu verbinden wußte«.
Hier wäre die erste Frage fällig: ob in einer Zeit, in der die »Linken« (zugegeben: aus unterschiedlichen Motiven) alte Häuser, alte Bäume schützen; in der sie aufs Land ziehen, um es zu bebauen, in Gärten und Schrebergärten; in der »Erzkonservative« und »Progressive« in gemeinsamer Schnödigkeit mehr Häuser abrissen, als im Zweiten Weltkrieg zerstört wurden – ob in einer solchen Zeit dieser Widerspruch zwischen »links« und »konservativ« nicht schon aufgehoben war, seine Aufhebung nur nicht erkannt wurde? Wer hat denn die zerstörten Städte zerstört?
Fast unauffällig kommt nicht gerade das Unheil, aber doch ein Bruch in die »heile Welt«. Äußerlich: die Hamstererfahrungen

des Ersten Weltkriegs; innerlich: das Erlebnis der *Zwangs*beichte oder des Beicht*zwangs.* Karl Korn schreibt offen darüber: »Ich habe es meinem Vater lange verargt und kann es selbst heute noch nicht gutheißen, daß er seine Kinder unter Druck mindestens alle vier Wochen an einem Samstagabend zur Beichte schickte.« Diesem Beichtzwang gegenüber entwickelt Korn eine »Verdrängungsasketik«, von der er sagt, daß sie »meinem geistigen und seelischen Haushalt äußerlich« blieb.
Hier fange ich an zu zweifeln, nicht an Korns Bekenntnis, sondern an seiner Einschätzung der geistigen und seelischen Folgen des verheerenden Beicht*zwangs* für Kinder. Man lese, wenn man diese Folgen in ihrer literarischen Artikulation kontrollieren möchte, die kurze, bittere Autobiographie des Stanislaus Joyce, Bruder des großen James; die *Katholische Kindheit* der Mary McCarthy, Albert Vigoleis Thelens *Insel des zweiten Gesichts.* Noch einmal Karl Korn: »Es ist mir in der Rückschau jetzt klar, daß ich aus den Pubertätsnöten und -schwierigkeiten eine allgemeine Lebenshaltung gelernt habe, die Tarnung. Später, während der nationalsozialistischen Zeit ist es mir fast zur spielerischen Lust geworden, getarnt zu existieren. Ich konnte verbergen bis zur Unkenntlichkeit.«
Ich muß hier ausführlicher werden, weil ich diese Partien für entscheidend halte, nicht für die Biographie von Karl Korn, der ja offen darüber schreibt; das Persönliche ist hier schmerzlich, das Typische aber weit wichtiger. Hin und wieder kann (oder konnte) man von evangelisch Erzogenen hören, daß sie einen um die Beichte beneiden. Der Neid mag bei Erwachsenen und Jugendlichen angebracht sein, die mal ein Bekenntnis in Verschwiegenheit brauchen. Für viele katholische Kinder ist der Beicht*zwang* eine Tortur gewesen, nicht, weil sie nun besonders sündig gewesen wären, sondern weil sie es eben nicht waren. Vielleicht müssen – übertrieben ausgedrückt – evangelische Kinder Tugendhaftigkeit heucheln, katholische müssen oft genug Sündhaftigkeit heucheln. Es soll da sogar »Sündenbörsen« gegeben haben, an denen man einen Tip bekommen konnte, falls die wirklich begangenen Sünden zu mager ausfielen; im übrigen regten ja die detaillierten »Beichtspiegel« die Phantasie ausreichend an. Mag sein, daß das evangelische Modell zu einer Übergewissenhaftigkeit führt, das katholische führt am Abgrund der Gewissenlosigkeit entlang; die »Blasphemie«, deren Karl Korn sich heute

noch anklagt, liegt immer sehr nahe, wenn ein Sakrament, als hochheilig gepriesen, auf solche Weise mißbraucht wird – und das trifft nicht nur auf das Bußsakrament zu. Welche Wonnen entstehen, wenn eine »echte«, eine handfeste Sünde begangen wird und gebeichtet werden kann; das wäre in einschlägigen irischen Kurzgeschichten nachzulesen. Mögen Theologen und Psychologen gemeinsam herausfinden, wer da wen um welches Modell beneiden sollte und was verheerender ist: eine Sünde zu begehen oder eine erfundene zu beichten.

Die Offenheit, mit der Karl Korn über seine »Verdrängungsasketik« schreibt, über Tarnung bis zur Unkenntlichkeit, ist verblüffend und heilsam, sie regt zu einem Aufsatz an: »Die Folgen des Beichtzwanges und gewisser Beichtpraktiken auf die deutsche Geschichte.«

Es wäre nun nicht nur vollkommen ungerecht, es wäre eine gefährliche politische und geistesgeschichtliche Täuschung, wollte man die »Verdrängungsasketik« dem katholischen Milieu allein anlasten: Mögen die liberalen, protestantischen, atheistischen, die jüdischen, mögen alle Mischformen bürgerlicher, adliger und proletarischer Verdrängungsasketik sich ebenfalls entlarven.

Vorausgesetzt muß sein, daß hier ein Intellektueller, ein Publizist, Kulturkritiker und Kulturpolitiker von hohen Graden seine Autobiographie vorlegt, jemand, der wie jeder andere ist und doch nicht irgendwer; jemand, in dem sich das Bäuerlich-Gärtnerische mit Intellekt verbunden hat: der naiv und bewußt zugleich ist und weiß, was er schreibt, und der noch schaudert in seinen späten sechziger Jahren vor seiner kindlichen oder jugendlichen »Blasphemie«. Wer je ohne »Verdrängungsasketik« ausgekommen ist, werfe den ersten, zweiten und dritten Stein. Vielleicht besteht diese »Verdrängungsasketik« bei einem sexuell freizügig erzogenen Kind oder Jugendlichen darin, daß es sich später nach so etwas wie Keuschheit zu sehnen beginnt.

Vorausgesetzt sein muß ebenfalls mein persönlicher Einstieg in dieses Buch; denn immerhin ist einer ja auch katholischer Herkunft, rheinisch dazu, und wenn da auch ein paar Koordinaten und Abszissen anders verlaufen (soziales Milieu, Topographie, Jahrgang), so ist doch vieles sehr vertraut, fast vertraulich, als wär's intim.

Später, spätestens während der Universitätsjahre, kommt dann etwas hinzu, was ich »Verdrängungsästhetik« nennen möchte:

keineswegs bei Karl Korn, deutlich beim gebildeten Bürgertum, das bis dato 1933 die »deutsche Universität« ausmachte. Die Blindheit, mit der deutsche Professoren vom Range Hans Naumanns, Ernst Bertrams und andere in den Nationalsozialismus hineinliefen, auf ihn hereinfielen, ist immer noch und immer wieder bemerkenswert; und der schwerwiegendste und typische Fehler des gebildeten Deutschen bestand doch wohl darin, *Mein Kampf* nicht gelesen zu haben. Karl Korn dazu: »Erst nachdem die zwölf Jahre vorüber waren, erfuhr ich und mit mir Millionen Deutsche, daß man in diesem Buch alles, was zum Krieg und Ausrottung geführt hat, als Entwurf und als Ziel hätte lesen können.« Hätte lesen können. Fürwahr. Es gehörte eben zur Verdrängungsästhetik des gebildeten Bürgertums, daß es sich die Berührung mit diesem Dreck versagte, der doch Deutschlands wahre Zukunft enthielt und voraussagte.
Es gibt noch zwei Jahre Aufschub für den frisch promovierten jungen Korn: »Lecteur allemand« in Toulouse. Lockerung, Befreiung, Aufatmen, und doch, das ist gut beschrieben und erklärt: kein Ducken des »Teutonen«. Oh, Gott in Frankreich, warum hast du so wenig Urbanität und Gelassenheit für uns *Allemands* übriggelassen, so wenig Möglichkeit, beides zu sein: konservativ und links, ländlich und städtisch, gebildet und vital? Es wird deutlich, daß diese beiden Jahre in Toulouse, von 1932 bis 1934, Korns glücklichste Zeit geblieben sind.
Wie sehr sich die deutsche, erst recht die intellektuelle Szene verändert hat, erfährt der Heimgekehrte bald. Natürlich gibt es da noch viele Leute, die retten wollten, was vielleicht 1932 zu retten gewesen wäre, beim *Berliner Tageblatt* und anderswo; aber trotz aller Windungen und Gewundenheiten, bei aller Tapferkeit: da war nichts mehr zu retten. Natürlich gab's auch Inseln, Freunde, Kollegen, Vertraute; es kam die Zeit mit der *Neuen Rundschau* im S. Fischer Verlag unter der Leitung Peter Suhrkamps, den Korn ausführlich charakterisiert. Verehrung für Paul Scheffer, Oskar Loerke, Margret Boveri, andere; Namen werden nicht verschwiegen. Wie kostbar Freundschaften in Diktaturen sind, wird deutlich; doch zu retten war nur noch das Private. Fast am Schluß des Buches steht zu lesen: »Ich habe mich wie Tausende geduckt und insgeheim gebetet, es möge mich auslassen. Damals wurde mir unversehens gelegentlich nach Kirchgang zumute . . .« Und: »Jeder begann vor jedem Angst zu haben. Selbst im

S. Fischer Verlag begann man sich vor diesem oder jenem in acht zu nehmen.« Geduckt. Angst. Mißtrauen. So endete das, nicht nur für Karl Korn, schon – oder erst? – 1941.

Wichtigste Erkenntnis über die Erfahrungen eines Intellektuellen, Publizisten, Redakteurs in der Nazidiktatur: wieviel Mut man für wie wenig brauchte. Ein Aufsatz über Eugen Gottlob Winkler – das ging schon ans Fell. Der milde Verriß eines Nazikitschbildes kostete schon die Stellung. Wie heilsam auch, hier aus der Feder eines ehemaligen *Reich*-Redakteurs zu erfahren, wie der so ungeheuerlich »Verfolgte«, dieser Märtyrer der Demokratie, wie »des Führers größter lebender Bildhauer«, wie Arno Breker, einen »peinlich superlativischen Lobpreis«, von einem Adlatus des Meisters geschrieben, ins *Reich* lancieren konnte. Gut.

Weitere wichtige, von Korn keineswegs verdrängte, sondern nahegelegte Erkenntnis: wie wenig oder gar keinen Sinn es hatte, sich mit den Nazis arrangieren zu wollen, wie man es anläßlich der Gründung der Wochenzeitung *Das Reich* noch einmal versuchte – dieses gescheite (und gescheiterte) Lavieren, kaschierte Mitteilungen unter Eingeweihten, während andere anderswo ganz andere »Weihen« empfingen, peinliche Gebildeten-Vergeblichkeit. Ich bekenne, daß ich *Das Reich* von allen Nazipublikationen am meisten gehaßt habe.

Abzuwarten bleibt, was Korn über die Jahre 1941 bis 1974 zu berichten hat. Ob es auch in der Besatzungszeit und nach der Gründung der Bundesrepublik Deutschland Versuche gegeben hat, zu ducken? Wenn ja: wer wen, und mit welchem Ergebnis? Ob »Verdrängungsasketik« und Tarnung noch notwendig waren?

Vergebliche Warnung

Laudatio für Manès Sperber zur Verleihung des Georg-Büchner-Preises 1975 durch die Deutsche Akademie für Sprache und Dichtung in Darmstadt am 10. Oktober 1975

Mit etwas Ungehörigem fange ich an: ich konfrontiere einen Autor mit etwas, an dem er gewöhnlich unschuldig ist: mit einem Schutzumschlag. Sie schreiben in den *Wasserträgern Gottes*, lieber Manès Sperber, Sie hätten sich selbst auf Ihrem Jugendbild nicht mehr erkannt oder nicht mehr gefunden, und da muß ich – zum ersten, vielleicht nicht zum letzten Mal – widersprechen.
Wenn ich die beiden Abbildungen auf dem Umschlag zu eben diesem Buch so nebeneinander sehe, stelle ich fest: kaum je zuvor habe ich eine so verblüffende Ähnlichkeit eines nicht mehr so ganz jungen Herrn mit dem Kind, das er einmal gewesen ist, feststellen können, und so beginne ich, indem ich ihnen widerspreche, mit einer Schmeichelei. Kaum etwas ist ja trauriger, als wenn man im Gesicht eines Menschen nicht mehr das Kind entdeckt, das er einmal gewesen ist. Im Gesicht dieses Schriftstellers, Verlagsdirektors, Psychologen sehe ich den Jungen, der mitgenommen wurde, im doppelten Sinn: den Prüfungen und beiden unterworfen, ein mitgenommenes Kind; aber auch mitgenommen wie auf eine abenteuerliche Reise im geographischen, biographischen und intellektuellen Sinn.
Zwischen diesen beiden da auf dem Schutzumschlag, dem Jungen im Matrosenanzug mit seinen aufmerksamen, schon ein wenig skeptischen Augen, und dem Herrn, der das Jugendbewegte nicht verleugnet, gibt es eine innerpersonale Tradition, vielleicht sogar eine unausgesprochene Verschwörung: jedenfalls hat der ältere den jüngeren noch nicht vergessen, und hat der jüngere den älteren nicht schon im Auge?
Ich denke, das ist keine Frage des Jungbleibens oder Altwerdens, es ist doch einer immer beides, und wenn einer jung ist, spürt er das Alter des ihm Mitgegebenen: Volk, Religion, allerlei Zugehörigkeit, Gepäck, das der ältere an seinem Weg abwirft – oder glaubt, abgeworfen zu haben.
Ich kam darauf, weil die Warnung, die fast immer zur vergeblichen wird, mir eines der Hauptthemen Ihres Werkes zu sein scheint – und nicht zufällig ist ja *Die vergebliche Warnung* der

Titel des zweiten Teils Ihrer Autobiographie. Ist nicht die Vergeblichkeit der Warnung mitgegeben, weil unsere Zeitlichkeit unwirklich ist, wir ständig zwischen Vergangenheit und Zukunft schweben, die Gegenwart immer nur eine Sekunde ist, sie kann nicht bleiben, war nur und wird sein, und doch arbeiten wir in ihr, planen für sie, leben in ihr, die nur für einen Augenblick, für einen Wimpernschlag auf unserer Fingerkuppe wohnt.
Sie sind in einem Ihrer Essays auf diese fiktive oder man könnte fast sagen fingierte Gegenwart eingegangen. Ich weiß sehr wohl, es ist das ewige Dilemma zwischen Geschichtlichkeit und Geschichtslosigkeit: man kann sich in dem einen und im anderen nicht niederlassen, die Zeit ist keine Heimat, und doch wissen wir, daß Zeitgenossenschaft, das Beobachten und Erdulden der Zeit, unsere einzige Niederlassung ist, Ungeduld in einer Gegenwart, die es gar nicht zu geben, deren Wesen Flüchtigkeit zu sein scheint: flüchtig, auf der Suche nach einer Heimat, auf dieser Erde und in dieser Zeit, mißtrauisch gegenüber einer Zukunft, in die uns der Sekundenzeiger immer wieder hineinschiebt. Und doch ist es immer da und immerdar, dieses Stückchen Zeit, auf dem wir uns niederlassen, nicht bewußt der Tatsache, daß wir auf ihm hüpfen wie ein Korken auf der Flutwelle.
Sie haben erwogen, lieber Manès Sperber, ob Sie Ihrer ganzen Autobiographie den Titel geben sollten: Die ewige, die unnötige Heimkehr. Ist es nicht die Heimat der verlorenen Augenblicke, in die wir zurück möchten? Das hat nichts zu tun mit dem albernen Schlagergefühl, das man Nostalgie nennt, die ja nur die Sehnsucht nach den verlorenen Augenblicken *anderer* ausdrückt. Die Frage nach der Heimat ist eine der am heftigsten gestellten Fragen in Ihrem Werk: nach einer intellektuellen, nach einer geographischen Heimat. Wie viele Menschen, meistens jüdischer Herkunft, sind aus Osteuropa westwärts gezogen, freiwillig, unfreiwillig, und wäre da nicht zu überlegen, ob – einige Dutzend Hypothesen, Illusionen, Träume, Konstruktionen aneinandergereiht und aufeinandergehäuft: daß es keinen Ersten Weltkrieg, keinen Zweiten, keine russischen Revolutionen, nicht den Nazismus, nicht Auschwitz und nicht den Zusammenbruch der k. u. k. Monarchie gegeben hätte – dieser Junge im Matrosenanzug, der da wachsam an dem nicht mehr ganz so jungen Herrn vorbeiblickt und ihn doch im Auge hat; ob dieser Junge wirklich in Zlabotov geblieben wäre?

Ich weiß, ich habe gut reden: ich wohne in der Stadt, in der ich geboren bin, aber ich erlaube mir hier für ein paar Augenblicke den Luxus, mir die Geschichte der letzten vierzig Jahre als ohne gewaltsame Veränderung abgelaufen vorzustellen: wahrscheinlich würde ich in Berlin, Wien oder Paris leben. Es könnte ja auch sein, daß einer sich nicht als aus der Heimat, sondern in die Heimat vertrieben empfindet, und nicht nur im intellektuellen Spiel; auch ein Arbeiter, Soldat, Angestellter oder Beamter könnte ja plötzlich »Der Fremde« sein, fremd in der verlorenen oder nicht verlorenen Heimat, am eigenen Tisch, im eigenen Haus, sich selbst fremd in einer flüchtigen Heimat, zugedeckt vom Schnee der Erinnerung; verhaftet – das hat ja eine doppelte Bedeutung, und es ist doch erstaunlich, zu erfahren, wie viele Menschen, Männer und Frauen, sich plötzlich aus dieser Verhaftung in Beruf, Wohnort, nettem Haus mit netter Familie und nettem Nachbarn, entfernen, flüchtig werden. Was hat sie gewarnt?

Heimat, das ist ein Weltthema, für die, die gezwungen sind, aus ökonomischen oder politischen Gründen auszuwandern, für alle, die vertrieben worden sind, und ich maße mir hier nicht an, ihren Verlust und ihren Schmerz zu ermessen. Ich habe nur, angeregt durch den von Ihnen erwogenen Titel: Die ewige, die unmögliche Heimkehr, einige Überlegungen angestellt, ob die unverlorene geographische Heimat nicht zur Fremde werden kann.

In den Jahren 46/47 schrieb ich eine Erzählung, die den Titel *Zwischen Lemberg und Czernowitz* trug; den Titel ließ ich mir leider ausreden. Während des Sommers, auf der Suche nach Ihnen, tat ich, was ich immer als erstes tue, wenn ich mich mit einem Menschen, einem Land, einer Stadt beschäftige: ich schlug den Atlas auf, suchte Zlabotov, fand es und stellte fest, daß es zwischen Lemberg und Czernowitz liegt. In Europa. Osteuropa. Im Jahr 1953 gab mir mein Verleger ein Manuskript, das ich begutachten sollte, es trug den Titel: *Die Verlorene Bucht,* und es passierte mir zum ersten Mal, daß ich vom Lektor zum Leser wurde, das Manuskript wurde zum Buch, und ich geriet tief, tief hinein in das Ost- oder Südosteuropa Ihrer Helden und Heldinnen, die keine sein sollen und keine sein wollen, und als dann die weiteren Bände der Trilogie kamen, war ich wieder dort, wo ich schon einmal gewesen war als Soldat, später als Autor: Zwischen

Lemberg und Czernowitz. Ich schrieb kein Gutachten, ich sagte nur zu meinem Verleger: Wenn du dieses Manuskript nicht druckst, bist du kein Verleger.
Es war ein ganz neues, ein erweitertes Europa, das ich in Ihrem Werk als zum Leser gewordener Lektor, später als Leser, der nicht mehr lektorieren mußte, entdeckte: Ost- und Südosteuropa. In Westeuropa geboren, aufgewachsen, erzogen, einigen Bildungsvorgängen unterworfen, war ich ja wie alle Westeuropäer, wie vor allem alle linksrheinischen Europäer, ganz von der Einbildung geprägt, Europa läge westlich Mainz, Straßburg oder Köln, und wenn man da nicht so ganz scherzhaft, sondern mit mokanter Arroganz sich zuflüsterte, daß östlich des Rheins Sibirien (und so ungefähr an der Donau entlang der Balkan) beginne, so vergaß man sogar die Tatsache, daß diese Dame Europa ja immerhin balkanischer Herkunft ist – und daß vom Balkan aus das Christentum, das ja nicht so ganz europäischer Herkunft ist, von Slawen zu Slawen gebracht wurde, und man vergaß natürlich erst recht die kaum zu messenden Einflüsse, die aus den jüdischen, von jüdischen Vertriebenen besiedelten Gebieten Osteuropas in die Weltliteratur und in die Wissenschaften eingegangen sind.
Diesen Hochmut, diese oberflächliche Arroganz, diese Verkennung und Verleugnung hat Europa teuer bezahlt: nach sechs Jahren Krieg, innerhalb der sehr kurzen Frist von zwölf Jahren, waren seine abendländischen Strukturen, auf die es so stolz war, von der Barbarei hinweggefegt! Ich kann hier nicht einmal andeuten, was Ost- und Westeuropa einander gebracht haben. Was da alles vergessen wird und verlorengeht im Gefälle wechselseitiger Arroganz, Besserwisserei, undefinierbarer Gegensätze, die sich nach zwei Kriegen und einigen Revolutionen ergeben haben. Ich fürchte, die da so viel von Europa sprechen, meinen immer noch nur Westeuropa: eine tüchtige und doch, betrachtet man, was sie an Geist zu bieten hat, magere, fast dürftige Hälfte, die oft genug Freiheit mit freiem Markt verwechselt, in der jene Einbildungskraft, an der sich dem dreijährigen Knaben Manès Sperber offenbarte, daß sie den Weg ins Freie weist, sich allzusehr – und manchmal einzig und allein – auf den Erwerb richtet, der da ewig währen und wachsen soll – wo wir doch wissen, daß wir auf dem Sekundenzeiger wohnen.
Ist das eine Heimat oder gar ein Zuhause? Und birgt Osteuropa

wirklich nur Gefahr, ist es nicht erbärmlich, wie wir seinen Geist, auch seinen Geist des Widerstands und die, die ihn tragen, die glauben, hier eine christliche, worunter sie verstehen nichtmaterialistische Welt, gekommen zu sein, auf unseren Märkten verschleißen, um so oder so ein paar Wählerstimmen zu bekommen? Sind wir nicht gewarnt und wieder einmal vergeblich? Nicht gewarnt vor den anderen, sondern vor uns? Es ist schon recht, wenn Sie warnen, lieber Manès Sperber, wenn Sie in Ihren Erinnerungen rücksichtslos offenbaren, daß auch Sie sich nicht warnen ließen, blind blieben noch eine Weile vor der einen Gefahr, weil die andere, die faschistische, näher und direkt an Ihrem Leib war. Nun warnt man die portugiesischen Revolutionäre, man warnt die Umstürzler in Südamerika, in Afrika und Asien – aber wer hat die gewarnt, die über jede historische, sogar jede strategische Vernunft hinaus, die Gegenwart nicht einlassen wollen? Wer warnt die, die immer noch die Garotte anwenden, die sogar über die vitale, primitive Vernunft des Überlebenwollens hinaus die Unvernunft ihrer Gegner herausfordern, wer warnt die, die nicht nur moralische Grenzen, die auch die Zeichen der abgelaufenen Zeit nicht erkennen?
Mit der Klarheit des Essayisten haben Sie analysiert, mit der Bitterkeit und Zartheit des Poeten haben Sie ausgedrückt, wovor gewarnt werden soll, und haben doch gleichzeitig die erfahrene Heimat, die man Solidarität nennen kann, angenommen – und liegt nicht im letzteren auch wieder eine Verführung, eine Rücknahme fast der Warnung? Denn auf dem Markt, das wissen wir doch alle, ganz gleich, wo wir herkommen oder wo wir hinwollen, auf dem Markt – da mag's Kumpaneien geben, Solidarität aber gibt es nicht.

Das Schmerzliche an Oberschlesien
Über Horst Bienek, ›Die erste Polka‹

Oberschlesien, so scheint mir, ist der Held (oder wohl besser: die Heldin, es kommt mir ziemlich weiblich vor) des Romans. Er ist zwar um Valeska Piontek (eine Klavierlehrerin, staatl. gepr.) und ihre Familie herumgruppiert, doch immer wieder schiebt sich die eigentliche Heldin, eben jenes Oberschlesien, nach vorne, lokalisiert in Gleiwitz, wo an diesem Tag, am Vorabend des Kriegsausbruchs 1939, zwei Kinder Augenzeugen des seltsamen Überfalls auf den Sender Gleiwitz werden, der zum Mit-Auslöser des Zweiten Weltkrieges wurde. Nicht der bevorstehende Krieg beunruhigt die beiden Kinder, Ulla Ossadnik und Andreas, die in einer heftigen, ungeschickten Umarmung ihre Kindheit ablegen und zu Jugendlichen werden; beunruhigt sind sie, weil sie sich zur Hochzeitsfeier für Irma Piontek verspäten, und es sind diese beiden Ereignisse, der bevorstehende, schon geahnte Krieg, und die Hochzeit, die Bieneks Personal in Bewegung setzen und halten. Valeska P. ist eine umsichtige, blickt man genauer hin, gütige Frau, vielleicht ein bißchen zu tüchtig für ihren Mann; sie ist nicht nur entschlossen, trotz des Verbots weiterhin Chopin zu spielen und zu lehren, sie macht auch mit Hilfe ihres schlauen Bruders Willi Wondrak (ehemals: Wondraschek) Grundstücksspekulationen, ist katholisch und, wie man heutzutage sagen würde, »frustriert«, hat da mal was mit einem Arzt gehabt (wie weit das ging, erfährt man nicht genau), läßt sich von einem Zeitschriftenwerber im eigenen Hausflur ziemlich heftig küssen, wodurch fünfzig freiwillige Vaterunser und zehn Credos fällig werden; sie ist katholisch genug, das selbst zu bestimmen, wozu da erst beichten gehen; da gibt's natürlich die Schwarze Madonna von Czenstochau (die mich doch sehr – auch in ihren Funktionen – an die Schwarze Mutter Gottes in der Kupfergasse zu Köln erinnerte); dann Halina, die polnische Magd; die Witwe Hupka; zwei verschiedene Tanten Lucie; schließlich Leo Maria Piontek, ihren Mann, an Asthma erkrankt, schon lange bettlägerig, mehr ein Amateur als ein professioneller Fotograf, nicht gerade ein Erfolgstyp. Josel, der Sohn, fünfzehn (eigentlich vierzehn), in Pubertät begriffen; er absolviert sowohl den Don Bosco-Bund wie die HJ, und so nebenbei betreibt er in einer leerstehenden Baracke eine Absteige, die angesichts der Anwesenheit so vieler Soldaten ziemlich einträglich ist. Nicht nur die Schwarze Madonna, auch Chopin, dessen Herz in Warschau ruht, wohin man gern pilgern möchte, und so einiges, was nicht gerade von einer klar umrissenen kantisch-preußischen Sittenverfassung spricht.

So recht zu kategorisieren, »faßbar« oder erfaßbar ist das alles nicht, nicht in seiner Nationalität, nicht in seiner Religiosität, manches erinnert an den Kohlenpott, als wäre er nach Osten verrutscht, aber zutreffender wäre wohl, den Kohlenpott als ein nach Westen verrutschtes Oberschlesien zu bezeichnen. Manche Personen aus Bieneks Roman könnten sicher, so wie sie sind, auch in Gelsenkirchen oder Rotthausen »vorkommen«, mit ihrem »Salonik«, ihren vielen »pierunjes«, nur ist das Ruhrgebiet, wenn auch immer international begehrt, kein Grenzland, und Ansprüche darauf waren immer ziemlich weit hergeholt.

Was ich nach der Lektüre der *Ersten Polka* endgültig begriffen habe: Oberschlesien ist nicht Schlesien, es ist beides nicht eindeutig: weder deutsch noch polnisch, und seine Unabhängigkeitsansprüche waren gar nicht weit hergeholt, wenn auch politisch hoffnungslos. Es konnte einem in Lothringen passieren, daß man eine deutsche Antwort bekam, wenn man die Leute französisch ansprach, und umgekehrt, zerquetscht und ständig hin und her gerissen zwischen zwei anspruchsvollen, total humorlosen Nationalismen, waren's die Leute einfach leid, ständig »bekennen« zu müssen.

Von Bekenntnis zu einem der angebotenen Nationalismen ist auch in Bieneks Gleiwitz wenig zu spüren, es bestand, wie mir scheint, ein leichter Überhang zum Polnischen, und zwar des Katholizismus wegen, dieser unzuverlässigen Konfession, für die das in Warschau ruhende Herz Chopins, Rosenkranz, Vaterunser, Ave Maria wichtiger waren als irgendwelche kühlen preußischen Symbole, und schließlich waren die Polen in Preußen ja nicht nur verachtet, weil sie Polen, mehr noch, weil sie katholisch waren.

Dieses Problem hält und spannt den Roman, in beiden ineinander verflochtenen Handlungen: Kriegsbeginn und Hochzeitsfeier. Chopin, ein eindeutig *oberschlesischer* Klerus, der sich in Erzpriester Pattas eindeutig für die Musikalität der polnischen Ortsnamen ausdrückt, die er wie eine Litanei intoniert; er, der

überall in diesem Land (Oberschlesien) die »gleiche Liebe und Treue zur Heimat und zur heiligen Mutter Maria« gefunden hat; und was die Besitzverhältnisse anbelangt, so drückt das der sterbende Leo Maria Piontek aus: »Es ist ein verfluchtes Stück Erde. Die Armen haben die Saat in die harte trockene oberschlesische Erde gesteckt und sie mit ihrem Schweiß gedüngt, und die Reichen haben die Frucht genommen. Die Armen sind unter die Erde gegangen, haben gegraben in der Erde des Herrn und die Kohle herausgeschaufelt mit Methan in den Lungen, und die Reichen haben sie verkauft.«
Nicht nur Eichendorff, auch Schaffgotsch und Ballestrem, und noch ein weiterer Bestandteil der oberschlesischen Bevölkerung: der jüdische, wird in der *Ersten Polka* personifiziert in dem Landgerichtsrat a.D. Georg Montag, einem wahren oberschlesischen Katholiken, der sich angesichts der Judenverfolgung allzu heftig an seinen jüdischen Großvater erinnert, sich schließlich wieder judaisiert, völlig zurückgezogen lebt und an einer Korfanty-Biographie arbeitet, bevor er, eben am Vorabend des Kriegsausbruchs, Selbstmord begeht. Er ist der wahrhaft Heimatlose, nicht Angenommene, während sich die anderen gewohnheitsmäßig im Hin und Her ihrer Geschichte anzupassen beginnen. Nicht zufällig hat Montag in der Geschichte Korfantys eine eigene oberschlesische Identität gesucht, und nicht zufällig ist Montag das erste Opfer und Vorläufer der großen Vernichtung. Er ist der erste Heimatvertriebene.
Der erste Roman von Bienek hat seine Schwächen, auch (was nicht dasselbe ist) einige Längen; ich führe das nicht auf die Tatsache zurück, daß hier ein geborener Lyriker seinen Erstlingsroman vorlegt; schließlich ist Bienek auch ein gestandener Prosaschreiber, nicht nur in der »Zelle«, auch als Rezensent und Essayist; die paar Längen und Schwächen sind von der Art, wie sie auch »gestandenen Prosaisten« jederzeit und Gott sei Dank unterlaufen; es ist kein geglättetes, kein ganz ausgebügeltes Buch. Am Ende hat man, wie es sich für einen Roman gehört, Personen und Gestalten, wenn auch einige in »Rollen«, kennengelernt, hat an Konflikten, Entwicklungen, Spannungen teilgenommen, und an einer »Kleinbürgerhochzeit«, die großzügig – im besten Haus am Platze, im Haus Oberschlesien – geplant ist, aber nicht großzügig ausfällt; da gibt es viele Gewürze, peinliche Gäste, eine obskure Sorte Prominenz; und was trist zu werden verspricht, en-

det traurig: mit Josels Mord an einem deutschen Feldwebel, der die sehr oberschlesische Ulla Ossadnik vergewaltigt, die so wunderbar Chopin spielen kann; mit Montags Selbstmord, dem Kriegsausbruch, und Leo Maria Pionteks Tod.
Das paßt alles zu gut übereinander, zieht sich am Schluß zu lange hin, und eine katholische Buchhändlerin, die sich dann wohl, weil sie letzten Endes doch »verschmäht« wird, die Brustwarzen abschneidet: das mag vorgekommen sein und vorkommen: ist aber dann doch zu »oberschlesisch«; Valeska P.s fünfzig freiwillige Vaterunser und zehn Credos genügen.
Man erfährt auch einiges – und das ist gut – vom zeigenössischen Fußball, z. B. vom damaligen Torjäger Helmut Schön, ein paar Buchtitel, Scholtis: *Das Eisenwerk*, Bergengruen: *Der Großtyrann und das Gericht* (ich erinnere mich: dieser beziehungsreiche Roman war eine Sensation, seinerzeit in der *Kölnischen Volkszeitung* abgedruckt), und da findet man Bernhard Etté wieder, La-Jana-Frisuren werden Mode.
Nun wäre es Täuschung, zu vergessen, daß dieser Roman über Oberschlesien, in diesem Augenblick, nach den Ostverträgen und ihren Folgen, eine politische und speziell heimatpolitische Bedeutung bekommen könnte, die weder beabsichtigt noch datiert war. Stellen wir erst einmal fest: dieser Roman ist deutsch geschrieben von einem Deutschen, zärtlich, fast weich, schmerzlich, fast unkritisch, hier wird kein »Nest beschmutzt«, es wird in der Vielfalt seiner Zusammensetzungen geschildert. Das Schmerzlichste an Oberschlesien (das ist mein Eindruck von Bieneks Roman, was die heimatpolitische Seite angeht) war offenbar der Zwang, sich entscheiden zu müssen; jetzt, wo in der Folge jenes Krieges, der in Gleiwitz mitgezündet wurde, die Geschichte diese grausame Entscheidung gefällt hat, ist es jedermanns Recht, sich deutsch oder polnisch zu definieren.

Ein Nestbeschmutzer von Rang

Die Aufzeichnungen des Obergefreiten Erich Kuby, ›Mein Krieg‹

Im Herbst der Nostalgien, der halben und halb zurückgenommenen Bekenntnisse und Geständnisse, im Jahr 30 nach Kriegsende, in dem man endlich erfuhr, welchen entsetzlichen Leiden und Mißverständnissen Frau Leni Riefenstahl und der arme Herr Arno Breker ausgesetzt waren – in diesem Herbst ist Kubys Buch eine wahre Wohltat. Mit bewegter und egangierter Kälte hat ein Soldat, der Erich Kuby hieß, es einmal bis zum Obergefreiten gebracht hatte, dann degradiert und zu Gefängnis verurteilt wurde, Tagebuch geführt, Briefwechsel aufbewahrt; kein Schweijk, kein Barbusse, »nur« ein – Gott sei Dank – zersetzender Intellektueller, der durchaus zu herzlichen und durchgehaltenen Freundschaften fähig war. Er hat die Täuschungen, Blindheiten und Enttäuschungen der Deutschen und ihrer Wehrmacht registriert, analysiert und sich mit Hohn getröstet. Ich konnte mir nicht helfen: während der Lektüre dieses Buches stellte ich mir den Obergefreiten Kuby vor einem Wehrmachtsrichter vor, der Dr. Hans Filbinger hätte heißen können; und in dieser fiktiven Konfiguration wäre ein gutes Stück intellektuellen deutschen Nachkriegselends personifiziert; der ewige – und wohl auf ewig weiterwährende – Kampf der »guten« Deutschen gegen die »schlechteren«, der Saubermacher und Sauberhalter gegen die »Nestbeschmutzer«.

Es kann kein Zweifel bestehen, dieser Erich Kuby hat der Deutschen Wehrmacht wenig Ehre gemacht oder eingebracht; oder doch, indem er eben den Krieg aus seiner Position heraus beobachtet, die Reaktionen der »Heimat« oder des »Reichs« registriert und frivol interpretiert? »Meine gute Mutter schreibt, sie wolle mir Geld schicken, wenn ich dafür hier Kaffee oder Tee *kaufen* könnte (in Frankreich 1940!). Das fugenlose Ineinander von bürgerlichen Vorstellungen und Barbarei (d. h. die Nichtzurkenntnisnahme selbigen, was auf das gleiche hinauskommt) hat für mich schon lange etwas Faszinierendes.« Der peinliche Moralismus moderner Armeen, der sich etwa in Transparenten wie »Plündern wird mit dem Tode bestraft« ausdrückte, wird von Kuby handfest und man könnte fast sagen handgreiflich widerlegt, indem er munter Plünderungen schildert, die man ja in der bürgerlichen Schmunzelsprache dann als »Organisieren«, »Requirieren« bezeichnen konnte. Wenn man sich vorstellte, wieviel ordentliche, anständige Bürger, die heute bis zum Überschnappen jegliche Art von Privateigentum verteidigen, in verschmunzelter Selbstverständlichkeit anderer Leute Eigentum »organisiert«, »requiriert« haben, wie das besetzte Frankreich ausgeplündert wurde – so ist Kubys Offenheit von beachtlicher Aktualität.

Wie »modern« der Nazikrieg war, erweist sich auch an der Schilderung des »Währungsgefälles«, das den Kurs des französischen Franken 1940 auf 5 Pfennig festsetzte (für 3 Franken bekam man eine Flasche Wein, für 3 weitere ein Huhn, für ein Drittel des Kriegssoldes von 1 Mark täglich also eine gesegnete Mahlzeit!) und Inflation, Ausplünderung, Bankrott beschleunigte. So war selbst das Bezahlen eine legalisierte Plünderung: ein Hemd für 2,50 bis 3 RM – und eine üppige Mahlzeit für 1,50 RM (»Wir bezahlten stumm und hätten uns fast entschuldigt. Ich sagte zu Bertram: Denk dran, wenn wir wieder in der deutschen Wüste sind, und auch dann, wenn sich die Wüste bis hierher ausgebreitet hat.«) Solche Beobachtungen und Analysen waren natürlich nicht erwünscht, schlimmer noch, daß der Soldat Kuby an französische Kriegsgefangene Äpfel verteilte und nicht sehr heroisch reagierte, als er das Schmerzensgebrüll eines Verwundeten mit anhören mußte. Nein, dieser Mensch paßte nicht so recht in eine, erst recht nicht in diese Armee – und war doch drin, und wurde auch noch Obergefreiter.

Nun könnte leicht das Mißverständnis entstehen, Kuby habe sich »gedrückt«; es ist albern, gehört aber wohl zu den unvermeidlichen Albernheiten bei Konfrontationen mit der deutschen Geschichte, daß hier betont werden muß: Nein, Kuby hat sich – auch im Sinne des Idiotenvokabulariums *irgendeiner* Armee – nie »gedrückt«. Dieser haut-, magen-, fußempfindliche degradierte Obergefreite Kuby hat sich mehr Gefahren ausgesetzt, als bei seiner Intelligenz und seiner Einsicht in das Funktionieren des Apparats, wohl auch bei seinen Beziehungen notwendig gewesen wäre. Sein Motiv: er wollte dabeisein, er wollte sehen, hören, erfahren; er war dabei, er hat gesehen, gehört, erfahren, er hat Tagebuch geführt, Durchschriften seiner Briefe gemacht, sein Protokoll durch Briefe seiner Frau, seiner Familie, Briefe

von Bekannten ergänzt. Er hat gewußt, wie es kommen, wie lange es dauern, wie es ausgehen würde. Vielleicht wäre es besser gewesen, dieses Wissen in diesem Buch zu verschweigen oder zurückzuhalten: auch, oder gerade, wenn man recht behalten hat, gerät man ja leicht in den Verdacht der Rechthaberei, und merkwürdigerweise: obwohl ich Kuby glaube, daß er diese Prognosen seinerzeit gemacht hat – sie stören, weil er auf eine ganz andere Weise ausreichend »Recht« hat. Kuby, der auf französischen Orgeln Konzerte gibt, der malt und Gefängnisse ausmalt, der frivol die doppelte Moral moderner Volksarmeen, dieser großen Organisierer, ignoriert, der an Regiments-Chroniken arbeitet, als Nachrichtensoldat sich keineswegs »drückt«; es ist schon ein Wunder (und auch ein Segen), daß dieser Mensch Kuby den Krieg überlebt hat, an der »Front«, im Hinterland, im Vormarsch, im Rückzug, im Lazarett, im Gefängnis; er, der ganze Stäbe organisiert hat, um an einer fiktiven Regiments-Chronik zu arbeiten, die dem Erlebnis- und Erinnerungsaufsatzkult des gebildeten Deutschen schmeicheln sollte.
Dreißig Jahre nach Kriegsende diesen noch einmal vorgeführt zu bekommen von einem degradierten Obergefreiten und Wehrkraftzersetzer von Rang, der weder von außen noch von oben registriert, nicht von irgendeiner »objektiven Warte« aus, von einem, der der ganzen peinlichen Niedertracht ausgesetzt war – das ist erfrischend. Gerade weil er kein Soldat war, ist Drückebergerei nicht sein Refugium gewesen, die Drückebergerei ist ja eine Soldateneigenschaft, sie ist sozusagen in der ganzen Dienstauffassung immanent, wird schmunzelnd weitergegeben. Es ist immer und immer wieder der extreme Zivilist und extreme Intellektuelle Kuby, der aus Verachtung gegenüber dem Apparat Kommandos annimmt. Ein gefährliches Spiel, eine gefährliche Neugierde, eine lebensgefährliche Verachtung.
Wenig Freundliches hat Kuby über die zeitgenössischen Geistesheroen zu sagen. Carossa wird zum »sensiblen Opportunisten«, weitere Heroen werden zu »fiesen Möppen«, ob Thomas Mann oder Ernst Jünger. Geistesheroen der Vergangenheit kommen – außer Hölderlin – nicht besser weg. »Richard Wagner (er wird, wie Goethe, Bach, Schubert, Mozart von Kuby ins Jahr 1939 versetzt) hätte versucht, durch den Bodensee in die Schweiz zu schwimmen, wäre aber dabei aufgegriffen worden, weil er vorher von seinem Plan im Gasthaus geredet hätte. Im Gefängnis

hätte er sich benommen wie Gerhart Hauptmann, schweinisch. Außerdem hätte er den großartigen Charkow-Marsch komponiert und wäre daraufhin Staatskapellmeister geworden.« In diesen Zusammenhang gehört auch der Kubysche Briefseufzer: »Warum muß ich in ein Volk hineingeboren worden sein, das aus Wagneropern Geschichte macht.«

Zynismus, Frivolität (und auch ein gut Teil Eitelkeit) sind als Tarnungen eines äußerst empfindsamen Herzens, im Zusammenhang mit *diesem Krieg*, den Kuby mit Recht *Mein Krieg* nennt, zu verstehen. Vor allem: sie werden nicht versteckt, eher ein bißchen zu sehr herausgekehrt, ihre Künstlichkeit wirkt stellenweise zu durchsichtig und enttarnt sich an anderen Stellen, wo die weiße Wut Kubys sichtbar wird. Zum Beispiel da, wo Kuby auf der Durchreise an die »Westfront« (im Juni 44, kurz vor der Invasion) an der Straßburger »Reichsuniversität« Bekannte und Geistesverwandte besucht: »Hier in Straßburg sind eine Menge ansehnlicher Leute versammelt, die vom Dritten Reich und vom Krieg soviel wie möglich verpassen wollten ... Was mich an diesem Kreis stört, ist sein elitäres Gehabe, und was ich am wenigsten vertrage, ist Ironie gegenüber den Nazis, die sich gefahrlos äußert. Diese Kultur- und Wissenschaftsplutokraten tragen ein unsichtbares Schild um den Hals: Wir sind die anderen Deutschen. Wer glaubt, ein ›anderer‹ Deutscher zu sein und sich dennoch als Repräsentant der Deutschen schlechthin fühlt, beteiligt sich an dem Schwindel, die deutsche Führung, Hitler, Goebbels, Göring, Schacht, Bormann, Heydrich seien keine exemplarischen Deutschen. Das aber sind sie« – und weiter: »Es macht mir erstaunlich wenig aus, hier abzufahren. Das ist nicht meine Welt.«

Der Soldat Kuby fuhr nach Westen weiter. Frivolität, Zynismus, Eitelkeit und ein empfindsames Herz hinderten ihn nicht, sich an eine der gefährlichsten Stellen des Krieges zu begeben. Es blieb ihm nichts erspart: nicht der Terror der Durchhalte-Deutschen (über den er später schrieb), nicht die Kriegsgefangenschaft, deren amerikanische Variante er ausführlich beschreibt. Nein, er hat sich nicht »gedrückt«, obwohl er in Straßburg gewiß irgendeinen »Wissenschaftsplutokraten« hätte auftreiben können, der ihm ein ärztliches Attest verschafft hätte. Ich kann und konnte mir nicht helfen: Während der Lektüre des Buches stellte ich mir den Soldaten, den degradierten Obergefreiten Kuby, vor einem

Kriegsgericht vor, dem Dr. Hans Filbinger vorsaß. Auf das Urteil hätte man gespannt sein dürfen.

Stimme aus dem Untergrund
Über Bommi Baumann, ›Wie alles anfing‹

Dieses Buch von Michael Baumann zu beschlagnahmen, zu unterdrücken, den Trikont-Verlag des Buches wegen so erheblich zu molestieren, ist der falscheste Weg, den man einschlagen kann. Man sollte zur Verbreitung des Buches beitragen, es nicht als Pflichtlektüre, sondern vorschlagsweise in Schulen lesen, mit Kommentar versteht sich. Und um das Idiotenwort von der Ausgewogenheit einmal so richtig voll anzuwenden, sollte man es kommentieren lassen: von einem Rechten, von einem Linken, von einem aus der Mitte, von einem aus der Mitte der Mitte, von einem Evangelischen, Katholischen, einem Christen und von je einem Vertreter aller, nicht nur der in den Parlamenten vertretenen Parteien.

Nehme ich ein paar (nicht viele) Veteranentöne, ein paar bramarbasierende (nicht viele) Töne weg und unterstelle, was ich nicht nachprüfen kann: daß es authentisch sei, so stelle ich fest, daß ich noch kaum etwas so Aufschlußreiches aus dem Untergrund gelesen habe. Hier schreibt und erklärt eines jener Wunderwesen, von denen die abstrakt (und gelegentlich arrogant) orientierte intellektuelle Linke so oft und ausgiebig geträumt hat, ein *Arbeiter*. Er schildert seinen Weg in den zunächst privaten, dann den organisierten Anarchismus. Bedrückende Wohn-, nicht sehr erfreuliche häusliche Verhältnisse, die plötzliche Erkenntnis der vierzig, fünfzig Jahre währenden Tretmühle, die vor einem jungen Arbeiter liegt. Weg in die Kommune, Erkenntnisse über diese: die unfaßbare Leichtfertigkeit, mit der das Bombenbasteln erst als Spiel, dann im Ernst betrieben wird.

Ich kann mir nicht vorstellen, daß ein Jugendlicher, der nicht *ohnehin* zu »Mollies« oder Bomben neigt, durch dieses Buch dazu verführt wird, nicht mehr jedenfalls als durch die harten Aus-der-Hüfte-Knaller, die er fast täglich im Fernsehen bewundern darf: diese raschen, harten Männer der »Tat«, die so manchem Vorbild sind. Der »Radikalenerlaß« oder »Extremistenbeschluß«, diese Schändlichkeiten, werden ja Hunderte, vielleicht Tausende von Jugendlichen, die nicht nur im »öffentlichen Dienst«, auch auf Grund kursierender schwarzer Listen in der Privatwirtschaft untragbar geworden sind, in den Untergrund

treiben – und was sie dort ausbrüten, was sie möglicherweise anrichten werden, das mögen die Parteien verantworten, die solche Erlasse und Beschlüsse »tragen«. Da wird noch manches zu »tragen« sein, durch diese Beschlüsse und Erlasse werden Radikale, Extremisten, potentielle Terroristen eher ausgebrütet als verhindert. Es wird für Leitartikler und Kolumnisten der einschlägigen Presse Stoff genug geben. Vielleicht braucht man ihn, muß man Extremisten auf diese Weise züchten, um immer härtere Gesetze durchzubringen. Der *legal* in den Untergrund Verwiesene wird ganz andere Formen, Inhalte, ganz neue Frustrationen entwikkeln als die vielen, die – wie Michael Baumann – von vornherein die Illegalität gewählt haben. Ihnen kann er nicht Vorbild sein, sie wollten ja legal arbeiten, am gesellschaftlichen Leben teilnehmen. Mag sein, daß einige von ihnen sich eines Tages Dregger und Carstens als Vorbilder an die Wände hängen.
Michael Baumann *erklärt* vieles, auf seine Weise, von der ich bürgerlicher Stilist, der ich nun einmal bin, nicht feststellen kann, ob sie stellenweise künstlich schnoddrig ist. Er erklärt »wie alles anfing«; wie es aufhörte, erfährt man aus dem Buch selbst, wußte man schon aus dem *Spiegel*-Interview: »Bei Beelitz (einem Opfer von Baumanns Bomben) kam das Entsetzen. Bei Georg von Rauch noch einmal Haß.« Baumann ergänzt das *Spiegel*-Interview um einige Bemerkungen: »Die Linke hat aus ihm (von Rauch) einen christlichen Märtyrer gemacht, ein richtiger christlicher Humanitätstrip rollt da ab. Der Typ war er nicht, er war genau der Typ, der gesagt hat, klar, wir schießen.« Ob von Rauch wirklich als erster geschossen hat, wird aus Baumanns Zusätzen nicht klar. Und Baumann schreibt außerdem: »Urbach hatte uns früher schon einmal Waffen gegeben, damit hat der Verfassungsschutz die Waffen geliefert, mit denen Polizisten umgeschossen werden.«
Gewalttätig geworden, und das *bewußt*, ist auch Baumann erst nach der Erschießung Ohnesorgs, nach dem Attentat auf Dutschke. Und: Es muß immer wieder gesagt, kann nicht oft genug wiederholt werden: durch die Hetze der Springer-Presse, speziell in Berlin, wo sie den Markt beherrscht und den Markt, den sie nicht beherrscht, einschüchtert. Eines Tages wird wohl eine Forschungsgruppe diese Entwicklung von Schlagzeilengewalt und Gegengewalt Schritt für Schritt, Tag für Tag nachzeichnen. Man kann die Gewalt, an der Michael Baumann teil-

gehabt hat, nicht aus diesem Zusammenhang von Hetze, Denunziation, Aufheizung der öffentlichen Stimmung lösen. Mag Michael Baumann, wenn er gefaßt wird, zur Verantwortung gezogen werden, wie das geschriebene Gesetz es befiehlt. Die noch ungeschriebenen Gesetze gegen Volksverhetzung, permanente Provokation, für die gibt es noch keinen Richter.

»Wir«, schreibt Baumann, und er meint damit die Gruppenmitglieder proletarischer Herkunft, »wir haben mit der Gewalt von Kindsbeinen an gelebt, das hat eine materielle Wurzel. Wenn Zahltag ist, der Alte kommt besoffen nach Hause und verprügelt erst mal seine Alte, das sind doch die ganzen Geschichten. In der Schule, da keilst du dich, sich mit Fäusten durchsetzen, das ist für dich eine normale Sache, du keilst dich auf der Arbeitsstelle, du keilst dich in Kneipen, du hast dazu ein gesünderes Verhältnis. Für dich ist Gewalt eine ganz spontane Sache, die du ganz leicht abwickeln kannst. Da war auch immer der Sprung zwischen der RAF und uns, in der Entstehung der Gewalt, wo sie herkommt.«

Das Kapitel »Terror oder Liebe?« beginnt: »Daß du dich für den Terrorismus entscheidest, ist schon psychisch vorprogrammiert. Ich kann es heute bei mir sehen, das ist einfach Furcht vor der Liebe gewesen, bei mir selbst, aus der du dich flüchtest in eine absolute Gewalt. Hätte ich die Dimension Liebe für mich vorher richtig abgecheckt, hätte ich es nicht gemacht. Dann hätte ich es auf Umwegen richtig erkannt.« Das sind direkte, große, aufschlußreiche Worte und schon ihretwegen – es gäbe viele Zitate ähnlicher Art – sollte man das Buch verbreiten. Sexuelle Unterdrückung, oder: unterdrückte Sexualität (Baumann nennt es *Liebe,* mit Recht), wo findet man direktere, eindeutigere Auskunft über ihren Zusammenhang mit dem Terrorismus, und diese Auskünfte, von denen einige lyrische Qualität haben, sind nirgendwo, auch nicht für mein bürgerliches Empfinden, auch nur andeutungsweise »obszön«.

Es wird in Baumanns Bekenntnis wenig entschuldigt, einiges bereut, alles *erklärt,* nicht aus der Theorie, aus der Analyse und Erkenntnis von Praxis, Erfahrung, Herkunft, Werdegang. Das Buch ist Lehrern, Eltern, Politikern und Psychologen, Polizeibeamten und Pfarrern zur Erweiterung ihrer Erkenntnisse und Information zu empfehlen. Empfehlenswerte Lektüre auch für Jugendliche, die möglicherweise aus Langeweile – oder weil ihnen Dregger oder Carstens als Vorbilder partout nicht passen – mit Untergrund- und Anarchistengedanken *spielen.* Besonders empfehle ich einen intensiven Blick auf das Foto des adrett gekleideten, netten, ausgehfertig angezogenen Arbeiters Michael Baumann auf Seite 7, und ich wünsche ihm, daß er, wo immer er sein mag, eine Braut hat.

Es wäre nützlich, wenn in einer weiteren oder gar erweiterten Auflage die Zeitungsausschnitte, Fotos etc. mit Daten versehen würden.

Die Eiche und das Kalb
Über Alexander Solschenizyn, ›Die Eiche und das Kalb‹

Ich beginne mit einem Zitat von Seite 606 dieses Buches, über das man einige Stunden lang referieren und diskutieren müßte, wenn man ihm gerecht werden wollte; gerecht werden nicht nur dem Buch und seinem Autor, auch den beschriebenen und gedeuteten Vorgängen und Entwicklungen. Das Zitat lautet: »Nun stimmen Sie ab, hinter Ihnen steht die Mehrheit. Vergessen Sie nicht: Die Literaturgeschichte wird sich für unsere heutige Sitzung noch interessieren.« Das sagte Alexander Solschenizyn am 4. November 1969 auf jener Sitzung des Rjasaner Schriftstellerverbandes, die mit seinem Ausschluß endete. Ich möchte dieses Zitat nur durch eine kleine Variante verstärken. Diese historische, diese blamable Sitzung hat nicht nur Literaturgeschichte, sie hat Geschichte gemacht. In keinem Land der Welt ist die Geschichte so genau an der Literaturgeschichte abzulesen wie in der Sowjetunion und im zaristischen Rußland. So ist das Buch *Die Eiche und das Kalb* auch ein Beitrag zur Geschichte.

Es besteht aus sechs Teilen, ist mehr als eine Dokumentation, es ist der Roman einiger Romane, ein Roman der Zensur, des Geheimdienstes, der Roman zahlreicher Verflechtungen des Literaturbetriebs mit Zensur und Geheimdienst. Als handelnde Hauptpersonen sind drei zu erkennen: der Autor Alexander Solschenizyn, Alexander Twardowski, sechzehn Jahre lang Chefredakteur der sowjetischen Zeitschrift Nõvy Mir und gefeierter sowjetischer Dichter; die dritte handelnde Kraft ist nur zum Teil sichtbar, nur zum Teil artikuliert, es ist die breite, zum größten Teil unfaßbare Bürokratie, zu der man in diesem Fall nicht nur die Politbüros, nicht nur den Geheimdienst, auch die Autorenverbände, die Redaktionsstäbe in ihrer vielfachen Verflechtung mit den anderen Instanzen zählen muß.

Fünf Teile des Buches entsprechen fünf Entwicklungsstufen, die der Entwicklung des Autors Solschenizyn zum *Fall* Solschenizyn entsprechen. Der erste Teil ist zwischen dem 7. April und dem 7. Mai 1967 geschrieben, der zweite, als 1. Nachtrag bezeichnet, im November 1967, der dritte Teil im Februar 1971, ein weiterer Teil im Dezember 1973 und der letzte im Juni 1974, nach Solschenizyns Ausweisung aus der Sowjetunion. In einem

sechsten Teil, dem Nachtrag, sind die wichtigsten Briefe und Protokolle, auch Statements gesammelt, die die fünf Hauptteile ergänzen.
Nicht nur für Autoren, ob sie nun aus politischen oder kommerziellen Gründen zu Konzessionen gezwungen werden sollen oder sich zwingen lassen, für jeden Zeitgenossen ist dieses Buch eine nicht nur im oberflächlichen Sinn interessante und lehrreiche, auch, wie ich finde, eine spannende Lektüre. Es erklärt – und dabei ist die Datierung der einzelnen Teile über sieben Jahre hinweg wichtig; es belegt die Steigerung – die Entwicklung eines Menschen, in diesem Falle eines Autors, in jene weltpolitische Position hinein, die wir aus Solschenizyns Schicksal kennen. Nach der Lektüre dieses Buches, das die Genese und die Genesis aller Werke und Manuskripte von Solschenizyn enthält, wurde mir erst klar, daß er ja wirklich und wahrhaftig im Geist der Kooperation, mit dem leidenschaftlichen Wunsch, die zahlreichen Verfilzungen der sowjetischen Gesellschaft von *innen* heraus zu heilen, in die Literatur eintrat – und durch sie nach *außen* gedrängt wurde, wo er nie hinwollte. Man vergißt zu schnell, daß der heute siebenundfünfzigjährige Solschenizyn zwar schon als junger Mensch schrieb, daß er aber erst als dreiundvierzigjähriger, vor fünfzehn Jahren erst, einen ersten Publikationsversuch unternahm, und es war nicht er selbst, es war Lev Kopelew, sein Gefängnisfreund, wie er ihn nennt, der sein Manuskript in die Redaktion des Nŏvy Mir brachte. Und noch vor zehn Jahren, im Frühjahr 1966, nach einer schon langjährigen Erfahrung mit den Intrigen des Literaturgeschäfts, Erfahrungen mit Drohungen und Verleumdungen, mit Tapferkeit und Feigheit, mit Eitelkeiten aller Art, noch im Frühjahr 1966 verfährt er nicht mit jener absoluten, puristischen Moral, sondern strategisch. Ich zitiere: »Als ich im Frühjahr 1966 begriffen hatte, daß mir ein längerer Aufschub gewährt worden war, erkannte ich, daß ich nun ein *offizielles* (die Betonung stammt von Solschenizyn selbst), allen zugängliches Werk schreiben mußte, um zunächst einmal zu beweisen, daß ich lebte und arbeitete und um im Bewußtsein der Gesellschaft jenen Raum zu füllen, in den die konfiszierten Werke nicht eindringen konnten. Die *Krebsstation,* die ich vor drei Jahren angefangen hatte, eignete sich sehr gut dafür. Jetzt wollte ich sie fortsetzen.« Er schrieb die *Krebsstation* zu Ende, und ausgerechnet an ihr, um sie herum, die er selbst, politisch

betrachtet, ein harmloses Buch nennt, sollte sich sein Schicksal innerhalb der sowjetischen Literatur mit entscheiden. Allein das Hin und Her um diesen Roman, die Besprechungen in der Redaktion, die Diskussion im Schriftstellerverband, seine Publikation im westlichen Ausland, gegen die Solschenizyn protestierte; die Mäkeleien an dieser oder jener Figur im Roman, über Pessimismus, Optimismus, das Hinundherschieben und – schicken des Manuskripts von einer Behörde zur anderen und wieder zurück an die Redaktion – allein das wäre der Roman eines Romans, in dem man die Befangenheit, die Empfindlichkeit und die Beschränktheit sowjetischer Kulturfunktionäre herauslesen könnte, aber nicht nur diese: auch ihre Intelligenz, ihre Schläue, ihre analytische Erfahrung, ihr gesamtes Instrumentarium.

Erst in der Auseinandersetzung mit allen diesen Instanzen, mit diesen sowohl überzeugten wie erheuchelten Argumenten und Einwänden, wird Alexander Solschenizyn zu dem, wozu er angelegt war, durch Begabung, seinen unbeugsamen Willen, seine Ausdruckskraft. Er wird zum Einzelkämpfer historischen Formats, der wohl erkennt, daß es hier nicht um Literatur oder Politik, daß es um beides geht, und es zeigt sich, daß er zu all seinen Begabungen eine weitere hat, die man bei einem Autor nicht vermuten würde: eine strategische: Er erkennt seine Position, er weiß, welche Waffen er hat, er weiß, worum es geht, er erkennt seine internationalen Verbündeten, erkennt die Schwächen seiner Gegner, und in diesem Labyrinth von Feinden und Freunden, von halben Feinden und halben Freunden, wo ihm wohl Hunderte von Ratschlägen erteilt worden sind, Ratschläge, was er wie und wo da und dort tun sollte, oder hätte tun sollen, entscheidet er allein, was getan werden muß: keinen Millimeter zurückweichen, ohne Angst, wenn auch vielleicht nicht ohne Furcht um die Seinen und seine Freunde, hält er durch bis zur Verhaftung und Ausweisung im Februar 1974.

Erregend ist das Buch nicht nur durch die Dramatik der äußeren, mehr noch durch die Dramatik der inneren Vorgänge in der Sowjetunion, in der es eine Zeitlang – nach der Veröffentlichung des *Ivan Denissowitsch* – eben so aussah, als würden die Schleusen geöffnet. Der Angel- und Brennpunkt dieser erwartungsvollen Situation, mit ihren vielen Hintergründen, war und wurde eben Alexander Solschenizyn, der nur eine Waffe hatte: sein Werk, später eine weitere, die er bewußt ansetzte: seinen Ruhm.

Sein Sieg freilich wurde teuer bezahlt, mit der Ausweisung aus einem Land, in dessen Innerstes er gehört.
Die Schäbigkeit seiner Feinde in der Sowjetunion ist im Anhang ausreichend dokumentiert. Seiner Größe werden auch die gelegentlich schäbigen Kommentare hier nichts antun, sowenig wie die Krokodilstränen heuchlerischer Freunde. Zum Schluß noch ein Zitat aus seinem Nachruf auf Alexander Twardowski, den mutigen Förderer, den letzten Endes gebrochenen Freund: »Es gibt viele Arten einen Dichter umzubringen. Bei Twardowski beschloß man: nehmt ihm sein Kind, seine Passion, also seine Zeitschrift. Es war noch zu wenig, daß man diesen Menschen sechzehn Jahre lang Erniedrigungen aussetzte, die er geduldig ertrug – nur damit die Zeitschrift durchgebracht wurde, nur damit die Literatur nicht abriß, nur damit Menschen gedruckt wurden und Menschen lasen. Zu wenig! – man fügte das zehrende Feuer der Auflösung, der Zerschlagung, der Ungerechtigkeit hinzu.«

Aufbewahren für alle Zeit
Nachwort zu Lew Kopelew, ›Aufbewahren für alle Zeit‹

Während der Lektüre dieses Buches, das Züge eines »Simplicissimus« hat, sollte man keinen Augenblick lang das Motto vergessen: *Aufbewahren für alle Zeit.* Das war der Standardvermerk auf allen Gerichtsakten für Vergehen nach Paragraph 58, dem Paragraphen der Staatsverbrechen. Und hinter diesem Motto der persönliche Vermerk des Autors: »Dies ist die Geschichte *eines* Falles und zugleich der Versuch eines Bekenntnisses.« Das Buch beginnt dann auch mit dem Titel »Die ersten Tage der Ewigkeit«, und sein Schlußkapitel heißt »Die Ewigkeit dauert an«.
Liegen schon die Begriffe »ewig« und »Ewigkeit«, wie Lew Kopelew die diesseitig bürokratische Anweisung »für alle Zeit« versteht, außerhalb aller marxistischen Kategorien und deuten sie eine überraschende Wende ins fast Metaphysische an, so bietet das Buch selbst weit mehr Überraschungen. Es enthält zwischen diesen beiden Überschriften ein umfassendes Kompendium und Bestiarium, es werden verschiedene Prozesse ineinander und übereinander geschildert, Prozesse im doppelten Sinne des Wortes: im Sinne von Gerichtsverhandlung und im Sinne von Entwicklungsprozeß, und auch dies wieder jeweils doppelt zu verstehen: ein Prozeß der Behörden der Sowjetunion gegen den Autor, ein Prozeß des Autors gegen die Sowjetunion; die Entwicklung der Sowjetunion, die Entwicklung des Autors und die Entwicklung der Gesellschaft und des Bewußtseins auf den verschiedensten, auf fast allen Stufen der sowjetischen Gesellschaft, von Dirnen und Dieben bis zu Generälen und Staatsanwälten.
Man sollte auch während der Lektüre nicht vergessen, womit es angefangen hat bei diesem Major Kopelew, einem überzeugten Kommunisten, der Überzeugung und Dogmatismus nie miteinander verwechselt, schon gar nicht miteinander identifiziert – und darüber stolpert, daß er angeklagt wird, kein Partei-Rückgrat zu haben. Es fängt an im Jahre 1945 bei der Eroberung und Besetzung der ersten deutschen Provinz, Ostpreußens, durch die Armee, der Kopelew angehört. Er wird Augen- und Ohrenzeuge von Vorgängen, die nicht nur seinem *sozialistischen* Gewissen und Instinkt widersprechen, für die es auch in keiner marxistischen Theorie eine Rechtfertigung gibt. Er protestiert

dagegen und wird schließlich denunziert, »Deutsche und ihre Habe gerettet und Mitleid mit den Deutschen gepredigt zu haben«. Bevor ich eine entscheidende Passage aus dem ersten Teil des Buches, das von diesem Konflikt bestimmt wird, zitiere, möchte ich darauf aufmerksam machen, daß dieses Problem nicht nur ein deutsch-russisches ist, nicht nur ein nationales, wenn es sich auch auf beiden Seiten in nationale Empfindlichkeit verwandelt hat. Immerhin spielen die Bundesrepublik Deutschland und die Deutsche Demokratische Republik innerhalb der internationalen Politik eine gewisse Rolle, und es ist wichtig, zu wissen, daß sich manche deutsch-russische Annäherung über die Deutsche Demokratische Republik hinweg und an ihr vorbei entwickelt hat. Man kann die Entwicklung und Entstehung, man kann die Politik dieser beiden deutschen Staaten nicht verstehen, wenn man nicht weiß, daß der eine, die DDR, die Vorgänge, die zum Prozeß gegen Kopelew führten, einfach geleugnet oder übergangen hat, während der andere, die Bundesrepublik Deutschland, fast immer die Vorgeschichte, den Krieg gegen die Sowjetunion mit seinen unbeschreiblichen Verheerungen (zwanzig Millionen Tote allein) übergeht und immer erst mit den Vorgängen, die bei der Besetzung Deutschlands stattfanden, zu denken und zu reagieren anfängt. Betrachtet man immer wieder den Wortlaut der Anklage gegen Kopelew, die Entstehung der Denunziation, die Verhandlungen gegen ihn, die sich durch das ganze Buch ziehen, dann wird man verstehen, wie *international* wichtig das Problem ist: denn anläßlich dieser Vorgänge in Ostdeutschland im Jahre 1945 hat in manchem sowjetischen Intellektuellen ein Umdenkprozeß begonnen, der für die innere Entwicklung in der Sowjetunion und damit für die ganze Welt wichtig, interessant und schmerzlich ist – und man versteht auch, warum dieser Umdenkprozeß systematisch unterdrückt oder besser: die Auseinandersetzung mit ihm verdrängt wird. Ein ähnlicher Prozeß findet in allen sozialistischen Ländern statt oder wird in ihnen unterdrückt: nicht nur die Behandlung der Deutschen nach 45, auch die Behandlung der verschiedensten Arten von Verrätern und »Verrätern«.

Der Zweite Weltkrieg hat in den meisten Ländern, die in ihn verwickelt waren, Entwicklungen verlangsamt oder gar gestoppt, die schon im Gange waren, als er ausbrach, und es gab dann allenthalben jene notwendige »Einigkeit«, die darin bestand, erst einmal den äußeren Feind zu besiegen, dann sich den inneren Problemen zuzuwenden. Es war für den größten Teil der Welt eine Überraschung, fast ein Schock, als man Churchill kurz nach Kriegsende abwählte; und mir scheint, daß eine innere Umwandlung der Sowjetunion lange fällig war, bevor man mit Begriffen wie Stalinismus oder Entstalinisierung das Problem personifizierte. In Diktaturen enden Epochen eben nur mit dem Tod oder Sturz des Diktators; in den parlamentarischen Demokratien enden Perioden durch Abwahl. Es kommt, was Rußland und die Sowjetunion betrifft, etwas hinzu: Fremdenfurcht und Angst vor der Verachtung durch die Fremden. Bis auf den heutigen Tag, dreißig Jahre nach Kriegsende, leben die sowjetischen Truppen, etwa in der DDR, fast völlig isoliert von der Bevölkerung. Durchlässigkeit herrscht nur in der Internationale der Intellektuellen. Es läßt sich an der russischen wie der westlichen Literatur ab-, es läßt sich aus ihr herauslesen, was es da alles an gegenseitiger Bewunderung, an Einflüssen, auch an Mißtrauen, Haß und Furcht gegeben hat – ein gegenseitiges Gefälle von Ablehnung, Arroganz und Bewunderung, und ich halte es für eine der wichtigsten Erkenntnisse aus Kopelews Bekenntnis, daß er ein wahrer Internationalist ist, den die Liebe und Bewunderung zu Rußland, zur Sowjetunion, seine Kenntnis der großen russischen Kultur keinen Augenblick lang veranlassen kann, andere Völker und ihre Kultur pauschal zu sehen, in überlieferten oder gar von irgendeiner Propaganda gelieferten Klischees. Schließlich ist er als Germanist, als Kenner der deutschen Sprache, Literatur und Kultur, als Aufklärer an den deutsch-sowjetischen Fronten im Kampf gegen den Faschismus tätig gewesen. Es gehört zu den – und nicht nur für einen Deutschen – erstaunlichsten Szenen, als er im Kapitel 14 den deutschen Kriegsgefangenen ihre eigene Kultur, von der sie wenig wissen, nahezubringen versucht; er lehrt die Deutschen, was Deutschland außer Hitler war, ist, sein könnte, er spricht zu ihnen über Gutenberg, Dürer, Cranach, Holbein, über Hölderlin, Heine und Luther, Kant, Leibniz, Hegel; und diese Vorlesung vor den Kriegsgefangenen wird später als »Glorifizierung der bürgerlichen deutschen Kultur« einer der Anklagepunkte gegen ihn. Daß er auch Brecht, Weill, Weiner, Seghers und Thälmann einbezogen hatte, wird dann nicht mehr erwähnt.

Kopelew wußte genau, unter welchen Bedingungen, mit welchen Erfahrungen konfrontiert die Rote Armee nach Deutschland einmarschierte. »In unserer Armee kämpfen 20 Millionen Mann. Klar, daß in dieser Riesenarmee auch Schweinehunde dabei sind. Und viele unserer Leute sind sehr verbittert. Wir kamen hierher aus Moskau, aus Leningrad, aus Stalingrad, von der verbrannten Erde, aus Ruinen, rauchenden Trümmer- und Brandstätten. In jeder Familie gab es Tote.«

Dagegen die Position des Vorgesetzten und Hauptfeindes Sabaschtanskij in einem Gespräch mit Kopelew: ». . . der Soldat muß den Feind hassen wie die Pest, muß ihn mit Stumpf und Stiel vernichten wollen. Und damit er seinen Kampfwillen nicht verliert, damit er weiß, wofür er aus dem Graben springt, dem Feuer entgegen in die Minenfelder kriecht, muß er wissen: Er kommt nach Deutschland und alles gehört ihm – die Klamotten, die Weiber, alles! Mach, was du willst! Schlag drein, daß noch ihre Enkel und Urenkel zittern!« Kopelew: »Heißt das also, er darf Frauen und Kinder umbringen?« Sabaschtanskij: »Was kommst du mit Kindern, Idiot. So was gibt's doch nur in Ausnahmefällen. Längst nicht jeder wird Kinder totschlagen. Wir beide jedenfalls nicht. Aber wenn du schon davon anfängst: Laß, die, die es in blinder, wilder Aufwallung tun, auch kleine Fritzen töten, bis es ihnen selbst über ist . . . Das ist Krieg, Bruder, keine Theorie und keine Literatur. In Büchern, natürlich, da muß es das alles geben: Moral, Humanität, Internationalismus. Das ist alles schön und gut und theoretisch richtig. Aber jetzt lassen wir erstmal Deutschland in Rauch und Flammen aufgehen, danach kann man dann wieder richtige und schöne Bücher schreiben über die Humanität und den Internationalismus. Jetzt kommt es darauf an, im Soldaten den Kampfwillen zu stärken. Das ist der Kern der Sache!«

Nach diesem Teil *eines* von vielen Dialogen zwischen Kopelew und seinem Vorgesetzten ist festzustellen: Die Veränderung des Menschen in einen sozialistischen Menschen hat noch nicht stattgefunden; der Mensch, der Rache und Nationalität nicht kennt, ist nicht entstanden. Ein Mensch, der nicht etwa »verzeiht«, sondern marxistischen Maximen gemäß »historisch denken« und sich sagen würde: diese Menschen, mögen auch viele von ihnen Faschisten sein, mögen sie dumm sein, haben noch viel zu lernen; aber sie waren ihrem eigenen historischen Prozeß unterworfen, und wir müssen ihnen zeigen, daß der Sozialismus Rache nicht kennt.

Kopelew schildert dann erschütternde Einzelfälle, die leider einer Gesamttendenz entsprechen, und er zitiert auch den Tagesbefehl des Oberkommandierenden in diesem Frontabschnitt, des Marschalls Rokossowskij: »Für Plündern, Vergewaltigung, Raub, Mord von Zivilpersonen das Kriegsgericht; wo notwendig – auf der Stelle erschießen.« Und es gibt auch Fälle, wo diese Vergehen bestraft werden; aber das ändert wenig an der Politik gegenüber den Deutschen. Es ist nur logisch innerhalb der Absurditäten der Besetzung, daß auch der erste und einzige wahre Genosse, ein Mitglied der illegalen KPD, den Kopelew in Ostpreußen trifft, nicht anders behandelt wird als der übrige Teil der Bevölkerung; und hier sehe ich wieder einen Ansatz für die nicht nur nationale, sondern auch internationale Wichtigkeit des Buches. Hat man sich je überlegt, ist man sich je klar darüber geworden innerhalb der westlichen Kommunistischen Parteien, innerhalb der gesamten »linken« internationalen Szene, warum Deutschland, das einst die stärkste KP hatte, auf die man viele Hoffnungen setzte, nach 1945 die schwächste kommunistische Bewegung gehabt hat – *trotz* aller Einsicht in den Wahnsinn des Faschismus? Ob für die überlebenden und heimkehrenden Kommunisten dieser Anschauungsunterricht nicht weitaus abschreckender war als aller gepredigter Antikommunismus – und wie viele ehemalige Kommunisten haben in ihn eingestimmt? Ob das ohne Verrenkungen, ohne Krämpfe ausgeht in einem Land, das nicht nur Fachleute im Sinne von informierten Leuten, das profunde Kenner der ausländischen Kultur und Literatur hat? Es gab ja nicht nur den einen Major Kopelew, es gab viele Germanisten, und es gibt viele sowjetische Intellektuelle, die besser über Geschichte und Kulturgeschichte des Landes informiert sind als mancher Intellektuelle, der aus dieser Kultur nach Moskau kommt und sich – meist ziemlich verlegen – mit Zitaten, Analysen, genauen Kenntnissen seiner eigenen Kultur konfrontiert sieht. Das Bewußtsein und Wissen der eigenen großen Literatur und Kultur macht die sowjetischen Fachleute so souverän, über fremde Kulturen informiert zu sein, und es macht die sowjetischen Leser zu so erstaunlichen Büchernarren. Diese Kenntnis, dieses Wissen und diese Einsicht vergrößern die Scham und auch die Empfindlichkeit.

Es besteht wenig Ursache für einen Deutschen, den Sowjetbürgern, was die Konfrontation und die mögliche Verarbeitung unerfreulicher geschichtlicher Vorgänge betrifft, Vorwürfe zu machen. Als Volk, als Ganzes pochen wir noch zu sehr auf das, was uns *nach* 1945 angetan worden ist, und vergessen zu leicht, was wir vor 1945 anderen angetan haben; und wenn wir Kopelews Bekenntnis akzeptieren oder es gar propagandistisch auswerten oder ausnutzen wollen, so mißverstehen wir Kopelew auf eine Weise, die der der sowjetischen Behörden vergleichbar ist. Der *ganze* Zusammenhang muß hergestellt, gemeinsam erörtert und analysiert werden; und dazu ist Kopelews Buch besser geeignet als manche andere Publikation. Sein Einstieg ist *nicht* die Auseinandersetzung mit den inneren Vorgängen in der Sowjetunion, seine Reflexion, der eine ganze Abwicklung von anderen Reflexionen folgt, setzt in dem *historisch* wichtigen Augenblick ein, in dem die Rote Armee zum ersten Mal ein fremdes Land besetzt und beweisen muß, wie oder ob sie überhaupt sozialistisch ist oder nicht. Was sich bei der Besetzung Polens im Jahre 1939 nach dem Stalin-Hitler-Pakt im Bewußtsein der Offiziere und Soldaten der Roten Armee abgespielt hat, wie dieser absolut »unsozialistische«, rein imperiale Akt verarbeitet worden ist, wäre gesondert zu analysieren, als psychologische Vorbereitung. Wie die Polen diese von Marxisten und Faschisten gemeinsam betriebene vierte Teilung Polens (eine fünfte folgte dann nach 1945) empfunden haben, welche Folgen sie gehabt hat, wie sie das traditionell schlechte polnisch-russische Verhältnis bis auf den heutigen Tag bestimmt, daran ändern auch brüderliche Umarmungen und Küßchen auf Flugplätzen und an Bahnhöfen wenig.

Kopelew macht der Sowjetarmee und der Sowjetunion diesen Prozeß, aus dem sein Bericht besteht: Es ist der Bericht eines Angeklagten, der zum Ankläger wird, weil man ihm etwas menschlich und allen sozialistischen Theorien gemäß Selbstverständliches vorwirft: sich gegen Haß, Rache, Vergewaltigung, Plünderung ausgesprochen zu haben. Erst nachdem er selbst zum Häftling geworden ist, führt dieser Prozeß ihn zur Erkenntnis der Problematik sowjetischer Anklage- und Strafpraktiken, und aus dieser Optik heraus beschäftigt er sich auf seine Weise mit dem, was wir aus anderen Publikationen kennen, die sich mit der stalinistischen Ära befassen. Er ist Russe, aber nicht russozentrisch: er bleibt nicht in der innersowjetischen Problematik: er wird von außen nach innen auf sie gestoßen und sieht

sie im internationalen Zusammenhang und das macht sein Bekenntnis international so wichtig.
Die ganze unermeßliche Skala absurder »Vergehen« und Anklagen, die sowjetische Gesellschaft »umgestülpt« in Zellen und Lagern, wo die Opfer eines wahnwitzigen Mißtrauens auf ihre Prozesse warten oder ihre Strafe absitzen: vom General oder Staatsanwalt bis hinunter zum einfachen Soldaten oder der Kuhmagd, wird die »Klassenlosigkeit« des Wahnsinns sichtbar gemacht. Hier wird die sowjetische Prominenz, werden alle Privilegierten, zu denen man auch Kopelew selbst zählen kann, mit sich selbst und den unfaßbaren Schicksalen ihrer weniger begünstigten Landsleute konfrontiert, und man beginnt zu begreifen, welche Furcht da geherrscht haben muß: in den Lagern und Zellen – und draußen. Da trifft man Walja, die sieben Jahre Haft bekommen hat, weil sie zwei Rollen Garn unterschlagen hat; ein anderer hat fünf Jahre bekommen, weil er »die Technik des Feindes gelobt« hat. Man trifft den Staatsanwalt, der – wie so viele, denen er es nicht geglaubt hat – seine Unschuld beteuert. Jede Variation politischer Häftlinge: weiße, rote, rot-weiße. Jugoslawen, Deutsche, Polen, jede Variation von Wlassow-Männern, alle Variationen von Verrätern und Spitzeln und »Spitzeln« und »Verrätern«, von Kriminellen, die man wieder in »echte« einteilt, die keine Spitzeldienste tun, und »unechte«, die beides zugleich sind: echte Kriminelle und echte Spitzel. Ein Dschungel, in dem keiner weiß, wer nun – nach welchen Gesichtspunkten immer – »echt« ist. »An der Front«, sagt einer, »weiß ein Soldat wenigstens, wo der Feind steht, und wo die eigenen Leute sind. Aber hier ist ringsum und überall Gesindel, kannst überhaupt nicht erraten, von wo du was zu erwarten hast.« Ist nun der Lagerkommandant »echt« – im Sinne von: ein überzeugter Sozialist, von dem man ungefähr wissen kann, wie er sich in einer Situation verhalten wird – oder ist der zum Spitzel degenerierte Dieb »echt«? Es gibt Kämpfe, ja Kriege zwischen Kriminellen, Halbkriminellen, von kriminellen Gruppen gegen politische und alle Möglichkeiten der »Koalition«. Kaum abzusehen, wieviel Möglichkeiten von Verwicklungen und Verstrickungen.
Indem Kopelew seinen Weg von der Verhaftung durch verschiedene Gefängnisse, Zellen, Lager schildert – mit einem Blick für Menschen und Schicksale, die ihm alle gegenwärtig bleiben, ausgestattet mit seiner unersättlichen Neugierde und einer unglaub-

lichen Portion Leichtsinn, Opfer nicht nur von Denunziationen, auch von Eifersüchteleien (man müßte da an verschiedenen Stellen an den Rand schreiben: cherchez les femmes!), rutscht er von Unglück in noch mehr Unglück, wieder zurück in etwas mehr Glück oder weniger Unglück, wieder weiter in etwas weniger Glück oder mehr Unglück – man darf nicht vergessen, daß es die Deutschen sind, die sein Unglück verursacht haben, nachdem sie erst sein Land ins Unglück stürzten – rutscht er weiter auf dieser schiefen Ebene der Paradoxie, wie sie nur einem hartnäckigen und uneinsichtigen Intellektuellen blühen kann, und es gibt da keine moralische Pose außer der des Sozialisten und Marxisten, der seine Schwächen, seine geringe Disziplin, seine lebensgefährliche Spontaneität, seine Naivität und seinen Leichtsinn nicht verbirgt. Er schildert seine Verstrickungen mit – und weiß gleichzeitig als »Materialist«, daß sie dazugehören. So leidet und erleidet Kopelew sehr viel, und doch ist sein Bekenntnis keine Leidensgeschichte. Er selbst ist gar nicht der Mittelpunkt seiner Geschichte – und doch tritt er in jedem Satz heraus und hervor.

Man vergesse nicht: Hier schreibt einer, der gegen seinen Parteiausschluß protestiert; der die absurd verlogene »Korrektheit« mehrerer Gerichtsverfahren erlebt, mit umfangreichen Akten, zahlreichen Zeugenaussagen, bei denen scheinbar gute Freunde sich als Denunzianten erweisen und andere, die er unterschätzt hat, als zuverlässig. Diesem Dickicht von verlogenem Formalismus stellt Kopelew mit seinem Buch seine Anklageschrift entgegen; und doch – das ist die Überraschung –: Er ist kein Don Quichote und ebenfalls kein Sancho Pansa. Er ist beides zu seiner Zeit; in ihm, auch im Menschen Kopelew, wie ich ihn persönlich aus zahlreichen Gesprächen und Begegnungen kenne, ist die klassische Spaltung aufgehoben, und ich denke mir, das macht ihn so »gefährlich«, weil er – jeweils zu seiner Zeit – beides ist. Und in diesem Sinne ist er auch kein »Intellektueller«, was bedeutet: natürlich ist er einer und doch versteht er das »Volk«, zählt sich zu ihm, gehört zu ihm, versteht seine Sprache und seine Probleme – und wahrscheinlich macht auch das ihn so gefährlich. Ideologisch – als Theoretiker – ist er uneingeschränkt Don Quichote: Er diskutiert und argumentiert nach seiner Vorstellung von Internationalismus, läßt nichts, gar nichts durchgehen, und er tut das unerschrocken, unermüdlich und logisch gegen diese übermächtigen, langweiligen Windmühlen, den grausam phantasielosen Funktionären ins Gesicht. »Privat« ist er eingestandenermaßen menschlichen Schwächen erlegen; in seinem fast schon metaphysischen Materialismus weiß er, was eine Zigarette, und wären es nur ein paar Züge aus einer Kippe, für jemanden bedeutet, der lange nichts zu rauchen gehabt hat, und er weiß immer noch und immer wieder, was Wasser für den Durstigen und Brot für den Hungrigen bedeutet; seine Dulcineen – es gibt deren einige – sind keine platonischen Phantasiegebilde, sondern, was er keineswegs verachtet, aus Fleisch und Blut. Er läßt alle seine Schwächen nicht aus, er bekennt sie (gelegentlich bereut er sie sogar!) – und doch bleibt und ist sein Bekenntnis keine Verteidigungsschrift, sie ist und bleibt eine Anklageschrift, alle Probleme der sowjetischen Rechtsprechung und des Strafvollzugs werden aufgewickelt an Lebensläufen, Prozeßakten, und sie werden gleichzeitig international, marxistisch als Internationalismus analysiert; und nicht nur »humanistisch«, sondern, das ist eine weitere Dimension der Gefährlichkeit Kopelews – human! Daß sich das alles nach 1945 abspielt, nach einem glorreich gewonnenen Krieg, beweist den Umfang des Mißtrauens.

Der Prozeß gegen Lew Kopelew hat viele Vorstufen: Verhöre, Einzelhaft, Transporte – lange bevor die erste offizielle Verhandlung gegen ihn stattfindet, und es wird im Verlauf seiner Bekenntnisse sichtbar, worin wahrhaft der »neue Mensch« besteht: Es ist der wie geölt arbeitende, funktionierende Funktionär, das Muster des Apparatschiks, der inzwischen international auch im Bereich anderer Ideologien etabliert ist, eines Formalisten ganz besonderer und besonders liebenswürdiger Art, der den Angeklagten sofort als Formalisten beschimpft, sobald er sich auf seine Rechte beruft, gleichzeitig aber einen Funktionärsformalismus gegen ihn anwendet. Ob die Kulturpäpste deshalb so schrecklich zornig auf »Formalisten« sind? Was Kopelew letzten Endes sowohl zum Verhängnis wird wie ihn in der Haftzeit rettet: seine ungebrochene Naivität, sein Humor und seine unersättliche Neugierde für alle Formen und Erscheinungsweisen des menschlichen Lebens, bis hinab zu den proletarischen und sogar kriminellen und allen Formen und Mischformen der Prostitution. Außerdem eine Eigenschaft, die osteuropäischer Provenienz zu sein scheint, vielleicht auch speziell sich in Lagern entwickelt: ein verblüffendes Gedächtnis.

Manche Kapitel sind Charakterstudien besonderer Art; in anderen erfährt der Leser, wie ökonomisch sinnlos, wie verschwenderisch, wie absurd die Sklavenarbeit in den Lagern ist: das wird exakt nachgewiesen; und den zahlreichen absurden Dimensionen wird damit eine weitere hinzugefügt: daß nicht einmal vom ökonomischen Standpunkt dieser gigantische Apparat des Mißtrauens etwas eingebracht hat; und dann schildert der »freundliche und gesellige Fedja«, ein Dieb, seelenruhig einen Fall von Kannibalismus. Daß es trotz der offiziellen Prüderie in den Kriegs- und Nachkriegsjahren in der Sowjetunion, auch in ihren Lagern jede Art von camp-love gegeben hat, Ansätze einer permissive society, ist eine weitere Überraschung, und daß die (wieder eine Überraschung) Räume, die in den Lagern für vierundzwanzigstündige Besuche von Ehegatten zur Verfügung standen, nicht nur *ehelichen* Besuchen dienten, wird offensichtlich. Eine Dimension der verhängnisvollen Entwicklung zur Funktionärsherrschaft wird ebenfalls sichtbar: daß die Funktionäre es sind, die die Intellektuellen vom Volk trennen; die Sensibilität, mit der sie eben Don Quichote und Sancho Pansa, also Klerus und Volk, zugleich sind, macht sie wahrscheinlich so gefährlich.

Doch Kopelews Bekenntnis hat noch eine Dimension, von der ich nur zögernd spreche, weil ihre Bezeichnung so mißverständlich, eine der mißverständlichsten überhaupt ist: eine religiöse. Nimmt man das Wort Religion beim Schopf, so bedeutet es immer noch Bindung; und in diesem Bekenntnis Kopelews wird eine Bindung an den Menschen, ans Menschliche und auch Allzumenschliche sichtbar – und noch mehr: eine, ich möchte fast sagen, neue Sakramentallehre der elementaren Bindungen des Menschen, die vielleicht nur möglich war nach der Erfahrung des Materialismus, der eine Erkenntnis jenes Materials, aus dem das Menschliche besteht, nicht ausschließt. Die »Heiligkeit« einiger Züge an einer Zigarette, die er an sich selbst erfährt, die ihm aber aus dem Mund des kriegsgefangenen deutschen Hauptmanns König zu einer hymnisch intonierten Litanei wird, weil Rauchen für ihn mehr ist als Tabak für den Süchtigen: es ist Brüderlichkeit, Barmherzigkeit, Liebe in ihrer Verkörperung. Dieser kriegsgefangene deutsche Hauptmann, dem es an nichts gefehlt hat, dessen Leben – nach seinen Kategorien und denen seiner Umwelt – das eines »Glückspilzes« gewesen ist, wird durch ein paar Züge an einer Zigarette fast franziskanisch. Es gibt andere Situationen ähnlich sakramentaler Art, die Verteilung von Brot und Wasser im Gefängnis von Brest etwa, die unter Kopelews Leitung und Aufsicht stattfindet: Er wird zum Priester, fast Hohenpriester des Brotes und des Wassers. Wer je in einem Lager oder in einer Zelle saß, wird sich erinnern, welche von absolutem, fast geheiligtem Vertrauen getragene Bedeutung der Brotverteiler hatte (wer gegen dieses Vertrauen verstößt, begeht wirklich ein Sakrileg). Kopelew wird zum Joseph des Alten Testaments – und vielleicht ist die Qualität des Verteilten in solchen Augenblicken wichtiger als die Quanität: das wäre eine neue Interpretation der wunderbaren Brotvermehrung (weil eben Brüderlichkeit und Barmherzigkeit *mit*gegeben werden, die ja auch den Begriff der Sättigung relativ, zumindest dehnbar machen). In dieser Nacht im Gefängnis von Brest geschieht noch mehr: Es gibt da einige »Augenblicke«, die fast eine halbe Stunde lang dauern, wo Wärter und Gefangene eins werden. »Und in diesem Augenblick wurde sichbar, daß sie, die Wärter selbst, Bauernsöhne waren, daß sie Ehrfurcht vor dem Brot haben, ja, es verehren, daß sie wissen, was Hunger ist, und sie haben gesehen, was Durst ist (– es gibt da ein gewisses Neues Testament, wo gesagt wird, man soll die Hungernden sättigen und den Dürstenden zu trinken geben). Brot und Wasser waren die einfachsten, die ältesten Quellen der Lebenskraft. Brot und Wasser, danach begehrte man jetzt mehr und brauchte sie mehr als ›Schätze‹.« Und es gibt da, in späteren Partien, einen merkwürdigen, bemerkenswerten Gottesdienst völlig unkirchlicher Art, den Tante Dunja und Onkel Ssenja abhalten, wo die Frage, ob einer gläubig *war* oder ist, ob er Atheist war oder *ist*, wo der Übergang von einem ins andere sich in einer neuen, einer brüderlich barmherzigen Menschlichkeit darstellt – und bei diesem Abendmahl ist natürlich der Verräter (der in diesem Fall Stepan heißt) ebenfalls anwesend. Zu dieser neuen Art der Religiosität und der Sakramentalität zählen wohl auch die verschiedenen Formen des »Beilagers«, des legitimen und illegitimen, wie Kopelew eins, das voller Zärtlichkeiten ist, schildert. Aus dem scheinbar so nackten Materialismus wird mehr, weitaus mehr als aus einer abstrakten, total entsinnlichten Sakramentallehre, wenn man Brüderlichkeit und Barmherzigkeit *mit*empfängt, außerhalb der Rechtlichkeit, denn es handelt sich immer um »unrechtmäßige Situationen«.

Kopelews Religiosität ist nicht angenommen oder aufgesetzt, sie ist erfahren – nicht wie ein deus ex machina, der alles regelt und auf seiner »Rechtmäßigkeit« besteht. In diese neue Kategorie der Religiosität zähle ich auch die Rebellion der Frauen und einiger Kriegskrüppel auf einer Bahnstation, die *gegen* den Befehl der Wachsoldaten und Funktionäre, diese sogar beschimpfend: »Ihr habt Euch vollgefressen, während sie an der Front waren«, an die Häftlinge Lebensmittel verteilen.
Kopelews Bekenntnis gibt Auskunft über viele Unmenschlichkeiten und erbringt dennoch den Nachweis einer tiefen, alten Reserve an Menschlichkeit, die sich gerade an dieser Szene auf dem Bahnhof erweist.

Jahrgang 1922
Zum Tode Paul Schallücks

Moralist zu sein, gilt hierzulande immer noch als ein wenig peinlich. Es ist nicht das geringste von Paul Schallücks Verdiensten, gemeinsam mit einer ganzen Generation von Autoren an die humanistische, moralistische Tradition wieder angeknüpft, sie nach 1945 neu gegründet zu haben. Es war ein schwieriges und auch ein schweres Beginnen, gegen die Verkommenheit und Verlogenheit der deutschen Sprache in ihrem Zustand nach 1945 anzuschreiben. Paul Schallück hat daran teilgehabt und teilgenommen. Und es ist kein Zufall, daß sein erster Roman den Titel trug *Wenn man aufhören könnte, zu lügen.* Dieser Roman hat bekenntnishafte Züge, war eine Bilanz und ein Programm, das sich in zahlreichen Aufsätzen, Zeitungs- und Rundfunkkommentaren bis zu seinem Tode fortsetzte.

Man kann Paul Schallücks erzählerisches Werk nicht von seinem essayistischen trennen, kann auch das eine nicht gegen das andere ausspielen. Oft war das eine der Anlaß zum anderen oder das andere der Übergang zum einen.

Paul Schallücks Biographie ist mit seinem Geburtsjahr bezeichnet: 1922. Das bedeutet, 1933 elf, 1945 23 Jahre alt. Geburtsjahr 1922, das bedeutet zum am meisten geschundenen aller Jahrgänge dieses Jahrhunderts in Deutschland gehört zu haben, nicht freigesprochen von Schuld, nicht unbefangen, sondern gequält von der Teilhabe an der Zeit und dem, was während dieser Zeit geschah. Und so war Paul Schallück denn auch ein leidenschaftlicher *Zeitgenosse.* Er war wachsam, empfindlich, aufmerksam. Er war unerbittlich gegen nationalistische oder gar faschistische Töne. Er war ein Humanist. Das klingt heute im Zeitalter etablierter Häme schon fast anachronistisch.

Schallück hat über sich selbst geschrieben. »Er war ein Verwundeter von Anfang an«, und das bezog sich nicht nur auf seine Kriegsverwundung. Es bezog sich auch auf die Verletzlichkeit seiner Existenz. Er war verletzt von der Geschichte, wie sie über den Elfjährigen hereinbrach und den 23jährigen brutal entließ.

Er war Demokrat, was ebensowenig wie Moralist und Humanist zu sein ein leichtes Leben in Deutschland verspricht. Mag er als Elfjähriger die Anpassung der Deutschen nicht so präzis haben wahrnehmen können, die ebenso rasche, auf ihre Weise ebenso gespenstische Anpassung nach 1945 machte ihn mißtrauisch und erhielt ihn wachsam.

Und es war diese Wachsamkeit, dieses Mißtrauen, das ihn nicht nur verletzlich hielt, ihn auch aufrieb. Sein Werk ist umfangreicher und vielseitiger, als der Markt bisher wahrgenommen hat. Doch er war nicht nur Autor; oder auch als Autor war er Freund, Gesprächspartner, gesellig, und es blieb ihm über Krankheiten und Rückschläge hinaus erhalten eine stets sich erneuernde, nie ermüdende Kindlichkeit, die ihm immer wieder Annäherung an Menschen und Probleme ermöglichte.

In seinem Werk enthalten ist eine große Zuneigung zu Köln, dieser, andeutungsweise sei es gesagt, dieser merkwürdigen Stadt, in die sich Paul Schallück immer wieder vertiefte als Zeitgenosse, Erzähler, Essayist, in Hörbildern, in Gesprächen und Diskussionen. Vielleicht ist Köln gar nicht so tief, wie Paul Schallück manchmal dachte. Köln ist ohne Zweifel alt, und Alter täuscht manchmal Tiefe vor. Vielleicht. Eines ist sicher: die Stadt Köln ist Paul Schallück einiges schuldig.

Die Ängste des Chefs
Über Horst-Eberhard Richter, ›Flüchten oder Standhalten‹

Vorweg sei gesagt: Hier ist ein Systemveränderer am Werk, keiner, dem man unterstellen könnte, was üblicherweise als erstes unterstellt wird, daß einer »da unten« grollt, von Neid oder gar Brotneid erfüllt. Hier ist einer selbst Chef und äußert – unter anderem – seine Zweifel am Chefsystem, nicht nur gegen, mehr im Interesse der Chefs und der »Sache«, die sie jeweils betreiben. Isoliert sind laut Richter nicht nur die Unterprivilegierten, auch die Chefs, und nicht nur die medizinischen, und möglicherweise sind die Ängste beziehungsweise Isolationsängste, von oben nach unten gereicht, von unten nach oben zurückgegeben, sogar der Herd aller Ängste. Nicht nur medizinische, auch kirchliche Chefs, Wirtschaftsmanager, Chefliteraten und -redakteure sollten wenigstens über die vielsagende Überschrift eines Kapitels meditieren »Die Karriere vollendet oft die psychische Selbstaufgabe in Raten«. Besser noch: Sie würden es lesen, dieses Kapitel und einiges mehr. Vielleicht wächst ja dem einen und anderen Chef Macht zu, der er nicht gewachsen ist und die er gern teilen möchte. Horst-Eberhard Richter hat offenbar die Fähigkeit: zu teilen, und was für einen Autor ebenso wichtig ist: mitzuteilen.

Richter ist sich des Dilemmas bewußt: Sozialer Fortschritt, der darin besteht, in Recht zu verwandeln, was früher Gnade war, ist ohne Bürokratie nicht denkbar und doch durch Bürokratie allein nicht zu verwirklichen; sie bedarf der Ergänzung, vielleicht sogar der Ermutigung, der Spontaneität und Phantasie der Außenseiter, und das betrifft nicht nur die Sozial- und Krankenverwaltung, es mag die Verwaltung des Rechts (und der Kunst und Literatur) ebenso betreffen.

Und gerade der Wissenschaftler Richter warnt ausdrücklich vor unkritischer Wissenschaftsgläubigkeit: »In der Tat fließt der Wissenschaft im Augenblick viel von der Gläubigkeit zu, die zuvor anders gebunden war.« Und: »In Wirklichkeit gedeihen in den Institutionen der Wissenschaft die gleichen Ängste, Rivalitäten und Manipulationen wie auch sonst im menschlichen Zusammenleben.« (Als Literat erlaube ich mir, eine Warnung vor Literaturgläubigkeit einzuflechten, und Rechtsgelehrte möchten vielleicht vor der Rechtsgläubigkeit warnen.)

Richters Buch ist voll, reich und gefüllt, zu sehr, nicht für den Leser, doch für den Rezensenten, der nicht über alle Probleme, Details, Analysen, Erkenntnisse, Diagnosen und Therapien ausführlich referieren kann; viel Stoff, viele Erfahrungen und Reflexionen, Kritik und Selbstkritik. Es wird über den Patienten als Individuum reflektiert und über den »Patienten Gesellschaft«, der da produziert und produziert, ohne zu ahnen, wieviel Angst und Krankheit und wieviel da an menschlichem »Abfall« mitproduziert wird. In einer Welt, die fast nur noch auf den Markt schielt, drohen der Patient als Individuum und der Patient Gesellschaft zur nur noch verwalteten Einheit zu werden; sie werden nur noch als Verwaltungs- oder statistische Erfolgs- beziehungsweise Mißerfolgsdaten registriert. Weder Macht als solche noch Bürokratie als solche kritisiert Richter, er macht nur auf die Gefahren aufmerksam, wenn beide in Selbstzweck und Erfolgsselbstgefälligkeit revolvieren. Warum auch sollte Fortschritt so »emotionale« Instanzen wie Sympathie, Gnade, Erbarmen oder Barmherzigkeit ausschließen? Und warum sollten sie abstrakter oder karitativer Selbstzweck sein, warum sollten nicht auch, die sie ausüben, mitgeheilt werden können?
Flüchten oder Standhalten, das bedeutet natürlich: Standhalten, denn wohin sollte man vor der Angst, der Isolation noch fliehen: in mehr Angst, noch mehr Isolation, zur Flasche oder Droge hin? Standhalten, das klingt heroisch; gewiß ist nicht mehr oder nicht nur der »Einzelkämpfer« gemeint, der ja auch eine Art »Chef« ist; eher die Gruppe, vielleicht die Gruppe als »Held«? So muß man dieses Buch als Fortsetzung verstehen und lesen, von *Patient Familie, Die Gruppe* und *Lernziel Solidarität*; vielleicht hätte Flüchten oder Standhalten den Untertitel haben können: »Patient Gesellschaft und Patient Hierarchie«.
Das bedeutet nicht oberflächlich propagierte Demokratisierung, die oft genug scheitert, es schließt den Hinweis auf eben jenen Richterschen Grundbegriff, den der Gruppe, ein. Als Gruppe Probleme angehen, nicht gegen Bürokratie und Verwaltung, mit ihnen, die man beleben und wiederbeleben muß. Staatlich oder kommunal basierte Gruppen gemeinsam mit Initiativgruppen. Richter führt Beispiele dafür an, ein besonders eindrucksvolles auf Seite 258. Es wäre auf manches Kapitel besonders hinzuweisen, etwa »Menschen vor dem Sterben«; eine Fußnote zu diesem Kapitel bedarf der besonderen Erwähnung, in der Richter Hil-

degard Knefs *Das Urteil* gegen die Reduzierung auf bloße Kritik an der Ärzteschaft verteidigt, es als eine Darstellung der »psychischen Einsamkeit des Schwerkranken in Institutionen der Medizin« verteidigt.

Die sterile, phantasielose Ausstattung der Krankenhäuser, die Angst des Beförderten vor der mit ihm beförderten Angst, die Angst des Angepaßten in dem Augenblick, wo er erkennt, daß die Tarnung zu seiner neuen Haut geworden ist. Richters Warnung an die Politiker, im Umgang mit Wissenschaftlern nicht zu ängstlich zu sein, wenn sie sich fürchten, für »dumm« gehalten zu werden. Er belegt die Fehlbarkeit der Wissenschaften mit dem Hinweis auf ein Untersuchungsergebnis an einer technisch hochentwickelten Universitätsklinik, wo in nur 40 Prozent der Fälle die Todesursache der Diagnose entsprach, bei 60 Prozent der Patienten die Ärzte nicht wußten, woran sie gestorben waren. Ich nehme an, diese Irrtumsproportion läßt sich auf andere Wissenschaften übertragen, Theologie und Literaturwissenschaft inbegriffen.

Nur scheinbar widersprüchlich ist der bei Richter an einigen Beispielen nachgewiesene Zusammenhang zwischen Anpassung und Isolation. Als unbedarfter Laie sollte man doch meinen (hätte ich gemeint), Anpassung durchbreche wenigstens die Isolation; das Gegenteil scheint zuzutreffen: Angepaßt – etwa an den »Chef« – paßt man sich auch seiner Angst, seiner Isolation an, tritt nicht aus seiner Angst heraus, nur in deren Zirkulation ein bis zur Selbstaufgabe. Altmodisch ausgedrückt »verkauft da einer seine Seele«, und was Seelenlosigkeit oder gar Entseeltheit bedeutet, bedarf wohl keiner Erläuterung.

Im Zusammenhang mit Anpassung und Funktionieren ist wichtig, was Richter bei der Auswertung der berühmt-berüchtigten Milgram-Experimente fragt: »Wo überall reagieren wir bereits so wie Milgrams Versuchspersonen? Und wer sind die Autoritäten, die uns unter Umständen schon seit längerem ähnlich suggestiv steuern wie jener Versuchsleiter?« In diesen Problemkreis gehört die in fast allen Institutionen mitgegebene Warnung: Nicht zu nahe an den Schüler, an den Patienten, an den Klienten heran, ihn nicht zu nahe kommen lassen, schon gar nicht sich mit ihm identifizieren. Die Chef-Angst (die nicht die Angst *vor* dem Chef, sondern die Angst *des* Chefs ist) wird zur Berührungsangst. Zur Illustration dieses Problems zitiert Richter den Bericht eines Referendars.

Fast nirgendwo wird Richter »direkt« politisch; wie hochpolitisch die Probleme sind, ergibt sich von selbst. Radikalenerlaß, Numerus clausus, Arbeitslosigkeit, eine finanziell bedingte, nostalgisch gestimmte Reformmüdigkeit (»Ach, wie schön war Opas Schule«), all das signalisiert eine innere Bedrohung, die rasch zur äußeren werden kann: Was wird, wenn die jetzt 18- bis 25jährigen Angepaßten uns in 10 bis 20 Jahren regieren, sie, die gezwungen werden, auf den Markt zu schielen, ihren eigenen Marktwert, ihre Marktchancen immer zu bedenken; die man vor »Emotionen« wie vor einer ansteckenden Krankheit warnt; denen man Sexualität und Eros wie eine Ware anpreist, als wären sie so beliebig reproduzierbar wie Kugelschreiber?
Es wird schon fast Mode, Moralisten und »Moralisten« zu belächeln, meistens tun's die, die zugleich auf die Autorität von Staat und Kirche pochen. Da wäre zu fragen: Wer setzt denn moralische Maßstäbe, wer macht die Gesetze, die sittliche Normen bilden sollen? Es sind die Staaten in ihren Legislativen und die Kirchen in ihren diversen Gremien. Nicht die Moralisten machen die Gesetze und Gebote. Sie messen nur die durch Legislativen gesetzten Normen an ihrer Verwirklichung durch die Exekutiven.
Trotz aller wenig erfreulichen Analysen, Erkenntnisse und Feststellungen ist Richter keineswegs entmutigt. Das beweist nicht nur sein Hinweis auf verschiedene erfolgreiche Aktivitäten, auch die Schilderung des skandalösen Falles der Frau M., die, obwohl auf Grund ihrer Herkunft kaum mit Schulbildung gesegnet, nicht floh, sondern standhielt, in einer Situation hoffnungsloser »Asozialität«. Sozialarbeiterin und später Richter ermutigten sie, halfen ihr. Doch Frau M. hatte mehr Glück als die meisten vergleichbaren Fälle: Das ZDF brachte ihren Fall in die Öffentlichkeit, und die zuständigen Behörden, die sie in diesem Fall peinlich entblößten, reagierten erst, als die »Blamage« drohte. Wer hat schon das Glück, durch Fernsehen der zuständigen Behörde auf die verantwortliche »Seele« gebunden zu werden? So viele Sender und so viel Sendezeit gibt es gar nicht, wie da notwendig wäre. Konsequent warnt Richter dann auch vor »Modellen«, die ja dann wohl wie »Chefs« isoliert da stehen bleiben. Er lehnt Modelle nicht ab, warnt nur vor ihrer Vorzeigefunktion: ». . . und die Politiker haben den Vorsatz vergessen, daß sie hier ursprünglich nur Probierwerkstätten für allgemeine anwendbare Neuerungen einrichten wollen.«

Verse gegen die Trostlosigkeit
Wolfang Bächlers Gedichte aus 30 Jahren
Über Wolfgang Bächler, ›Ausbrechen‹

Dieser Band, nicht sehr umfangreich, sollte der Aufmerksamkeit derer gewiß sein, die Lyrik, Literatur, so gern auf ihren »Marktwert« reduzieren möchten. Gedichte aus dreiunddreißig Jahren legt der eben fünfzigjährige Wolfgang Bächler vor, und es gehört zu den Merkwürdigkeiten unserer Verschleißübungen, daß hier ein Lyriker wiederentdeckt werden muß, der längst entdeckt war. Zwischen den ersten, noch gereimten Gedichten des kindlichen Bächler: »Als ich Soldat war, sprach ich kein Gebet. Die ersten, schrillen Kugeln trafen Gott« (1943) und den beiden letzten Zeilen des Bandes »Ausbrechen – in die Freiheit des Schweigens«, läßt sich nicht nur die Entwicklung Bächlers als Lyriker ablesen, auch die fortschreitende, über so manches hinwegschreitende Zeit. Die Bächlersche Schwermut, mitgegeben die Sensibilität des in ihr Versunkenen, persönlich, nie privat, registriert nicht nur das innere, auch das äußere Erlebnis. Da gibt es Kriegsängste, Todesträume, die Drohungen der Pflicht (»An der Straßenecke wartet der Vater, wartet der Lehrer, der Schutzmann, der Hauptmann, der Führer, der Chef, und hinter dem Vorhang aus Insekten – die rosenköpfige Frau in Schwarz«). Das steht am Ende der großen *Ballade von den schlaflosen Nächten,* in der sich eine Biographie von Angst und Schwermut verbirgt. Da wird auch in *Rattenpfiffe und Möwenschreie,* Paris, 1956, auf dem Höhepunkt des Algerienkrieges wahrgenommen und, ebenfalls 1956, Budapest, eine Hommage in Trauer auf die Stadt, ihre Poeten und Georg Lukacs.

Daß Bächler in die Geschichte der Nachkriegslyrik gehört, ist selbstverständlich, muß aber wohl wiederholt werden, und etwas ebenso Selbstverständliches außerdem: daß ein schmales (was nicht bedeutet: kleines) Werk, nicht nur Gewicht behält, möglicherweise an Gewicht zunimmt. Was damals, während die neue nationale Emsigkeit sich gerade zu rühren begann, als Provokation empfunden worden sein mag, klingt heute fast wie eine Prophetie, die eingetroffen ist: »Bürger, nehmt euch in acht vor dem Fremden mit leichtem Gepäck« (worunter man den Tod, die ausländischen Arbeiter, wohl auch den rasch daherkommenden Herzinfarkt verstehen kann) – und zum Schluß die Warnung: »Steigert die Umsätze, Männer, erhöht die Absätze, Frauen, setzt eure Männer mit um, setzt eure Frauen und Kinder mit ab, sichert euch Nachlaß, sichert euch Ablaß, sichert euch und versichert euch, und zahlt die Reststeuer pünktlicher.« Natürlich kann man ein plakatives Gedicht gegen Rüstung und Aufrüstung schreiben, doch man kann's auch so sagen wie Bächler eben: »Wenn du die neue Brücke betrittst, wirf die Zigarette nicht weg, und stolpere nicht, gib acht – auf die Zündschnur unter dem Staub.« Ist das zu lyrisch, zu poetisch – »und nicht engagiert«? Bächler hebt – und nicht nur in diesem Gedicht – die törichte (fast schon dumme) uralte Alternative auf und wird sogar »deutlich«: »Bilbao ist eine besetzte Stadt, so groß ist ihr Wille zur Freiheit.«

Da sind alle Kategorien vertreten: Naturlyrik, an der Normandie, am Elsaß (»Vor gehen die Uhren, die Jahre nach«), am Süden Frankreichs empfunden, und da ist »Rachel, die nicht getröstet sein will«, die aus der Bibel und jene andere da in Arles, der Vincent van Gogh sein Ohr schenkte.

Nicht nur Unheil, Todesahnung, Drohung, Schwermut, Warnung – auch der Traum, nein, nicht von der »heilen Welt«, doch vom möglichen, vom immerhin versprochenen Heil der Welt, in *Zwischen Mond und Milchstraße* und im *Kindheitstraum von der Arche*, wo zu lesen ist: »Erwählt zu sein, erkannt und verstanden, von Noah, dem besseren Vater, wissend, gütig, gerecht, zu Hause zu sein und zugleich unterwegs, durch die Welt, vorwärts getragen vom Wind, gelöst und erlöst vom vergangenen Schicksal« – dann aber, in *Der verlorene Sohn*, die Feststellung: »Doch da ist kein Vater, der ihn erwartet, kein Tor, das sich öffnet.« Mythisches, Religiöses, Politisches, Ironisches, Aphorismen und die immerwährende Klage des Untröstlichen, der, indem er die Untröstlichkeit ausdrückt, gegen die Trostlosigkeit angeht und beides bewirkt: Bewegung und Ruhe.

Es ist dem Fischer Verlag hoch anzurechnen, daß er diese Wiederbegegnung mit Wolfgang Bächler ermöglicht: eine lyrische Biographie und ein Einblick in die verstrichene Zeit.

Nachruf auf einen unbedeutenden Menschen: Konstantin Bogatyrjew

Langsam erst, beim Stöbern in unserer Korrespondenz, beim Sichten der Zettel mit seinen Bücherwünschen, beginne ich zu begreifen, daß Kostja – so nannten wir Freunde *Konstantin Bogatyrjew* – tot ist. Er gehörte zu unseren besten Freunden in Moskau, und es will mir, solange der Täter nicht gefunden und sein Motiv nicht geklärt ist, nicht gelingen, an einen Fall von Zufallskriminalität zu glauben. Fall oder Zufall also? Sie – wer, wer? – haben ihn also erschlagen. Es müßte einer nicht nur ein zum Mord entschlossener Räuber, es müßte einer schon ein völlig »unprofessioneller« Räuber gewesen sein, der bei Kostja Reichtümer hätte vermuten können. Sein einziger Reichtum waren seine Bücher, und die hatte er gewiß nicht mit: es ist eine umfangreiche, sorgsam behütete, pfleglich behandelte Riesenbibliothek, um die ich ihn manchmal beneidet habe. Natürlich: wir wissen, daß jede Gesellschaft ihre eigene Kriminalität gebiert, aber dann möchte ich doch wissen, was sind das für Leute, die da einfach auf jemand an seiner Wohnungstür lauern und ihn erschlagen? Kostja erschlagen.

Kostja sprach immer offen, er war auf eine völlig unvorsichtige Weise freimütig. Er hatte fürchterliche Jahre der Haft, auch der Einzelhaft hinter sich, schwerste physische und psychische Schädigungen erlitten. Oft genug, noch am Flughafen, an der aller-allerletzten Sperre, wo Sowjetbürger gerade noch hindürfen, hat er sich freimütig geäußert, nicht nur übers System, nicht nur über den Schriftsteller-Verband, auch über den leidenschaftlichen Wunsch, einmal den Westen Europas zu sehen. Kostja war der geborene Dissident, einer der ersten, die ich kennenlernte; er war es von Natur, aus Instinkt, aus Erfahrung, lange bevor die Dissidenten als Bewegung Ruhm erlangten und international Ränge verteilt wurden. Es lagen Einladungen für ihn vor, auch von mir, der Verband, die Behörden haben sie alle ignoriert, nicht einmal darauf reagiert. Kostjas Reden, Gespräche, Tischreden, waren die eines hochsensiblen Übersetzers, Philologen, Zeitgenossen, eines Kenners und Büchernarren, eines Tiefverletzten, dessen Mundwinkel immer noch, noch nach langer Zeit, von den erlittenen Demütigungen und Grausamkeiten zuckten. Ja, auch er war ein Offizier der Roten Armee, einer der am wenigsten militärischen Menschen, die ich je kennengelernt habe, er war nicht nur anti-, er war amilitaristisch, und auf den Fotos, die ihn als jungen Leutnant zeigen, sieht er aus, wie man sich Rilkes Cornet vorstellen könnte. Wenn die Bezeichnung »Opfer des Stalinismus« auf einen Menschen zutraf, dann auf ihn. Ich frage mich, welcher Art oder Abart des »Stalinismus« er letzten Endes zum Opfer gefallen ist. Wir wissen alle, daß es überall Kriminelle gibt, Rowdies, Räuber, Rabauken, aber was waren das für Räuber, die da auf Kostja vor seiner Wohnungstür gewartet haben! Wie ist der Stand der Ermittlungen? Ich denke mir, manch einer in Moskau fragt sich jetzt: wann bin ich an der Reihe? Keine Geringere als Anna Achmatova hat Kostja als Mitglied für den Schriftstellerverband empfohlen, und wenn er auch nur »irgendein Mitglied« war, so sollte dieser mörderische Überfall nicht *einfach* als unerledigt zu den Akten gelegt werden. Es bleibt Mißtrauen, *und* es bleibt die Frage, wie berechtigt es sein könnte. Kostja war es, der – gemeinsam mit anderen – die Übersetzungsfehler in *Gruppenbild mit Dame* bis in die allerletzte Kleinigkeit hinein recherchierte; nur er brachte die philologische Akribie und Leidenschaft zu solch einer undankbaren und unbezahlten Arbeit auf (Übrigens: auch das wäre eine Aufgabe für den sowjetischen Autorenverband, der ja Mittel genug dazu hätte: Übersetzungen kontrollieren zu lassen). Kostja war ein »verrückter« Philologe, er war der Übersetzer von Erich Kästner und Rainer Maria Rilke.

Er verehrte Annemarie, meine Frau, als Kollegin, als Freundin, vielleicht auch als »halbe Landsmännin«, er war in Prag, sie ist in Pilsen geboren. Wir beide, Annemarie und ich, können nicht glauben, daß er *nicht* mehr am Bahnhof oder am Flughafen stehen wird. Städte sind ja nicht nur sie selbst, sind nicht nur das, was sie vor- oder darstellen möchten, sie *sind* auch die Menschen, die man in ihnen kennt (Manche Stadt wird erst durch sie, die Menschen, die man dort kennt, wirklich!), und so wird Moskau für uns nicht mehr das alte sein, Kostja wird uns nicht nur bei Ankunft und Abfahrt fehlen, die Stadt ist einfach eine andere ohne ihn, freundlicher wird sie nicht durch seinen Tod und die Art seines Todes. Wir werden seinen Freimut missen, seine Gastfreundschaft, die Gespräche mit ihm über Übersetzungsprobleme, seine Leidenschaft für Nachschlagwerke und das Gespräch über diese. Er war ein Narr, ein Büchernarr und ein Dissident von Geblüt, der nie Rang, Ruhm oder Namen in dieser Disziplin erlangte. Er hätte so gern einmal den Westen Europas kenngelernt, Sprache, Lebensart, Gerüche und Geräusche zwischen Stockholm und Neapel, und natürlich auch dieses merkwürdige, immer noch und trotz allem gerade für Russen so faszinierende, so bekannte und unbekannte Land, das da Deutschland heißt. Er hat es nur kennengelernt als sehr junger Offizier der Roten Armee, in einer Mission, die so unglücklich für ihn endete. Welche »Gefahr« hätte es bedeutet, ihn einmal ausreisen zu lassen? Er war ein völlig ungefährlicher, weil vollkommen offener Mensch. Freilich hatte er in der Autoren-Hierarchie dort, wo er lebte, keinen »Rang«. Keiner der hohen Herren wird mich noch einmal fragen, warum ich Kostja, diesen »unbedeutenden« Menschen, der so gar keinen Rang hatte, so oft besuchte, manchmal – dem Himmel und der Hölle sei's geklagt – dreimal, wenn ich nur eine Woche da war. Bedeutende Menschen – um Gottes willen, lieber Kostja, zähle ich etwa dazu? – besuchen eben nur bedeutende Menschen. Und nur bedeutenden Menschen ist es erlaubt, Westeuropa zu sehen. Die Frage nach dem Stand der Ermittlungen im Falle der Ermordung des Konstantin Bogatyrjew bleibt offen, und es bleibt für viele unbedeutende Dissidenten die bange Frage: wann bin ich an der Reihe? Nachdem – sie – wer, wer? – Kostja erschlagen haben, zittern unbedeutende Menschen mehr als bedeutende.

Sprache ist älter als jeder Staat
Über Carl-Jakob Danziger, ›Die Partei hat immer recht‹

Wie soll ich einem Buch gerecht werden, das sich als Autobiographie und Roman zugleich vorstellt, von einem Autor aus der DDR, der offenbar viel geschrieben und publiziert hat und sich – wohl aus gutem Grund – hinter einem Pseudonym aufhält?
Da ich nicht detektivisch vorgehen und herausfinden will, wer das ist, was er geschrieben hat (das gehört ja bei einem Autor zur Biographie!), bleibe ich, und finde das ganz heilsam, im Grenzland zwischen Fiktion und deren Gegenteil hängen, hängen auch im Grenzstreifen zwischen DDR und Bundesrepublik, nicht gerade zwischen Minen und Selbstschußanlagen, vielleicht aber mit einem Knopfloch im Stacheldraht. Es weiß einer ja nie, was er anrichtet, wenn er Grenzen überschreitet, an denen nicht nur (etwa in die Luft!) geschossen, sondern auch gezielt und getroffen wird. Vorsicht ist geboten, auch wenn der Autor solche beiseite läßt und im Vorspruch schreibt: »Alle dargestellten Situationen in diesem Buch basieren auf eigenen Erfahrungen und Erlebnissen; gewisse Freiheiten im Umgang mit Personen und Schauplätzen erwiesen sich als unvermeidlich. Die subjektiven und gelegentlich auch einseitigen Urteile sind keine Fehlleistungen, sondern Absicht.«
Gehe ich als »naiv« an die Lektüre, entdecke ich zunächst einen Helden, dessen Naivität mich in Erstaunen versetzt. Hat er nicht schon 1951, ein Jahr nachdem er aus Israel in die soeben installierte DDR zog, geahnt, wohin das alles führen, wie das enden könnte? Nein, lassen wir ihm die Hoffnung, die so oft mit Illusion verwechselt wird, die Hoffnung eines Sozialisten, der mit einer gewissen Bitterkeit Israel verläßt, und ich schlage mich bereitwillig an die Autorenbrust und frage mich, wie naiv ich 1951 gewesen sein muß, weil ich nicht ahnen konnte, daß sich 1976 die Folgen eines 1972 ergangenen Radikalenerlasses wie eine Lähmung übers Land legen würden.
Was dem einen die Penetranz der frisch konvertierten Mustersozialisten, sollte dem anderen die Penetranz der frisch konvertierten deutschen Musterdemokraten sein dürfen, und es gibt da beim Danziger auf Seite 186 einen Satz, der treffen könnte: »Denn seitdem (seit 1955 die sowjetischen Redakteure der ›Täg-

lichen Rundschau‹ abgefahren waren) war ich auf die Deutschen angewiesen, auf ihre übelste Provinz, die preußische (o armer Fontane!), in der man alles kommandieren und organisieren zu können glaubte, auch die Kunst.« Dann aber gibt Danziger zu: »Ich habe eine literarische Konditorei, Bestellungen auf Torten und bunte Schüsseln werden prompt entgegengenommen, solange noch ein Fünkchen Parteitreue in mir lebt, ist das nicht allzu schwer.« Und an anderer Stelle: »Ich war das treueste Mitglied der Partei, obwohl ich keines war.« Denn Parteimitglied ist er nie geworden, obwohl er's heftig begehrte. Intrigen, der Übereifer ehemaliger Nazis, eine winzige Unterschlagung in seinem Lebenslauf, geöffnete Briefe verhindern es, und an diesem Punkt – der Verbitterung über die Nichtzulassung zur Partei – bekenne ich mich unfähig zu begreifen, bei einem Autor, der offenbar eine Zeitlang ganz gut zurechtkommt. Danzigers schlimmste Sünde aber ist, daß er sich für Realismus und nicht für sozialistischen Realismus entscheidet, und da hilft ihm ehrenwerterweise auch seine Konditorbegabung nicht. Schon bei seiner ersten größeren Buchpublikation, einer Reportage über einen Großbetrieb, bekommt er jene Wirklichkeitsverleugnung zu spüren. Was er da herausgefunden, aufgespürt, aufgeschnappt hat und was nicht publiziert wird, ist genau die Stimmung, die zum 17. Juni 1953 geführt hat, soweit er aus der inneren Krise der DDR entstand. Daß diese Krise von außen geschürt, von Provokateuren, Aufheizern und Aufladern zum Sieden gebracht wurde, auch das ist in Danzigers Buch zu finden, und er findet das auch im Jahre 1976 noch so wenig erfreulich wie 1953.

Ich muß wiederholen: Ich weiß nicht, wer sich hinter dem Pseudonym Danziger verbirgt, ich kenne keine einzige Publikation dieses Autors außer dieser, und mir scheint, daß es letzten Endes dieser Unterschied zwischen realistisch und sozialistisch-realistisch ist, an dem Danziger scheitert: Es gibt offenbar eine Grenze, eine sprachliche Grenze (ein Sprachgewissen könnte man es nennen), an der auch jemand scheitert, der gewiß hin und wieder bereit war, sich aus sozialistischer Überzeugung zu beugen und anzupassen. Gerade weil er »parteitreu«, weil er Sozialist ist, möchte Danziger doch die Parteiführung informiert darüber wissen, was so im Lande vor sich geht, was gedacht, getan wird, wie übereifrige Opportunisten sich einrichten. Eine realistische

Literatur würde der Führung der DDR ja Strömungen und Stimmungen im Lande zeigen, die nicht unbedingt von »faschistischen Agenten« eingeschleppt sind, die möglicherweise im System selbst ihre Ursache haben. Die hagiographische Folienliteratur vergoldet ja die Probleme, und durch Lektoren und Ideologen gebilligte Kritik ist ja keine mehr, sie ist noch verlogener als offene Erbauungsliteratur. Und was die Aufpasser betrifft, kann der Mauerbau ja keine Erleichterung gebracht haben. Wenn Danziger schreibt: »Ich machte die Beobachtung, daß es immer die schärfsten und suggestivsten Richter über ihre ungenügend parteitreuen Bürger waren, die schon die Koffer gepackt hatten«, und interpretiert man diese Feststellung vom Datum des Mauersbaus bis in die unmittelbare Gegenwart, dann kann sich einer ausrechnen, wieviel »schärfste und suggestivste Richter« in ungepackten Koffern blinde Ergebenheit und Denunziation verbergen. Ein weiteres Zitat: »Die Fähigkeit der deutschen Partei, aus Freunden Feinde zu machen, ist staunenswert.«
Der Lebenslauf eines Deutschen, der so um die sechzig Jahre alt sein muß, wenn er nicht gerade filmschauspielernd durch die Kulissen der Geschichte geholtert und gepoltert ist, der außerdem noch jüdischer Herkunft, Autor und Sozialist ist, ein solcher Lebenslauf, wie könnte er konfliktlos verlaufen?
Es ist erleichternd, daß Danziger auch Schwächen zugibt, nicht nur die »Konditorei«, auch familiäres Scheitern; daß er zugibt, in einem Gespräch Namen genannt zu haben: »Ich nannte Namen, wie ein Verräter beim Gestapo-Verhör. Gott sei ihnen gnädig, dachte ich, ihr Blut komme nicht über mich.«
Überraschende Details: der israelische Millionär, der sich mitsamt seinem 1 : 1 eingetauschten Vermögen der sozialistischen Wirtschaft zur Verfügung stellt und an miesen Intrigen, Murks und Mißwirtschaft scheitert; die Mitteilung, daß die »besten Genossen den Konflikt zwischen Disziplin und Kritik mit Magengeschwüren, Herzinfarkten und klinischer Tobsucht bezahlten«; daß der Todesstoß für Danziger von einem Mitglied der westdeutschen KP kommt. Wie da Manuskripte hin und her geschoben, umgeschrieben werden, was an Publikationen verhindert, verfälscht, im günstigen Augenblick noch einmal überarbeitet, dann aus der Schublade gezogen wird. Noch 1958 verbot Danziger seiner Freundin Hilda energisch, den RIAS zu hören, ein Jahr später schaltet er selbst den Sender ein, »um einmal et-

was anderes zu hören als das, was ich seit zehn Jahren schrieb«. Nein, er wollte »nicht den Kapitalismus restaurieren«, er wollte »nur den Sozialismus geistvoller und menschlicher. Nur. Es ist Selbstmord, das zu wollen.«

Das ist eine bittere Bilanz, in der einige Posten unklar bleiben, solange einer nicht weiß, *was* der Autor »Danziger« *wie* geschrieben hat. Danzigers Buch ist lehr- und aufschlußreich trotz der »offenen Posten«, für Politiker und Staatsmänner, auch in Ländern, wo die Partei nicht immer recht hat. Es könnte zu der Erkenntnis beitragen, daß Literatur und Kunst eines Landes immer noch die beste Auskunft über ein Land geben. Wenn ich heute blutig-düstere Nachrichten aus Argentinien höre, denke ich an Sabatos *Über Helden und Gräber*, an Murenas *Die Gesetze der Nacht.* Ich könnte dasselbe von Asturias für Guatemala, García Márquez für Kolumbinen, Vargas Llosa und Arguedas für Peru sagen . . .

Politiker und Funktionäre bilden sich immer zu viel ein, wenn sie auf Literatur und Kunst nur gekränkt oder geschmeichelt reagieren, ganz gleich, in welchem System sie welcher Partei angehören. Sie sollten, wenn sie sich schon äußern oder einmischen, wenigstens das Einmaleins kennen, wenigstens ein paar Stile auseinanderhalten, wenigstens wissen, daß Satire (die eine Äußerung tiefster Trauer sein kann) nichts mit dem karnevalistischen »Veräppeln« zu tun hat. Was versäumen sie, die doch Realpolitik in dieser Gegenwart machen, an Auskünften und an Gegenwärtigkeit! Es geht immer um mehr als um Kränkung oder Schmeichelei! Ich zitiere den russischen Dichter Brodskij: »Sprache ist etwas viel Älteres und Unvermeidlicheres als der Staat.« Und damit nicht noch mehr Mißverständnisse entstehen: Brodskij wurde aus der Sowjetunion ausgewiesen, man könnte es vergessen haben, es ist ja schon vier Jahre her. Sowjetische Funktionäre und Politiker haben den Aus- und Aufbruch der sowjetischen Literatur nicht verhindern können, von Jewgenia Ginzburg bis Woinowitsch und Kornilow; und gewiß setzt sich bei vielen Unbekannten, die wir noch nicht kennen, der Aufbruch fort. Der Aufbruch der Literatur in der DDR in die Gegenwärtigkeit hat begonnen, nicht erst mit Danziger.

Die Faust, die weinen kann
Über Reiner Kunze, ›Die wunderbaren Jahre‹

Auf ganz ganz andere Weise Auskunft über die DDR gibt Reiner Kunze: *Die wunderbaren Jahre.*

Der Titel stammt aus Truman Capotes *Glasharfe*: »Ich war elf und später war ich sechzehn. Verdienste erwarb ich mir keine, aber das waren die wunderbaren Jahre.« Dies zu zitieren, ist wichtig, denn in Kunzes Prosaband ist keine einzige Zeile zufällig, und so ist auch keine einzige Zeile überflüssig.

»Inhaltsangaben« will ich versuchsweise gar nicht erst angehen; wie sollte einer den Inhalt von Prosa referieren, von diesen etwa fünfzig Stücken, von denen keines länger als drei Seiten ist, viele nur Fünf- bis Fünfundzwanzigzeiler sind? Und doch sind es weder Aphorismen noch Anekdoten, keine Kürzestgeschichten; es sind – ich wage lieber einen graphischen Vergleich – scharf aus der DDR-Wirklichkeit herausgestochene Medaillons. Doch: Medaillon – das klingt so »koloriert«, fast lieblich, und ich denke dann doch lieber an unkolorierte, winzige Stiche, 5 × 8 Zentimeter, Rheinansichten, Stadtansichten, die ich jedem historischen Prachtschinken-Fresko von 5 × 8 Metern in irgendeiner Stadthalle vorziehe.

Die Stille, in der Kunzes Prosa sich steigert und fortbewegt, macht einen atemlos, vor Spannung auch. Schlimm, denkt man, doch dann kommt's schlimmer und noch schlimmer. Das fängt mit den *Friedenskindern* an, sechs winzigen Stücken auf die Sechs- bis Zwölfjährigen, die da im Schießen und Stechen geübt werden, und der Gegenstand des siebten Stücks ist logischerweise das Opfer eines Schießbefehls. *Federn* nennt sich die zweite Abteilung, *Verteidigung einer unmöglichen Metapher* die dritte. (»Sie ist die Faust, mit der Gott auf ihre Eltern niederfährt. Aber eine Faust, die weinen kann. Mit dieser unmöglichen Metapher leben.«) Die vierte Abteilung heiße *Café Slavia*.

Ganz gewiß ist an dieser Prosa nichts erfunden, außer eben dem Entscheidenden, der Form, die sie gefunden hat, und es läßt sich eben das eine vom anderen weder trennen noch abziehen. Die Form rechtfertigt die Mitteilung des Inhalts, und da gibt es nirgendwo Ab- oder Ausweichen, wie ein Roman es immer wieder erlaubt. »Inhalte« zu erfinden, das spürt man, wäre hier tödlich

gewesen, und so ist dieser kleine Prosaband aufschlußreicher, gibt mehr Auskunft, als einige Romane geben könnten. Und da es gewiß wiederum kein Zufall ist, daß *Federn* eine gewisse Rolle spielen, käme ich – müßte ich einen ballistischen Vergleich suchen – auf Blasrohr. Wer mit dem Blasrohr arbeitet, muß sehr leise sein, beobachten, Geduld haben, auch gute Ohren – und darf doch nicht zögern, wenn der Augenblick gekommen ist, die Leute zu erwischen. Blasrohr – das beträfe das Aktive an Kunzes Prosa; das Passive wäre wohl am besten mit Seismograph ausgedrückt; und da es ja Leute gibt, die wütend auf den Seismographen einschlagen, wenn er ein Beben ankündigt, das ja nicht sein darf, so muß man sich drauf gefaßt machen, daß diese leise, scharf gestochene Prosa einigen Ärger verursachen wird, zumal darin auch der Un-Name Wolf Biermann natürlich nicht fehlt. Und wenn Pasternak und Solschenizyn im Literaturunterricht »Gesindel« genannt werden (es stellt sich heraus, daß mindestens das »Gesindel« Pasternak auch in der DDR erschienen ist; und die junge Dame, damit konfrontiert, repliziert: »Bei uns erscheint Gesindel?«), so wird sich das Gesindel wahrscheinlich mal wieder vermehren.
Das am meisten »ärgerliche« an dieser Prosa könnte sein, daß sie eigentlich weder satirisch noch polemisch ist; sie könnte die Prosa eines poetisch hochbegabten Chirurgen sein. Das Satirische in seiner bittersten Version kommt aus der beobachteten Wirklichkeit durch bloße Benennung hinein – und das erträgt die dargestellte »Wirklichkeit« in den meisten Fällen weniger als die »Überhöhung« durch Satire. Da wird einer plötzlich von stilistischen Winzigkeiten »gestoppt«. Ich nenne eine davon. Ein Jugendlicher, der von den Jugendfestspielen – zu denen er gar nicht will! – ferngehalten werden soll, wird auf die absurdeste Weise auf einer privaten Fahrt behindert, verhindert, immer wieder aufgehalten (muß auspacken, einpacken, auspacken, einpacken); schließlich, beim letzten Verhör, wird ihm gesagt, er könne gehen, und er fragt: »Wohin?« Von ihm wird gesagt: »Er ist sich keiner Schuld bewußt. Höchstens, daß er einmal beinahe in einem VW-Käfer mit Westberliner Kennzeichen getrampt wäre.«
Man muß diese Prosa langsam lesen, langsam einatmen (ich frage mich, ob wir mit unserem vergröberten Wahrnehmungsvermögen dazu noch fähig sind), um die Satire zu bemerken, die sich

hier aus der dargestellten Wirklichkeit selbst »anliefert«. Vielleicht wäre die Formulierung angebracht: Kunze stellt die Wirklichkeit, die ihm in die Falle geht. Wie lange, wie geduldig, mit welcher Ausdauer, muß da einer auf der Lauer gelegen haben!
Und da gibt es ein Datum, den großen Wendepunkt, den man vielleicht schon vergessen hat; es ist ja schon acht Jahre her: Es gibt den 21. August 1968 (und man hat vielleicht auch schon vergessen, welche Rolle Solschenizyns Brief an den Sowjetischen Schriftstellerverband beim Prager Frühling gespielt hat). Und wiederum ist es gewiß kein Zufall, daß die vierte, die letzte Abteilung *Café Slavia* heißt: Prag, die Prager Freunde, die Prager Dichter, die Kunze übersetzt hat. Diese Prager »Stücke«, mit den Gedichten von Mikulášek, Kolár, Bartusek, Kundera, Skácel, geben den protokollartigen Prosastücken über die DDR erst den rechten Hintergrund, sie machen auch den Unterschied zwischen DDR und ČSSR deutlich. Da wird dem Autor die Bedienung im Café Slavia verweigert, und während er über die Gründe für diese Unhöflichkeit grübelt, fällt ihm ein: »Mit einemmal wurde mir bewußt, daß von dort, wo ich herkam, Truppen in die Tschechoslowakei eingefallen waren«, und da sich der verweigerte Kaffee 'rumspricht, wird er von den Freunden mit Kaffee, sehr starkem, geradezu »überschüttet«. Und da gibt er auch noch seinen Mantel mit einem russischen DDR-Etikett an der Garderobe ab, schreibt außerdem noch Postkarten an russische Freunde!
Aber da gab's auch an jenem Tag des Wendepunkts Blumen für seine tschechische Frau in der Wohnungstür in der DDR, viele; mit drei Sträußen im Arm kam sie nachmittags aus der Klinik (sie ist Ärztin), und diese drei Sträuße waren »nur ein Teil«. Angesichts der Kürze dieser Prosa kann es auch nicht Zufall sein, daß es »an Stelle eines Nachworts« schätzungsweise fünfzig Zeilen gibt, die *Forstarbeiter* überschrieben sind. In ihnen unterliegt der Autor verschiedenen nachbarlichen Berufsverwechslungen, bis er schließlich klären kann, daß er Schriftsteller sei, worauf prompt die Frage kommt: »Hast du Hunger?« (»Mit soviel Schlüssigkeit hatte sich noch nie jemand nach meinen leiblichen Bedürfnissen erkundigt.«) Es wird ein Glas Wurst herbeibeordert, das Honorar aber erst ausgehändigt, als die Frage gestellt (aber nicht beantwortet ist, sie beantwortet sich selbst): »Schreibst du's, wie's in der Zeitung steht, oder wie's im Leben ist?«

Kunze schreibt offenbar »wie's im Leben ist«. Seine Prosastücke sind »wahre Geschichten«, in der DDR geschehen, undenkbar ohne den politischen, den literarischen, den persönlichen Hintergrund ČSSR. Solche Mitteilungen, »zimmerlautstark« vorgetragen, demonstrieren die Relativität des Begriffs »Zimmerlautstärke«: Was man darunter zu verstehen habe, hängt von der Entfernung zum Nachbarn ab, von der Dicke der Wände, von Vorhängen, Filzstreifen; und es könnte da einer schreien, und der Nachbar könnte es, weil er sich die Ohren verstopft hat, immer noch als zimmerlautstark empfinden. Es gibt da ein Stück, das *Beweggründe* heißt; es bringt – wie manche andere Partien – die Einsamkeit des Pfarrers Brüsewitz in Erinnerung (Reiner Kunzes Prosaband wurde vor dem März 1976 abgeschlossen!). Da hat sich ein Schüler erhängt, der Mitglied der jungen Gemeinde war, hat einen Zettel mit einem durchgekreuzten Totenkopf und der Aufschrift »Jesus Christus« hinterlassen. Es wird seinen Mitschülern verboten, schwarze Armbinden zu tragen. Es wird ihnen verboten, an der Beerdigung teilzunehmen, und vorsichtshalber wird ein »Schülerwachdienst« eingeführt, die Schultür abgeschlossen.
Es sind *wunderbare Jahre*, offenbar besonders wunderbar für die Sechs- bis Sechzehnjährigen, deren Gegenwart, und Zukunft, darin zu bestehen scheint, Spitzel, bespitzelt oder gleich beides zu sein. Wer könnte da durch die Wirklichkeit selbst sich gekränkt fühlen, wer geschmeichelt? Wer ärgert sich da über »häßliche Deutsche«?

Zeitbombe des Zweiten Weltkriegs
Über Volker Schlöndorffs Film ›Der Fangschuß‹

Im Jahr 1939, als *Der Fangschuß* von Marguerite Yourcenar erschien, als die Geier des Nazismus sich anschickten, über Europa auszufliegen, haben wohl wenige geahnt – ausgenommen wahrscheinlich nur Joseph Roth –, welche Bombe, die ihren Explosivstoff aus zahlreichen düsteren Quellen bezog, da tickte.
Eine Quelle, das Baltikum-Trauma mit seiner Romantik (»Nach Ostland wollen wir fahren«), hat M. Yourcenar im Psychologisch-Stimmungshaften festgehalten, in einer durchaus legitimen Dimension, die nur andeutungsweise übers Private hinausging.
Welcher Explosivstoff im Privaten verborgen liegt, können die Leser des Buches und die Zuschauer des Films ahnen, ahnen können sie auch, wieviel Dynamit – politisches – in der still brodelnden Verhaltenheit hetero- und homo-erotischer Beziehungen sich verbirgt, und daß inmitten dieser merkwürdigen »Keuschheit« eine junge Adelige einem jungen adeligen Offizier eine Liebeserklärung macht, anstatt gehörigst ihrerseits auf eine solche seinerseits zu warten – diese Sensation, dieser Befreiungsakt am Anfang, wird möglicherweise nicht erkannt, weil der Zuschauer verlernt oder nie gelernt hat, Befreiung in Beziehung zum historischen Zeitpunkt und dem jeweiligen Milieu zu sehen.
Die Logik, mit der nach der Befreiung aus Milieukonventionen Sophie von Reval zu den Roten übergeht, hat aber da ihren Ursprung, und das eine kann ohne das andere nicht verstanden werden.
Die Autorinnen des Drehbuchs hätten getrost sich weiter vom Buch entfernen, einiges hinzufügen, anderes weglassen sollen. Die Schwäche des Films ist, daß er mit dem Roman nicht freier umgegangen ist. Man hätte die Rollen der Frau Loew und ihres Sohnes erweitern können; sie in Kriegs- und Kampfverherrlichung, in der genüßlich-desperaten Einsamkeit des »verlorenen Haufens«, der für das Jahr 1919 mit viel später erschienenen Texten illustriert wird, getrost etwas vulgärer untermalen können. Ein paar ergänzende Dialoge hätten nicht geschadet.
Über die lettische Bevölkerung und ihren kolonialistischen Zu-

stand erfährt man wenig; deutliche Verweise auf das Deutschrittertum wären angebracht gewesen.
Schließlich: die Frauen sind in diesem Film unterrepräsentiert. Das ruhige Gesicht der Margarethe von Trotta als Sophie von Reval, Herrin und Magd zugleich, ist eindrucksvoll ausdrucksvoll, die Rolle – bis auf die künstlichen Verworfenheiten, mit denen sie den Untergang ihrer Klasse an sich, mit sich und in sich vollzieht – überzeugend gespielt. Dieses Gesicht aber hat zuviel zu tragen und auszudrücken: Frauen – gegen Männerwelt, Frieden gegen Krieg, Leben gegen Tod und Todessehnsucht.
Im Film wird das stellenweise zum Duell dieses einen Frauengesichts gegen die Männergesichter, und diese Duelle gehen nicht immer zugunsten der Sophie von Reval aus; sie unterliegt gelegentlich und keineswegs nur in ihrer »Verworfenheit«, vor allem gegen das Gesicht, das diesen Film streckenweise beherrscht: Matthias Habich als Erich von Lhomond.
Man hätte eine Art »Solidarität der Frauen-Gesichter« herstellen können, durch eine mehr hervorgehobene Frau Loew, durch die eine oder andere lettische Magd, Gesichter, durch Dialoge verstärkt. Das hätte weder den Stoff noch die Story verfälscht. Die zweite Gegenfigur, Tante Prskovia, von Valeska Gert dargestellt, ist in makabrer Kabarettistik zu sehr dem Genuß des Untergangs ergeben und erlegen.
Die Stärken des Films überwiegen: Regie, Kamera, Schnitt, der Sprung ins Schwarz-Weiße zurück; die Schauspieler, die wieder einmal beweisen, welch ein Reservoir von Ausdruckskraft wir für jede mögliche Rolle haben – und wie lächerlich provinziell es ist, auf »Weltstars« zu schielen; die ausgedrückte Absurdität des Krieges als »inneres Erlebnis«, dieses Abenteuers, das auf Kosten jener erlebt wird, die nicht danach gefragt werden, ob sie daran teilhaben möchten; die Weltfremdheit einer Klasse, die ihren äußeren Untergang beklagt, den inneren Zusammenbruch (der sich eben in und an Sophie von Reval und ihrer Tante vollzieht) in den nächsten, den Zweiten Weltkrieg hinübergerettet.
Dieses Thema war's wohl auch, das Marguerite Yourcenar bewegt und gereizt hat – bevor der Zweite Weltkrieg ausbrach. Inzwischen hat er stattgefunden, und ich frage mich, ob die deutschen Zuschauer, und nicht nur die jüngeren, den Zusammenhang mit dem Nazismus, die Baltikum- und Freikorpsromantik

als eine seiner Quellen erkennen. Man kann auf dem Gesicht des Matthias Habich als Erich von Lhomond viel *mit*sehen.
Ihn etwa als noch jungen Hauptmann am Tag von Potsdam (21. März 1933), vielleicht – vielleicht – schon angeekelt von dieser Schmieren-Komödie, bei der einige »greise Marschälle« (die glauben, sie selbst zu sein, während sie in Wirklichkeit nur sich selbst spielen) beifällig zum Untergang des letzten Restes ihrer Ehre nickten, während ein Hitler im Frack seinen Triumph kaum unterdrückte; man kann auf Habichs Gesicht fünf Jahre später, 1938, einen nicht mehr ganz so jungen Major sehen, dem anläßlich der Affären Fritsch und Blomberg endgültig klar wird, welche Ehre da gesiegt hat, und vielleicht – vielleicht – sieht man ihn im Jahre 1944 erschossen auf dem Hof der Bendlerstraße, ihn, der 1919 vor einem schäbigen Eisenbahnschuppen in Lettland Sophie von Reval erschoß.
Ich weiß, das wären drei Filme, und doch denke ich, daß man bei einem historischen Film dieser Art einiges hinzusehen und hinzudenken muß. Die Phantasie des Zuschauers (die der des Lesers entsprechen sollte) ist im gewöhnlichen Kinofilm schnöde mißachtet worden. Die Plakate, die Proklamationen gegen die Roten, die einen Hauch von Gegenwart, fast von Gegenwärtigkeit in den »Fangschuß« bringen, werden nicht ausreichen, die Phantasie in Richtung Geschichte bis in die Gegenwart in Bewegung zu setzen.
Erkannt werden aber müßte das Ausschlagen »innerer« (und verinnerlichter) Probleme und Erlebnisse ins Politische, der Befreiungsakt der Sophie von Reval und nicht nur die Schuld, auch der Konflikt und die gefährliche Verhaltenheit einer Gruppe, die unweigerlich auf Goebbels, Göring, Hitler, Himmler und Schleicher zurennt, 1933 durch ein windschiefes Leitbild wie Papen getäuscht.
In einem Land, wo Links und Rechts sich um die Besetzung der Mitte streiten, die Mitte immer mehr nach rechts hin radikalisieren, wo der eine dem anderen keinen Konflikt mehr zubilligt, wird dieser Film Mißverständnissen ausgesetzt sein. Im Ausland, wo man sich an die deutsche Geschichte der vergangenen Jahre besser, von *außen* erinnert, wird man den Film eher verstehen, weil man das Ausschlagen des Nazismus nicht vergessen, seine Entstehung immer noch nicht verstanden hat, nach Erklärungen sucht. Dieser Film bietet eine an, eine von vielen.

Kein schlechter Witz
Über Charles Chaplins Film ›König in New York‹

Der Film, den wir in seinem Gehilfen- oder Abiturientenalter endlich sehen dürfen, kommt spät, zu spät kommt er nicht, eher rechtzeitig. Als ich den Film vor 17 Jahren in einem dänischen Dorfkino sah, fand ich ihn amüsant, einige Szenen blieben haften: die Werbefallen, in die der harmlose und verführbare König hineintappt. Als ich den Film jetzt wiedersah, fand ich ihn frischer, aktueller, und das spricht nicht nur für den Film, es spricht gegen die Art, auf die sich unsere politische Landschaft verändert hat. Der McCarthyismus hat uns ein-, wir haben aufgeholt, Musterkinder, die wir nun einmal sind. Debatten im Bundestag über unsere innere Sicherheit (unvergeßlich die vom Juni 1972 und andere) haben das ihre getan, nicht die Lage ist da, sondern die Stimmung.

Das Aufholen betrifft auch den zweiten »Strang« des Films, die Werbung. Was die totale Vermarktung, nicht nur von Königen, betrifft, haben wir ebenfalls aufgeholt. Was vor zwanzig Jahren als boshafte Übertreibung empfunden werden konnte, ist von der Wirklichkeit eingeholt. Schmeichelhafteres kann man von einer Satire kaum sagen. Wie König Shahdov (sollte in der ersten Silbe etwa ein Schah versteckt sein?) da zurechtgemacht wird, geliftet, rückgeliftet, ist längst gängig, und was da vor dem Untersuchungsausschuß gefragt wird, könnte – inzwischen – aus einem Dokumentarstück über Berufsverbote stammen, und es ist durchaus legitim, wenn einige Kinos mit diesem Etikett für den Film werben. Doch es gibt da auch in der Gestalt des jungen Rupert McAbee den unbeirrt-doktrinären, lehrhaft-unbelehrbaren Gegentyp, mit dem ebenfalls ein Typ vorweggenommen wurde, der hierzulande etwa zehn Jahre nach dem Erscheinen des Films gelegentlich sichtbar wurde: den Nicht-zu-Wort-kommen-Lasser, der – um es im Demonstrationsjargon auszudrücken – das »Mikrophon nicht aus der Hand gibt«.

Diese Feststellung ist keine Pflichtübung gegenüber der »Ausgewogenheit«: Eine extrem winzige Minderheit hat gegenüber der unübersehbaren Masse der schweigenden Mehrheit auch ein Recht auf Verbissenheit und Verbitterung. Kürzlich kam heraus, daß in den USA von 2000 Mitgliedern einer marxistischen Partei zeitweise bis zu 1600 CIA-Spitzel waren. Solche Proportionen würde ein Satiriker nicht riskieren. Es gibt da einen feinen, sehr wichtigen Unterschied zwischen der im *König in New York* dargestellten Situation und der unseren: In satirischer Logik erhöht es den Werbewert Shahdovs, daß er des Kommunismus und sogar der Atomspionage verdächtig war – Publicity um jeden Preis, das ist die Parole. Hierzulande würde ich dieser satirischen Logik nicht trauen: In einem witzlosen Land, von verspäteten Musterschülern besiedelt, einer witzlosen deutschen Version des Kommunismus benachbart – da bringt derlei »Publicity« nichts ein. Oder sollte es ein notorisch »verfassungsfeindlicher« Referendar oder Lokomotivführer doch einmal mit Persilreklame versuchen?

Die Rahmenhandlung des Films ist schwächlich: der allzu gute, fortschrittliche, vertriebene König, auch noch um seinen Staatsschatz betrogen und von der schönen Königin Irene verlassen – da ist Charlie wieder zum armen Einwanderer geworden, diesmal als König verkleidet. Die starken Situationen lassen die schwache Rahmenhandlung bald vergessen: Man denkt nicht mehr an König und Königin, an das sagenhafte Land Estrovia. Man erlebt die totale Vermarktung von Prominenz, erfährt, daß man Menschlichkeit als Kommunismus, diejenigen, die auf der Verfassung bestehen, als deren Feinde verdächtigen kann.

Das Ende des Films ist keineswegs so happy: Man spürt sehr wohl, daß man den kleinen Rupert ganz schön zwischengenommen hat; daß er die Freunde seiner Eltern, mit deren Freilassung man ihn lockt, doch preisgegeben hat. Der König verläßt das Land, fliegt nach Europa zurück. Ich nehme an, in die Bundesrepublik fliegt er nicht. Was im *König in New York* vor zwanzig Jahren als übertrieben erschien, erweist sich heute als fast prophetisch, wohl deshalb erweist sich der Film als so frisch, ein Film, den wir jetzt endlich sehen dürfen. Wer immer ihn mit welchen Argumenten bisher verhindert hat, hat sich, ohne es zu wissen, eines Bumerangs bedient. Das Argument, der Film wäre »schlecht«, war eins der dümmsten: als gäb's in unseren Kinos nur »gute« Filme zu sehen. Ein schlechter Witz.

Der Film hat Schwächen, Gott sei Dank; wäre er lückenlos gelungen, dann wäre er todernst, aber es ist ein Film, in dem gelacht werden darf und gelacht wird: Manchmal allerdings bleibt einem das Lachen im Hals stecken; das mag daran liegen, daß der

Film spät und doch rechtzeitig kommt. Es hätte nichts geschadet, wenn der Verleih in seinem Programmheft ein wenig aus Chaplins Autobiographie zitiert hätte, jene Stellen, wo er seine Aktivitäten im Zweiten Weltkrieg für die zweite Front schildert, die die Rote Armee in Europa entlasten sollte. Diese Aktivitäten wurden zum Anlaß der Kampagne gegen ihn.

Der Film ist geeignet, vor innenpolitischen Ausschüssen, vor und an Schulen, Hausfrauen aller Altersstufen und so weiter gezeigt zu werden; manch einer mag sich – es ist ein witziger und intelligenter, unterhaltsamer Film – halb totlachen, ohne die innenpolitische Aktualität zu erkennen: Das schadet nichts – mit Witz und Gags, mit Slapsticks verbrämte »Botschaften« zünden manchmal später. Und wenn man's sich genau überlegt, gehören ja die extremsten Formen der Werbung und die hier gezeigte Form des Antikommunismus zusammen.

Vergebliche Suche nach politischer Kultur
Über Max Fürst, ›Talisman Scheherezade‹

Max Fürsts Erinnerungen versprechen eine umfangreiche Ergänzung zur offiziellen, zur Geschichtsschreibung der Fachhistoriker zu werden. War der erste Band (*Gefilte Fisch*) notwendigerweise die Schilderung einer persönlichen Entwicklung vom Königsberger Kaufmannssohn jüdischer Herkunft, aus dem bürgerlichen Milieu heraus zum Tischler, von der Alternative Assimilation-Ghetto weg zum Internationalismus, in die sozialistische jüdische Jugendbewegung hinein, und war es gleichzeitig die Schilderung der Entwicklung eines Bewußtseins, so wird im zweiten Band deutlich, daß unser »Held« immer noch aktiv, immer noch nachdenklich und schweigsam (»Meine Rolle bei den großen Diskussionen war gering«) gegen eine innenpolitische Entwicklung und Strömung ankämpft, die ihn überrollt, zu den »Überflüssigen« zählt, die ihn unweigerlich, nicht nur nach der »Meinung«, auch nach der zerstörerischen Logik der neuen Machthaber dorthin befördert, wohin er »gehört«: ins KZ.

Die Leichtigkeit, auch die Heiterkeit, mit der Max Fürst seine Erinnerungen fortsetzt, könnte täuschen – wie sie ja auch bei Scheherezade täuscht, die um eine Bedrohung herum, an ihr vorbei und doch auf sie zu erzählt. Die bisher fast nie beschriebene Milieumischung aus Bohème, schwerster, auch körperlicher Arbeit unter proletarischen Lebensbedingungen, dieses Ein- und Hineingehen in Berlin (»Gehen durch Berlin, wenn die Nebel sich heben und der Geschmack von Rauch in den noch leeren Straßen steht«), diese absolute Unbürgerlichkeit bei höchster Belastung und Aktivität – wo hätte das heute noch einen Platz, welche andere Kategorie als »asozial« oder »anarchistisch« stünde dafür noch bereit (wobei man pflichtgemäß vergäße, daß Anarchisten ja nicht Unordnung, sondern herrschaftsfreie Ordnung anstreben). Es wird mir bei der Lektüre von *Talisman Scheherezade* klar, was die zwölf Nazijahre alles zerstört haben – und was »aufzubauen« nicht gelang.

In den ersten Nachkriegsjahren gab es Ansätze, doch der stupide Antikommunismus, die strikte, bis heute praktizierte Leugnung des kommunistischen Widerstands, haben das alles weggewischt, und wenn es Ansätze zu einer Wiederbelebung in den

Jahren nach 1967 gab, so hat jene ideologische Drahtbürste, die man Radikalenerlaß oder Extremistenbeschluß nennt, sie hinweggefegt. Ein »Linker«, ein Sozialist, ein Kommunist muß sich immer noch rechtfertigen; verlangt man Rechtfertigung von einem Nazi, so wird das als peinliche Zumutung empfunden: man lese nicht nur die Zeitungen, vor allem die Leserbriefe. Ich hoffe, daß Max Fürst in seinen so schweigsamen Erinnerungen bald die Gegenwart erreicht und in seiner erfahrungssatten Weisheit seinen Kommentar zu dieser Entwicklung liefert. Was hat Max Fürst wieder-, was hat er vorgefunden, als er 1950 aus Israel in die Bundesrepublik zurückkehrte, und was findet er 25 Jahre später davon heute noch? Das Register zu *Talisman Scheherezade* umfaßt fast 250 Namen; man müßte diese Personen alle aufzählen, in Beziehung zu einander bringen, um den Kosmos darzustellen, den Max Fürst beschreibt – und man müßte die Überlebenden über die Toten befragen, die im KZ oder in stalinistischen Lagern starben.
Die vernichtende Nazi-Logik, die so genau wußte, wohin Max Fürst »gehörte«, ins KZ, ergab sich nicht nur aus Fürsts eigenen sozialen und politischen Tätigkeiten, auch aus seiner Freundschaft mit dem Anwalt Hans Litten, der die fürchterliche, die letzten Endes mörderische Ehre hatte, Hitlers persönlichen Zorn erweckt zu haben, weil er ihn als Zeugen vor Gericht zitierte und zu programmatischen Äußerungen zwang. Litten – über den ich in keinem Nachschlagwerk auch nur eine einzige Zeile fand – wäre wohl eine Biographie, mindestens eine umfangreiche Dissertation wert. Man stelle sich einen jungen Menschen vor, der unter mörderischen KZ-Bedingungen vor seinen Mitgefangenen eine eigene (und nicht nur originelle, auch einleuchtende) Ästhetik entwickelt, Kunst- und Literaturgeschichte neu interpretiert und über die Madonna eine Monographie schreiben möchte! Aber Litten hatte ja außerdem noch ein Verbrechen begangen: er verteidigte vor Gericht Rote, ja Kommunisten und er verteidigte sogar Leute, die Einbrüche begangen und ihre Beute an Ware und Geld an die hungernde Bevölkerung verteilt hatten. Die zeitgenössische Parallele, die Stimmungsmache gegen Anarchisten- und Terroristenverteidiger, ist deutlich genug. Lese ich von gewissen Äußerungen einiger Wortführer der Schüler-Union (die neuerdings sogar im Freien Deutschen Autorenverband zu finden sind), so gruselt's mich,

und wenn dann dieses kesse Gequatsche auch noch mit reichlich Schulterklopfen belohnt wird, so wird das Gruseln zum Schaudern. »Linke« müssen oder sollen sich dauernd von irgendwas »distanzieren« (auch von dem, womit sie sich nie identifiziert haben) – Rechte haben das nicht nötig. Gewisse Sorten Schneid werden gesellschaftsfähig und von Politikern grinsend an die Brust genommen.

Diese Parallelen verhindern einen Einstieg in *Talisman Scheherezade*, der ganz falsch wäre: den nostalgischen, diese Nostalgie würde ja auch Nostalgie nach dem Ende der »schwierigen zwanziger Jahre« – das ist der Untertitel des Buches – einschließen. Es begann mit der Vernichtung des Rechts, die Vernichtung der Literatur kam erst später, und es begann mit der Bedrohung von Anwälten.

Bei Max Fürst ergibt sich das Politische immer aus dem Menschlichen, aus einer – ich möchte es so nennen – sozialen und sozialistischen Selbstverständlichkeit, die reflektiert, aber nie Theorie oder Ideologie braucht: So spricht er auch unbekümmert natürlich über die heikelsten Probleme, etwa die verschiedenen Strömungen innerhalb der jüdischen Jugendbewegung, die von rechts bis links verliefen – und, ob rechts oder links, sie alle wurden nicht verschont vom etablierten Antisemitismus. Die Jugendbewegung, dieses Wandern und Erwandern, dies »Er-fahren« der deutschen Landschaft, der deutschen Kultur, auch das war für einen Linken wie Max Fürst und seinen Freund Litten eine Selbstverständlichkeit. Auch das wurde im Getrampel der Jahre 33–45 zerstört. Etwas davon klingt ja hin und wieder noch auf, wenn Jugendgruppen alte Häuser vor dem Abbruch retten, wenn sie Bäume vor der Zerstörung bewahren wollen oder aufs Land ziehen. Höhnisch kommentiert fast immer von Konservativen, die merkwürdigerweise für diese Art der Konservierung nie viel übrig haben.

Dieses zweite Erinnerungsbuch von Max Fürst hat viele Schichten, das entspricht der Vielschichtigkeit der Weimarer Republik und ihrer Hauptstadt Berlin. Politiker und – vor allem, was dieses Buch betrifft – Anwälte sollten sich nicht mit historischen Darstellungen von hoher, objektiver Warte begnügen, und erst recht nicht auf die Memoiren von prominenten Zeitgenossen allein verlassen. Max Fürst hat natürlich Geschichte gemacht, in sie eingegriffen während seiner Berliner Zeit, aber mehr noch war er ihr unterworfen, ihr ausgeliefert, bis ins KZ hinein, bis zur Emigration im Jahr 1935, und die Perspektive des Subjekts (des Unterworfenen) hat bei Fürst eigene Objektivität und Vorurteilslosigkeit.

Immer wieder sucht er nach Erklärungen, nie – auch nicht mit dem rechtesten Flügel der jüdischen Jugendbewegung – sucht er Konfrontation, immer wieder sucht er das, was er »politische Kultur« nennt. Er findet sie selten, auch nicht bei den Linken, denen um 33 herum Märtyrer lieber waren als Freigesprochene.

Dieses Buch, in dem vieles erzählt, erklärt wird, manches in Andeutungen, ist umfang-, aber nicht wortreich, das mag angesichts seiner fast 450 Seiten paradox klingen, bedenkt man aber den Umfang der in ihm geschilderten und erlebten Geschichte, so ist es schon weniger paradox. Aus dem umfangreichen Kosmos von Personen und deren Beziehungen zum Autor und der Geschichte jener Zeit möchte ich wenigstens zwei noch erwähnen, zwei Frauen: das unersetzliche und nicht aus zweiter (aus Rezensenten-)Hand beschreibbare Hannchen, das mehr als einen Roman tragen würde, und eben jene eine, die nicht nur Max Fürsts Frau wurde, letzten Endes sogar legalerweise; sie war mehr: Gefährtin, Begleiterin auf dem Weg durch die Zeitgeschichte, außerdem seine Gehilfin: Margot. Und sie war noch mehr: Hans Littens Sekretärin.

Es ehrt Max Fürst, daß auch er zugibt, die Tatsache der Machtergreifung Hitlers unterschätzt zu haben: »Es machte wenig Eindruck auf uns, als Hitler im Januar 1933 an die Macht kam. Es waren so viele, zum Teil furchtbare Regierungen gekommen und gegangen. Wir hatten Zeit gehabt, uns an den Gedanken zu gewöhnen. In Thüringen und in Oldenburg gab es bereits nationalsozialistische Regierungen. Schlimmer als die Papen-Regierung, die Regierung der Barone, konnte es wohl nicht werden. Wir lebten schon längst unter einer Diktatur, und es waren dieselben Kräfte, die hinter Papen, Hugenberg und Hitler standen.«

Das Versprechen, das im ersten Band von Max Fürst enthalten war, ist im zweiten mehr als erfüllt. Dreißig seiner Lebensjahre sind mit diesen beiden Bänden »gedeckt«. Es fehlen noch vierzig: seine Zeit in Israel und die 25 Jahre nach der Rückkehr.

Quellennachweis
Erstveröffentlichungen der Arbeiten in diesem Band

Blick zurück mit Bitterkeit. Der Spiegel v. 9. 4. 1973
Versuch über die Vernunft der Poesie. Erstdruck: Frankfurter Allgemeine Zeitung v. 3. 5. 1973 (auszugsweise)
Am Anfang. Westdeutscher Rundfunk 20. 5. 1973
Zum Tode Ingeborg Bachmanns. Der Spiegel v. 22. 10. 1973 (u. d. T.: ›Ich denke an sie wie an ein Mädchen‹)
Schreiben und Lesen. Aufgenommen am 23. 10. 1973, Sendung im Dritten Programm des Westdeutschen Rundfunks am 28. 12. 1973
»Ich glaube, meine Erinnerung liebt mich«. Süddeutsche Zeitung v. 6. 12. 1973
Alltag einer zerfetzten Welt. Der Spiegel v. 17. 12. 1973
Nachwort zu O. Henry, ›Nebel in Santone und andere Stories‹. Olten 1974
Man muß immer weitergehen. Die Zeit v. 11. 1. 1974
Die himmlische Bitterkeit des Alexander Solschenizyn. Frankfurter Allgemeine Zeitung v. 9. 2. 1974
Zum Beispiel Schuhe. Sunday Times (London) v. 24. 2. 1974 (englischer Originaltitel: ›Attitudes and Anglo-Saxons. Essay about the English People‹). Deutsche Erstveröffentlichung in: Dokumente, Juni 1975
Von der Natur nicht vorgesehen. Die Zeit v. 16. 4. 1974
Wie das Gesetz es befahl. Der Spiegel v. 22. 4. 1974
Ignazio Silone – für die Seelsorge zu radikal. Frankfurter Allgemeine Zeitung v. 11./12. 5. 1974
George Bernard Shaw: an Herbert Wehner. Frankfurter Rundschau v. 31. 8. 1974
Wo verbirgt der Weise sein Blatt? Die Zeit v. 4. 10. 1974 (u. d. T.: ›Galopp mit der Raum-Zeit-Maschine‹)
Spurensicherung. Frankfurter Allgemeine Zeitung v. 23. 11. 1974
Boris Birger. Vorwort zu ›Boris Birger – A catalogue‹, Ann Arbor 1975
Die 10 Gebote heute: Das 8. Gebot. Thilo Koch (Hrsg.), ›Die 10 Gebote heute‹, München u. Dortmund 1975
Über Miklós Haraszti, ›Stücklohn‹. Vorwort zu M. H., ›Stücklohn‹, Berlin 1975
Die neuen Probleme der Frau Saubermann. Die Zeit v. 17. 1. 1975
Mein lieber Gustav Korlén. In: ›Germanistische Streifzüge, Festschrift des Deutschen Instituts der Universität Stockholm für Gustav Korlén‹ 27. 1. 1975
Eine Bombe der Ruhe. Die Zeit v. 14. 2. 1975
Gesprochener Atem. Die Zeit v. 7. 3. 1975
Handwerker sehe ich, aber keine Menschen. Frankfurter Allgemeine Zeitung v. 11. 3. 1975

Das meiste ist mir fremd geblieben. Frankfurter Allgemeine Zeitung v. 29. 3. 1975
Judasbild und Judenbild: Die Verteufelung der anderen. Frankfurter Allgemeine Zeitung v. 29. 3. 1975
Was las Hindenburg? Frankfurter Rundschau v. 5. 4. 1975
Vilma Sturm. ›Köln‹, Juni 1975
Der gläubige Ungläubige. Hessischer Rundfunk, 13. 7. 1975
Zeit des Zögerns – Der Zar und die Anarchisten. Die Zeit v. 15. 8. 1975
Der Mythos Gatt oder: Zuviel gesucht. Frankfurter Allgemeine Zeitung v. 16. 8. 1975
Getarntes Dasein. Die Zeit v. 3. 10. 1975
Vergebliche Warnung. Erstdruck: Frankfurter Rundschau v. 25. 10. 1975
Das Schmerzliche an Oberschlesien. Frankfurter Rundschau v. 11. 10. 1975
Ein Nestbeschmutzer von Rang. Süddeutsche Zeitung v. 6./7. 12. 1975
Stimmen aus dem Untergrund. Konkret v. 29. 1. 1976
Die Eiche und das Kalb. Österreichischer Rundfunk, 4. 2. 1976
Aufbewahren für alle Zeit. Nachwort zu dem gleichnamigen Buch von Lew Kopelew, Hamburg 1976 (Vorabdruck in: Die Zeit v. 13. 2. 1976)
Jahrgang 1922. Frankfurter Rundschau v. 2. 3. 1976
Die Ängste des Chefs. Der Spiegel v. 29. 3. 1976
Verse gegen die Trostlosigkeit. Süddeutsche Zeitung v. 7. 5. 1976
Nachruf auf einen unbedeutenden Menschen: Konstantin Bogatyrjew. Frankfurter Allgemeine Zeitung v. 23. 7. 1976 (gekürzt)
Sprache ist älter als jeder Staat. Die Zeit v. 17. 9. 1976
Die Faust, die weinen kann. Die Zeit v. 17. 9. 1976
Zeitbombe des Zweiten Weltkriegs. Der Spiegel v. 25. 10. 1976
Kein schlechter Witz. Die Zeit v. 5. 11. 1976
Vergebliche Suche nach politischer Kultur. Süddeutsche Zeitung v. 20./21. 11. 1976

Heinrich Böll
Werke 1–10

Herausgegeben von Bernd Balzer
10 Bände in zwei Kassetten. 5.902 Seiten.

Heinrich Bölls Werk hat seit den ersten Kurzgeschichten von 1947 innerhalb von dreißig Jahren einen Umfang und eine Vielfältigkeit erreicht, die zur Bestandsaufnahme nötigten. Bernd Balzer, Professor für Neue Literatur, ist Herausgeber der zehnbändigen Werkausgabe.
Die Bände 1–5 enthalten in chronologischer Ordnung die Romane und Erzählungen, die Bände 6–10 Hörspiele, Theaterstücke, Drehbücher, Gedichte, Essayistische Schriften und Reden, Interviews. Alle Bände bringen neben den bekannten Titeln auch zahlreiche wiederentdeckte und bisher unveröffentlichte Arbeiten.

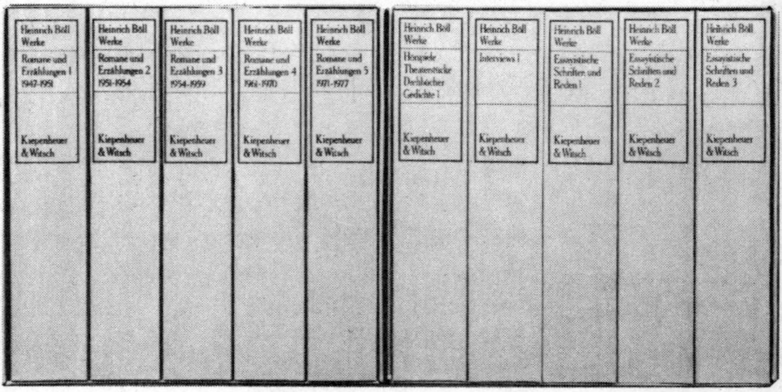

k&w
Verlag Kiepenheuer & Witsch